U0135970

沈從文——的後半生

張新穎——著

目次

下部　一九六六—一九八八

說明

一、沈從文（一九〇二—一九八八）的前半生，在已經出版的傳記中，有幾種的敘述相當詳實而精彩。至少到目前為止，我不認為我有必要去做大同小異的重複工作。

二、我寫沈從文的後半生，不僅要寫事實性的社會經歷和遭遇，更要寫在動盪年代裡他個人漫長的內心生活。但豐富、複雜、長時期的個人精神活動，卻不能由推測、想像、虛構而來，必須見諸他自己的表述。幸運的是他留下了大量的文字資料。我追求盡可能直接引述他自己的文字，而不是改用我的話重新編排敘述。這樣寫作有特別方便之處，也有格外困難的地方，但我想，倘若我是一個讀者，比起作者代替傳主表達，我更願意看到傳主自己直接表達。

三、追求嚴格的直接引述，注明出處當然是必須的；這樣一來就造成注釋數量過多。為減輕可能因此而帶來的繁瑣之感，本書根據注釋性質的不同，作分別處理：

1、凡從《沈從文全集》（太原：北嶽文藝出版社，二〇〇二年）引用沈從文的文字，採取文中夾註的形式，標出卷數和頁碼，卷數和頁碼之間用分號（；），不同頁碼之間用逗號（，）。如：（18; 500），指的是《沈從文全集》第十八卷，五〇〇頁；（31; 330–331），指的是第三十一卷，三三〇—三三一頁；（19; 360, 363），指的是第十九卷，三六〇頁，三六三頁。

2、除此之外的引用和注釋，則用註腳的形式。

上部

一九四八—一九六五

第一章
轉折關口的精神危機和從崩潰中的恢復

一、恢復「年輕」，「重新安排」

一九四八年暑假，楊振聲邀請北京大學文學院的幾位朋友，到頤和園霽清軒消夏。馮至和夫人姚可崑帶著兩個女兒，沈從文、張兆和夫婦和兩個兒子，張兆和四妹張充和與傅漢思（Hans H. Frankel）——一個年輕的德裔美籍人，在北大教拉丁文、德文和西洋文學——都來了。中間來住過幾天的，還有朱光潛等。不巧的是，張兆和弟媳生病，張兆和又匆匆返回城裡去照料。也因此，喜歡寫信的沈從文，又有了以文字和妻子交談的機會。現在我們能夠看到五封信，前四封是一連四天寫的。「我想試試看在這種分別中來年輕年輕，每天為你寫個信。」（18; 500）

這一年沈從文四十六歲。自抗戰以來的十餘年，與之前的各個時期明顯不同，沈從文更加敏感於個人與時代之間密切而又緊張的關係，也更加深刻地體會到精神上的極大困惑和糾結不去的苦惱，長時間身心焦慮疲憊，少有舒心安定的時刻。可是，在頤和園東北偏僻之處的這個園中之園，他似乎放鬆了下來，心情也顯見的明朗。他好像有一種重新恢復「年輕」的強烈衝動。給妻子的信，又出現了十多年前「情書時期」的抒情，還多了一點幽默，更增添了一種歷經生活磨礪之後的韌實。

七月二十九日晚，他先「抱怨」了幾句霽清軒生活的「風雅」，感到有點兒「倦」，轉筆卻道：「寫這個信時，完全是像情書那麼高興中充滿了慈愛而瑣瑣碎碎的來寫的！你可不明白，我一定要單獨時，才會把你一切加以消化，成為一種信仰，一種人格，一種力量！至於在一處，你的命令可把我頭腦弄昏了，近來命令稍多，真的聖母可是沉默的！」「離你一遠，你似乎就更近在我身邊來了。因為慢慢的靠近來的，是一種混同在印象記憶裡品格上的粹美，倒不是別的。這才是生命中最高的歡悅！簡直是神性。卻混和到一切人的行動與記憶上。我想什麼人傳說的『聖母』一點都不差。……讓我們把『聖母』的青春活力好好保護下去，在困難來時用幽默，在小小失望時用笑臉，在被他人所『倦』時用我們自己所習慣的解除方式，而更加上個一點信心，對於工作前途的信心，來好好過一陣日子吧。我從鏡中看去，頭髮愈來愈白得多了，可是從心情上看，只要想著你十五年來的一切好處，我的心可就愈來愈年輕了。且不止一顆心如此。即精神體力也都如此。他回憶起兩個人走過的日子，讚歎「生命本身就是一種奇蹟，而你卻是奇蹟中的奇蹟。我滿意生命中擁有那麼多溫柔動人的畫像！」他特別說到最近，「我近來更幸福的是從你臉上看到了真正開心的笑，對我完全理解的一致。這是一種新的開始，讓我們把生命好好追究一下，來重新安排，一定要把這愛和人格擴大到工作上去，我要寫一個《主婦》來紀念這種更新的起始！」（18; 497, 499, 500）

三十日夜間，「我和虎虎坐在桌上大紅燭下，他一面看《湘行散記》，一面喝檸檬水，間或哈哈一笑，為的是『水獺皮帽子』好笑！那想到家裡也還有那麼一個小讀者！」

我一面和虎虎討論《湘行散記》，一面在燭光搖搖下寫這個信……下面是我們對話，相當精彩：

小虎虎說：「爸爸，人家說什麼你是中國托爾斯泰。世界上讀書人十個中就有一個知道托爾斯泰，你的名字可不知道，我想你不及他。」

我說：「是的。我不如這個人。我因為結了婚，有個好太太，接著你們又來了，接著戰爭也來了，這十多年我都為生活不曾寫什麼東西。成績不大好。比不上。」

「那要趕趕才行。」

「是的，一定要努力。我正商量姆媽，要好好的來寫些。寫個一二十本。」

「怎麼，一寫就那麼多？」（或者是因為禮貌關係，不像在你面前時說我吹牛。）

「肯寫就那麼多也不難。不過要寫得好，難。像安徒生，不容易。」

「我看他的看了七八遍，人都熟了。還是他好。《愛的教育》也好。」

一九四八年在頤和園霽清軒度暑假期間，沈從文計畫「好好的」再「寫個一、二十本」文學作品。

沈從文夫婦一九四八年夏，與友人在頤和園。
前排左起：梁思成林徽因夫婦、張奚若夫人、楊振聲先生

孩子起夜睡醒，父子倆又說起話來，「聽我說到『為媽媽寫的信就成《湘行散記》底本』時，就插口說：『想不到我畫的也成書的封面！』我說：『這書裡有些文章很年輕，到你成大人時，它還像很年輕！』他就說：『那當然的，當然的。』」（18; 503, 504, 505）

「年輕」，這個詞又重複出現了，這次說的是作品。對自己的文學，他充滿了溫熱的感情和平靜的自信。還有什麼詞比「年輕」，更能表達作品自身的生命活力呢？十幾年前的作品，現在「很年輕」，將來還「很年輕」——而他自己作為一個作家的將來，好像也同樣清晰可見：只要自己努力，好好來寫。

到八月七日，他寫好一篇《霽清軒雜記》，漫談這裡的建築，景致，流水中的魚，頤和園的兩個老住戶，幾種鳥蟲的叫聲……一九四七年他曾經在此消夏，一年後重臨舊地，熟悉感油然而生，心情好像也從容起來，散漫地說起園子的種種，雖然不過是一個短暫歇身之處，卻自成丘壑，自有分量，彷彿與外面的世界遠遠地隔開了。

這裡的生活顯得寧靜而富有詩意——事實上，身在其中的那個年輕的美國人正是這麼感覺的。傅漢思在給父母的信中的這樣描述：「北平，一九四八、七、十四……我在北平近郊著名的頤和園度一個絕妙的假期！沈家同充和，作為北大教授楊振聲的客人，住進諧趣園後面幽靜美麗的霽清軒。那園子不大，卻有丘有壑，一脈清溪從丘壑間潺潺流過。幾處精緻的樓閣亭舍，高高低低，散置在小丘和地面上，錯落有致。幾家人分住那些房舍，各得其所。我就把我的睡囊安放在半山坡一座十八世紀的小小亭子裡。生活過得非常寧靜而富有詩意。充和、我同沈家一起吃飯，我也跟著充和叫沈太太三姐。我們幾乎每天能吃到從附近湖裡打來的鮮魚……」[1]

二、「癡人」之「夢」，「收拾殘破」

而外面更大的世界，內戰正酣。要說時局，從抗戰結束的次年回到北平以後，讓沈從文最憂心如焚、忍不住屢屢為文抒憤的，就是「民族自殺的悲劇」。隨著戰爭的不斷綿延和擴展，他對導致民族命運大悲劇的政治是愈來愈絕望了。絕望的表現，是不再外求，轉向自身，好像可以不理不管不顧身處其中的時政大勢，專心一意於自己的社會理想和文化願景。

他化名巴魯爵士，從一九四七年十二月開始發表《北平通信》，繼之以《懷塔塔木林》、《故都新樣》及《蘇格拉底談北平所需》、《試談藝術與文化》、《迎接秋天》、《巴魯爵士北平通訊（第七號）》，到一九四八年十月而止。這一組「北平通信」以半文半白的語體，宣稱要以藝術和文化來洗刷靈魂、重造社會，甚至還給出了一些具體的設計和措施，荒唐滑稽，猶如癡人說夢。「余宜承認，余之所夢，與邇來朝野保守進步人士流他人血而得安全之夢，意識形態，均不相侔，無可諱言。」（14; 359）為什麼要做這樣的「夢」呢？「凡涉及二十世紀前一半悲劇時代精神時，一般思想家均把握不住大處，只從一群統治者和反統治集團寄託希望，也就把一

1 傅漢思：《我和沈從文初次相識》，《沈從文印象》，孫冰編，上海：學林出版社，一九九七年，頁一七一－一七二。

切責任推卸得乾乾淨淨，從無人敢承認此實一文化失調教育失敗之顯明象徵。一面係哲學貧困，一面是政治萬能，悲劇因之延長擴大至於不可收拾。」（14; 379-380）「余實深信中國問題得在內戰以外求進步，求解決。」他因此而重提蔡元培三十年前「美育代宗教」之說，又「欲進而言『美育重造政治』，以補充此偉大荒謬學說」，「用『美育』與『詩教』重造政治頭腦之真正進步理想政治。」「余則對於中國文史，古典文物藝術，特別傾心，亦若具有高度興趣，及文藝復興夢想。」（14; 384, 383）

似乎是不切現實的胡言譫語，正由對現實的極端沉痛而起，「癡人」之「夢」，也正有現實的針對性；而「癡人」之「癡」，則在藝術與文化。那麼也就可以明白，沈從文在此種情形中跟妻子說「這是一種新的開始，讓我們把生命好好追究一下，來重新安排，一定要把這愛和人格擴大到工作上去」，跟孩子說「寫個一、二十本」，並非只是一時高興隨便說說的。不過隱去了現實的背景，在消夏的放鬆心情中說來，彷彿不知今世何世。

既然為將來做打算，沈從文心裡知道將來會是什麼樣子嗎？還是在霽清軒，他寫了篇短文「中國往何處去」，結論明確而悲愴：「這種對峙內戰難結束，中國往何處去？往毀滅而已。」「即結束，我們為下一代準備的，卻恐將是一份不折不扣的『集權』！」（14; 323, 324）

所以這為將來的打算，是棄絕了外求於大局、政治、他人的希望，是自己對自己的「重新安排」，是自己去做自己要做的事。「北平通信」的其中一篇題為《迎接秋天》，這「迎接」的心境，凜然、坦然，不是對空幻的希望的「迎接」，而是對自己將要在困難中展開的嚴肅工作的

「迎接」。

二月起，北京大學開始籌備博物館。沈從文不是籌委，卻起勁得要命，參與工作、提出建議之外，更陸續把自己收藏的許多瓷器、貝葉經等古文物、民間工藝品，還有從雲南搜集來的全部漆器，捐了出去，並且幫忙布展。新建博物館專修科缺乏資料，他又捐出了《世界美術全集》、《書道全集》等一批藏書。

九月，中國博物館協會北方委員集會，沈從文撰文《收拾殘破——文物保衛一種看法》，指出「與其向他方面作無效呼籲，不如從本身加以注意，看看是不是還可作點事。」他倡議「在能力範圍內，當前可做的」幾件事是：一、故宮博物院的改造設計；二、專科以上文物館的設立；三、文化史或美術史圖錄的編印；四、擴大省縣市博物館，注重地方性文物與民俗工藝品收集。文章最後說：「題目是『收拾殘破』，私意從此作起會為國家帶來一回真正的『文藝復興』！這個文藝復興不是為裝點任何強權政治而有，卻是人民有用心智，高尚情操，和辛苦勤勞三者結合為富饒人類生命得到合式發展時一點保證，一種象徵！」（31; 293–298）

緊接著，十月又寫《關於北平特種手工藝展覽會一點意見》，重申「作點事」的意義：「聯想起目前的悲劇現實，承認或拒絕，都似乎無補於事。然而下一代命運，我們如果還敢希望比這一代發展得能稍稍合理，就應當相信，目下究竟還可以為他們作點事。這種新的努力，很明顯是將逐漸豐饒民族歷史情感，使『現代文化』與『古典文明』重新溶接，舊有的光輝復燃於更新創造中。直接影響到藝術，決不下於文學革命。間接影響到社會，由於愛，廣泛浸潤於政治哲學或

實際生活，民族命運亦必轉入一種新機……」（31; 303–304）

沈從文工作的一個重心，到這個時候已經顯示出來了：由藝術與文化的理想出發，落實到了歷史文物方面的具體事情。這種「轉向」，帶著強烈的緊迫感：再不做，就來不及了。十月，致遠在法國的淩叔華的信中說：「為中博在雲南麗江收集的東西，也豐富驚人。……具地方性特種美術品，將更能引起各方面注意，也易與現代接觸。我想如果在三年後還有機會來為美術現代化運動作點事，十年後一定還可把許多有地方性工藝品，使之與現代工藝重新接觸。惟照目下情形說來，我們是否還能活三年，可看不準！」「北平也許會毀到近一二年內戰炮火中，即不毀，地方文物也一天一天散失，什麼都留不住。……最作孽的無過於故宮，什麼事都不作，只養下一些職員辦公！木器傢俱除登記後擱著下來，竟若毫無用處，陳列室卻用一專室放西洋鐘！絲織物有上千種不注意，許多都在你們住平那個時候隨意賣了，現在卻還有一個房子陳列郎士甯艾蒙的大馬。真是作孽子！」（18; 512）

如此出語，可見文物方面的種種現狀令沈從文憂心到什麼程度。但責人無用，就自己力所能及來「作點事」。

秋、冬期間，沈從文為北大博物館專修科講授「陶瓷史」，編寫了課程計畫《中國陶瓷三十課》。講課過程中，深感迫切需要陶瓷工藝史方面的教學參考書，於是自己動手撰寫《中國陶瓷史》。同一時期，他開始撰寫《漆工藝問題》，留下三種不完整手稿。

文物方面的狀況雖然「殘破」，猶可「收拾」，還能夠「作點事」；而另一種工作——文學，要面對的現實，則更加嚴峻。

三、「紅綠燈」，「我們一代若干人必然結果」

十一月七日晚，北京大學「方向社」在蔡孑民先生紀念堂召開「今日文學的方向」座談會。遼沈戰役已經結束，平津戰役迫在眉睫，在歷史大轉折的前夕討論文學的「方向」，自然不會只是一個單純的文學議題。果然就談到了政治，沈從文把它比喻成「紅綠燈」，而文學是不是需要用「紅綠燈」來限制呢？

沈（從文）：駕車者須受員警指導，他能不顧紅綠燈嗎？

馮（至）：紅綠燈是好東西，不顧紅綠燈是不對的。

沈（從文）：如有人要操縱紅綠燈，又如何？

馮（至）：既然要在路上走，就得看紅綠燈。

沈（從文）：也許有人以為不要紅綠燈，走得更好呢？

汪（曾祺）：這個比喻是不恰當的。（因為承認他有操縱紅綠燈的權利即是承認他是合法的，是對的，那自然得看著紅綠燈走路了；但如果並不如此呢？）我希望諸位前輩能告訴我們自己的經驗。

沈〔從文〕：文學自然受政治的限制，但是否能保留一點批評、修正的權利呢？

廢〔名〕：第一次大戰以來，中外都無好作品。文學變了。歐戰以前的文學家卻能推動社會，如俄國的小說家們。現在不同了，看見紅燈，不讓你走，就不走了！

沈〔從文〕：我的意思是文學是否在接受政治的影響以外，還可以修正政治，是否只是單方面的守規矩而已？

廢〔名〕：這規矩不是那意思。你把他釘上十字架，他無法反抗，但也無法使他真正服從。文學家只有心裡有無光明的問題，別無其他。

沈〔從文〕：但如何使光明更光明呢？這即是問題。

廢〔名〕：自古以來，聖賢從來沒有這個問題。

沈〔從文〕：聖賢到處跑，又是為什麼呢？

廢〔名〕：文學與此不同。文學是天才的表現，只記錄自己的痛苦，對社會無影響可言。

錢〔學熙〕：沈先生所提的問題是個很實際的問題。我覺得關鍵在自己。如果自己覺得自己的方向很對，而與實際有衝突時，則有兩條路可以選擇的：一是不顧一切，走向前去，走到被槍斃為止。另一條是妥協的路，暫時停筆，將來再說。實際上妥協也等於槍斃自己。

沈〔從文〕：一方面有紅綠燈的限制，一方面自己還想走路。

錢〔學熙〕：剛才我們是假定衝突的情形。事實上是否衝突呢？自己的方向是不是一定對？如認為對的，那末要犧牲也只好犧牲。但方向是否正確，必須仔細考慮。

馮〔至〕：這確是應該考慮的。日常生活中無不存在取決的問題。只有取捨的決定才能使人感到生命的意義。一個作家沒有中心思想，是不能成功的。[2]

因戰事逼近，十一月八日，沈從文所編的天津《益世報・文學週刊》停刊；十日，他和周定一合編的《平明日報・星期藝文》停刊。十日這天，他拿出自己的一本舊書，一九二八年新月書店出版的《阿麗思中國遊記》，做校改，在書頁上寫下一句「痛苦中校本書三章。」十二月六日，繼續校改，寫下：「愈看愈難受，這有些什麼用？」「一面是千萬人在為爭取一點原則而死亡，一面是萬萬人為這個變而彷徨憂懼，這些文章存在有什麼意義？」（14; 454, 455）

十一月十九日，張充和與傅漢思結婚，十二月十六日兩人離開北平飛往上海，後同去美國。沈從文的舊識、時任南京政府青年部次長的陳雪屏十二月來到解放軍包圍的北平，搶運學者教授，通知沈從文全家南飛。沈從文選擇留下。他給大哥沈雲麓的信中說：「北平冬晴，天日猶明明朗朗，惟十天半月可能即有地覆天翻大戰發生！」「北平可能不至於毀去，惟必然有不少熟人因之要在混亂糊塗中毀去。大家都心情沉鬱，為三十年所僅見。……兩百萬人都不聲不響的等待要來的事件。真是歷史最離奇而深刻的一章。」（18; 515, 516）

2　《今日文學的方向——「方向社」第一次座談會紀錄》，《沈從文全集》，太原：北岳文藝出版社，二〇〇二年，第二十七卷，頁二九〇-二九一。

沈從文很快就清醒地認識到，北大座談會所討論的「紅綠燈」問題，是一個不需要、也不可能再討論的問題，因為即將來臨的新時代所要求的文學，不是像他習慣的那樣從「思」字出發，而是必須用「信」字起步，也就是說，必須把政治和政治的要求作為一個無可懷疑的前提接受下來，再來進行寫作。看清楚了這一點，他也就對自己的文學命運有了明確的預感。因為所編副刊停刊，他寄還來稿，在給一個青年作者的信中，說，「中國行將進入一新時代，……傳統寫作方式態度，恐都得決心放棄，從新起始來學習從事。人近中年，觀念凝固，用筆習慣已不容易扭轉，加之誤解重重，過不多久即未被迫擱筆，亦終得擱筆。這是我們年齡的人必然結果。」（18; 517）不久在另一封信中，他又重複這一想法：「人近中年，情緒凝固，又或因性情內向，缺少社交適應能力，用筆方式，二十年三十年統統由一個『思』字出發，此時卻必需用『信』字起步，或不容易扭轉，過不多久，即未被迫擱筆，亦終得把筆擱下。這是我們一代若干人必然結果。」至少在表述的文字上，沈從文是相當克制和平靜的。他看到了即將來臨的悲劇命運，但這樣的命運，他那時覺得，不是他一個人的，而是「我們這年齡的人」、「我們一代若干人」的。「在這個社會由分解圮坍到秩序重得過程中，中年一代既由於種種問題難適應，可能會犧牲大半，也不妨事。因為這些人大多已年在四十到六十之間，四十年內憂外患，各有一份，一顆心都磨煉得沉沉的。……不幸的是社會發展取突變方式，這些人配合現實不來，許多努力得來的成就，在時代一切價值重估情況中，自不免都若毫無意義可言。這其中自然有的是悲劇，年輕人能理解這悲劇所自來，不為一時不公平論斷所蔽，就很夠了。」（18; 519, 521）

一九四八年的最後一天，他在《傳奇不奇》文稿後題識：「卅七年末一日重看，這故事想已無希望完成。」《傳奇不奇》是他最後發表的小說，一九四七年十一月刊於朱光潛主編的《文學雜誌》，是《赤魘》、《雪晴》、《巧秀與冬生》的接續，這一個系列本來計畫中還有續篇。這一天，他給同事周定一寫了個條幅，臨史孝山《出師頌》，落款處寫「三十七年除日封筆試紙」（14; 498）。「封筆」，也就是對文學的決定了。

四、神經已發展到「最高點」上，「不毀也會瘋去」

一九四九年來了。沈從文雖然對自己的命運有明確的預感，但他還是沒有料想到會發生這樣的事：「一月上旬，北京大學貼出一批聲討他的大標語和壁報，同時用壁報轉抄郭沫若《斥反動文藝》全文；時隔不久又收到恐嚇信，他預感到即使停筆，也必將受到無法忍受的清算。在強烈刺激下陷入空前的孤立感，一月中旬，發展成精神失常。」[3]

郭沫若的《斥反動文藝》是一九四八年三月在香港生活書店出版的《大眾文藝叢刊》第一輯上刊出的，這一輯同時刊出三篇文章，「火力」集中地抨擊沈從文，被點名的還有朱光潛、蕭乾等，以對沈從文的批判措辭最為嚴厲。署名本刊同人、邵荃麟執筆的《對於當前文藝運動的意

3　沈虎雛編：《沈從文年表簡編》，《沈從文全集》附卷，太原：北岳文藝出版社，二〇〇二年，頁三八。

見——檢討、批判和今後的方向》，認定沈從文是「大地主大資產階級的幫兇和幫閒」，「直接作為反動統治的代言人」；一九四八年一月《大公報》為紀念熊希齡出版「熊秉三先生逝世十周年紀念特刊」，沈從文發表《芷江縣的熊公館》，馮乃超的《略評沈從文的「熊公館」》就是針對此文，指斥這是「掩蓋地主剝削農民的生活現實，粉飾地主階級惡貫滿盈的血腥統治」的「新協力廠商面運動」的代表作品，「地主階級的弄臣沈從文，為了慰娛他沒落的主子，也為了以緬懷過去來欺慰自己，才寫出這樣的作品來，然而這正是今天中國典型地主階級的文藝，也最反動的文藝」；當然，「戰鬥性」最強、影響最大的是郭沫若的《斥反動文藝》，對沈從文的文學活動作了更為「全面」、「徹底」的批判：文學上，沈從文是「桃紅色」的代表，「作文字上的裸體畫，甚至寫文字上的春宮」；更為嚴重的是在政治上，「特別是沈從文，他一直有意識的作為反動派而活動著。在抗戰初期全民族對日寇爭生死存亡的時候，他高唱著『與抗戰無關論』；在抗戰後期作家們加強團結，爭取民主的時候，他又喊出『反對作家從政』；今天人民正『用革命戰爭反對反革命戰爭』，也正是鳳凰毀滅自己，從火中在生的時候，他又裝起一個悲天憫人的面孔，諡之為『民族自殺的悲劇』，把我們的愛國青年學生斥之為『比醉人酒徒還難招架的衝撞大群中小猴兒心性的十萬道童』，而企圖在『報紙副刊』上進行其和革命游離的新協力廠方面，所謂『第四組織』。」

沈從文不怕文學論爭，他怕的是文學批判和思想批判背後的政治力量。沒有想到幾個月之後，在北平即將易手的歷史時刻，自己所在的學校抄出郭沫若的文章貼上壁報。重抄一遍的威力甚至大於當初發表之時，因為這表明，使沈從文心懷憂懼的政治力量的威脅，逼迫到眼前了。一月初，沈從文在舊作《綠魘》文末寫了這麼一段話：「我應當休息了，神經已發展到一個我能適應的最高點上。我不毀也會瘋去。」（14: 456）「最高點」，也即是說，再下去，就要出問題，毀或者瘋。沈從文清醒如此。「我應當休息了」，「休息」，指的是死。

十八日，無意中翻出《愛眉小札》，不免想起當年對自己有極大幫助的徐志摩，就在書上記了此時的感慨：「孤城中清理舊稿，忽得此書。約計時日，死者已成塵成土十八年。歷史正在用火與血重寫，生者不遑為死者哀，轉為得休息羨。人生可憫。」（14: 475）

沈從文精神上的狀況牽動了朋友們的關切和擔憂，梁思成、程應銓同在二十七日寫信，邀請沈從文到清華園休養。二十八日，這天是農曆除夕，羅念生一早就陪伴沈從文從圍困的城裡前往已經解放了的城外的清華園。

大年初一，沈從文回復張兆和除夕夜的信，說：「我用什麼感謝你？我很累，實在想休息了，只是為了你，在掙扎下去。我能掙扎到多久，自己也難知道！」（19: 7）初二，一月三十日，在張兆和當日致他的信上，沈從文寫了許多批語，其中一段是這樣的：

> 給我不太痛苦的休息，不用醒，就好了，我說的全無人明白。沒有一個朋友肯明白敢明白我並不瘋。大家都支吾開去，都怕參與。這算什麼，人總得休息，自己收拾自己有什麼不妥？學哲學的王遜也不理解，才真是把我當了瘋子。我看許多人都在參與謀害，有熱鬧看。

同信批語中另有一段相類的文字：

金隄、曾祺、王遜都完全如女性，不能商量大事，要他設法也不肯。一點不明白我是分分明明檢討一切的結論。我沒有前提，只是希望有個不太難堪的結尾。沒有人肯明白，都支吾過去。完全在孤立中。孤立而絕望，我本不具有生存的幻望。我應當那麼休息了！

這兩段文字相當觸目，觸目的原因還不在於不承認自己的「瘋」，而在於尖利地指出周圍的人沒有一個「肯明白敢明白」，「都支吾開去」。在此，沈從文把自己跟幾乎所有的朋友區別、隔絕開來，區別、隔絕的根據，說白了就是：在社會和歷史的大變局中，周圍的人都能順時應變，或者得過且過，而他自己卻不能如此、不肯如此。

他感到前所未有的孤立，他的命運得由他一個人來承擔，而並不是他原來預感的一代人來共同承擔共同的命運。他沒有同代人的陪伴。這種「完全在孤立中」的強烈感受，打擊太大了。在這樣的時局和情勢下，他再也無法保持克制和平靜，此時的話就顯得特別刺耳，十足的狂言：

小媽媽，我有什麼悲觀？做完了事，能休息，自己就休息了，很自然！若勉強附和，奴顏苟安，這麼樂觀有什麼用？讓人樂觀去，我也不悲觀。

也許是因為那些聲色俱厲、氣勢洶洶的批判，他才會有這樣的反應：

我十分累，十分累。聞狗吠聲不已。你還叫什麼？吃了我會沉默吧。我無所謂施捨了一身，飼的是狗或虎，原本一樣的。社會在發展進步中，一年半載後這些聲音會結束了嗎？（19; 9, 10, 11）

可是在表面上，內心激烈的活動並沒有特別表現出來。一月三十日梁思成寫信告訴張兆和：「這裡的氣氛與城裡完全兩樣，生活極為安定愉快。一群老朋友仍然照樣的打發日子，老鄧、應銓等就天天看字畫，而且人人都是樂觀的，懷著希望的照樣工作。二哥到此，至少可以減少大部分精神上的壓迫。」日常起居，「他住在老金家裡。早起八時半就同老金一起過我家吃早飯；飯後聊天半小時，他們又回去；老金仍照常伏案。中午又來，飯後又照例聊半小時，各回去睡午覺。下午四時則到熟朋友家閑坐：吃吃茶，或是（乃至）有點點心。六時又到我家，飯後聊到九時左右才散。這是我們這裡三年來的時程，二哥來此加入，極為順利。」

同信林徽因續寫：「二哥第一天來時精神的確緊張，當晚顯然疲倦但心緒卻愈來愈開朗。第二天人更顯愉快，但據說仍睡得不多，所以我又換了一種安眠藥，交老金三粒（每晚代發一粒給二哥），且主張臨睡喝熱牛奶一杯。昨晚大家散得特別早，今早他來時精神極好，據說昨晚早睡，半夜『只醒一會兒』，說是昨夜的藥比前夜的好。大約他是說實話，不是哄我。看三天來的進步，請你放心他的一切。今晚或不再給藥了。我們熟友中的談話多半都是可以解除他那些幻想過慮的，尤以熙公的為最有力，所以他在這方面也同初來時不同了。近來因為我病，老金又老在我們這邊吃飯，所以我這裡沒有什麼客人，他那邊更少人去，清靜之極。今午二哥大約到念生家午飯。」[4]

梁、林信中提到的清華園的朋友們，老金是金嶽霖，老鄧是鄧以蟄，熙公是張奚若，以及其他的朋友，都在關心著沈從文。二月一日，張兆和給沈從文信裡說：

二哥：

王遜來，帶來你的信和梁氏賢伉儷的信，我讀了信，心裡軟弱得很。難得人間還有這樣友情，我一直很強健，覺得無論如何要堅強地扶持你度過這個困難（過年時不惜勉強打起笑容去到處拜年），我想我什麼困難，什麼恥辱，都能夠忍受。可是人家對我們好，無所取償的對我們好，感動得我心裡好難過！後來王遜提起另一個人，你一向認為是朋友而不把你當朋友的，想到這正是叫你心傷的地方，說到你人太老實，我忍不住就淌下眼淚來了。我第一次在客人面前落了淚，過後想想很難為情。王遜走後我哭了一陣，但心裡很舒暢。

聽說徽因自己也犯氣喘，很希望你能夠振作起精神，別把自己的憂慮增加朋友的憂慮，你的身體同神經能在他們家裡恢復健康，歡喜的當不止她一人。想想許多朋友為你的病擔一份心，多麼希望你忽然心胸開朗，如同經過一個夢魘，修正自己，調整自己，又復愉快地來好好使用你這副好頭腦子的！真正有許多朋友，擔心你會萎悴在自己幻想的困境中。如像老金，奚若先生，老楊，王遜，小朋友如金隄、曾祺、李瑛，怎麼才叫大家如釋重負啊，你信上給我說的話，你要兌現的。[5]

二月二日沈從文覆張兆和信：

「我們要在最困難中去過日子，也不求人幫助。即做點小買賣也無妨。」你說得是，可以活下去，為了你們，我終得掙扎！但是外面風雨必來，我們實無遮蔽。我能掙扎到什麼時候，神經不崩毀，只有天知道！我能和命運掙扎？

小媽媽，你的愛，你對的我一切善意，都無從挽救我不受損害。這是宿命。我終得犧牲。我不向南行，留下在這裡，本來即是為孩子在新環境中受教育，自己決心作犧牲的！應當放棄了對於一隻沉舟的希望，將愛給予下一代。（19; 16, 17）

4 梁思成、林徽因：《覆張兆和》（19490130），《沈從文全集》第十九卷，頁一二–一三。

5 張兆和：《覆沈從文》（19490201），《沈從文全集》第十九卷，頁一四。

沈從文在清華園住了一個多星期，返回到城裡時，北平已經和平解放。但他的病仍在發展過程中。

張兆和有個和他感情很深的堂兄張鼎和，一九三六年被國民黨殺害，沈從文一直想以他為原型寫一部傳記式作品。多年過去，張鼎和的女兒張以瑛已經成長為革命幹部，在《天津日報》工作，二月上旬來看望三姑和三姑夫。大出意外的是這個家裡沉重的氣氛。「晚上，三姑和我睡在一長床上，她悄悄的哭了，向我敘述了這個家的變化……我很清楚，三姑這樣敞開心扉，是對我的信任，是希望我這個已經投入革命的青年幹部給她一些理解，指出一點希望。遺憾的是，我沒有作到，我的水準還低，口齒也太笨拙，也想不出這到底是怎麼回事，究竟意味著什麼？三天後我帶著深深愧疚回了天津。」[6]

三月十三日，沈從文給張以瑛寫信說，「你這次來平，給了我極大信心……如工作恰巧和時代需要相配合，當然還可為國家下一代作些事。（因縱不能用筆寫文章，即作美術史小說史研究，也必然還有些新的發現，條理出一個新路，足為後來者方便。）但如果工作和時代游離，並且於文字間還多抵牾，我這種『工作至死不殆』強執處，自然即容易成為『頑固』，為作繭自縛困難。即有些長處，也不免游離於人群的進步理想以外，孤寂而荒涼。這長處如果又大多是『抽象』的，再加上一些情緒糾纏，久而久之，自然即是在家庭方面，也不免如同孤立了。平時這孤立，神經支持下去已極勉強，時代一變，必然完全摧毀。這也就是目下情形。」「目前在這裡，除神經崩毀發瘋，什麼都隔著。共產黨如要的只是一個人由瘋到死亡，當然容易作到。如還以為我尚可爭取改造，應當讓我見一見丁玲，我亟想見她一面，不知陳沂先生能為力沒有？」（19；19–20）約一周後，時任東北野戰軍後勤部政委的陳沂來訪，送了一些政治學習用書報，並勸在中國公學讀書時即已認識的張兆和儘快走出家門，接受新的革命教育。

就是在精神幾近崩潰的二月至三月間，沈從文寫了兩篇長長的自傳，即《一個人的自白》和《關於西南漆器及其他》，在後一篇的末頁，加了一個注：「解放前最後一個檔」。「解放」，在這裡指的是「解脫」。[7]

三月二十八日上午，沈從文在家裡自殺，「用剃刀把自己頸子劃破，兩腕脈管也割傷，又喝了一些煤油」[8]。張兆和的堂弟張中和來沈家，發現門從裡面頂著，情急之下破窗而入。家人馬上把沈從文送往醫院急救；然後轉入精神病防治院。

五、「悲劇轉入謐靜」，「大悲」

自殺遇救後，沈從文的反應似乎不像此前那麼激烈了，表面上張力好像鬆弛下來，用他自己的話來說，是「悲劇轉入謐靜」。他在「謐靜」中分析自己，檢討自己。「瘋狂」，似乎也是

6 張小璋（張以瑛）：《流不完的思念淚》，《水》復刊第二十三期《兆和紀念專集》，二〇〇三年九月。
7 《關於西南漆器及其他》的編者注釋，《沈從文全集》第二十七卷，頁三七。
8 張兆和：《致田真逸、沈岳錕等》（19490402），《沈從文全集》第十九卷，頁二二。

「謐靜」中的「瘋狂」。

四月六日，他在精神病院寫了整整一上午日記。「在晨光中，世界或社會，必然從一個『常』而有繼續性中動著，發展著。我卻依然如游離於這個以外，而游離的延續，也就必然會帶來更多的纏縛。可是我始終不明白我應擱在什麼位置上為合宜。……迫害感且將終生不易去掉。」「昨楊剛來帶了幾份報紙，可稍知國家近一星期以來的種種發展。讀四月二日《人民日報》的副刊，寫幾個女英雄的事蹟，使我感動而且慚愧。寫錢正英尤動人。李秀真也極可欽佩。這才是新時代的新人，和都市中知識分子比起來，真如毛澤東說的，城裡人實在無用！鄉下人遠比單純和健康。同時也看出文學必然和宣傳而為一，方能具教育多數意義和效果。比起個人自由主義的用筆方式說來，白羽實有貢獻。對人民教育意義上，實有貢獻。把我過去對於文學觀點完全摧毀了。無保留的摧毀了。擱筆是必然的，必須的。」他歎息道，「唉，可惜這麼一個新的國家，新的時代，我竟無從參與。多少比我壞過十分的人，還可從種種情形下得到新生，我卻出於環境上性格上的客觀的限制，終必犧牲於時代過程中。二十年寫文章得罪人多矣。」

他計畫停止頭腦思索，去從事手足勞動，甚至勞役終生。「我生命似乎已回復正常，再不想自己必怎麼怎麼選擇業務或其他。只在希望中能用餘生作點什麼與人民有益的事。我的教育到此為止，已達到一個最高點。悲劇轉入謐靜，在謐靜中彷彿見到了神，理會了神。看一切，再不會用一種強持負氣去防禦，只和和平平來接受了。」這個時候的心境，沈從文用「慈柔」兩個字來形容：

我心中這時候極慈柔。我懂得這是明白了自己，也明白了自己和社會相互關係極深的一種心理狀態。我希望能保持它到最後，因為這才是一個人。一個革命志士殉難時，一個無辜善良為人毀害時，一個重囚最後時，可能都那麼心境慈柔。『大悲』二字或即指此。

能夠接受命運，不是想通了，而是夢醒了。沈從文用了《紅樓夢》的比喻。「這才真是一個傳奇，即頑石明白自己曾經由頑石成為寶玉，而又由寶玉變成頑石，過程竟極其清楚。石和玉還是同一個人！」

在「慈柔」和「大悲」的心境中，他又歎息了：

陽光依然那麼美好，溫暖而多情，對一切有生無不同樣給以溫暖和欣欣向榮的煥發情感。我卻行將被拒絕於群外，陽光不再屬於我有了。唉，多美好的陽光！為什麼一個人那麼熱愛生命，恰恰就不能使生命用到一個與世諧同各遂其生的願望下，將生命重作合理安排？為什麼就恰好到這時節在限制中毀滅？

……

……我心中很平靜慈柔。記起《你往何處去》一書中待殉難於鬥獸場的一些人在地下室等待情形，我心中很柔和。

聽到隔院笑語和哭泣，哭泣聲似從一留聲機片上放出，所以反覆相同，而在旁放送者笑語即由之而起。人生如此不相通，使人悲憫。

自我分析到後來，他找到「瘋狂」的一種內在脈絡：從昆明時期，思想上已經出現巨大迷茫，陷入苦苦思考的泥淖而難以自拔，久而久之，以致發展到自毀。「五年前在呈貢鄉居寫的《綠魘》真有道理……因用筆構思過久，已形成一種病態。從病的發展看，也必然有瘋狂的一天，惟不應當如此和時代相關連，和不相干人事相關連。從《綠魘》應當即可看出這種隱性的瘋狂，是神經過分疲勞的必然結果。綜合聯想處理於文字上，已不大為他人所能理解，到作人事說明時，那能條理分明？」

最後他得出結論：「我想來想去，實在沒有自殺或被殺的需要或必要。」

我要新生，在一切譭謗和侮辱打擊與鬥爭中，得回我應得的新生。（19; 24, 25, 28, 29, 31, 32）

四月出院後，北京大學國文系已經沒有沈從文的課程。北大博物館由校內向東廠胡同新址遷移，他抱病自願參加工作，為籌備和布置瓷器、漆器、織造、苗民刺繡等專題展覽盡了最大的努力。

五月，張兆和進入華北大學，接受初步的革命教育。

五月三十日，沈從文在靜夜中隨手寫下一篇文字，題為《五月卅下十點北平宿舍》，記錄和描述他當時的精神情形。

他從靜中第一回聽見窗下灶馬振翅聲，又在全城奇怪的靜中似聞遠處鼓聲連續。他懷疑自己是不是「又起始瘋狂？」緊接著他非常清晰地表述了自己一個人「游離」於「一個群」之外的「完全在孤立中」的狀態，這是他自「生病」以來最耿耿於懷、反覆申說的感受：「有種空洞游離感起於心中深處，我似乎完全孤立於人間，我似乎和一個群的哀樂全隔絕了。」後來又寫道：「世界在動，一切在動，我卻靜止而悲憫的望見一切，自己卻無份，凡事無份。我沒有瘋！可是，為什麼家庭還照舊，我卻如此孤立無援無助的存在。為什麼？究竟為什麼？你回答我。」這種對比實在太懸殊了：一個群的狀態、世界的狀態和個我的狀態截然相反。一個並沒有巨大神力的普通人，身處歷史和時代的狂濤洪流中，一方面是他自己不願意順勢應變，想保持不動，不與泥沙俱下，從「識時務」者的「明智」觀點來看，這當然是一種「瘋狂」；另一方面，其實不僅僅是他願意不願意的問題，新的時代確確實實把他排斥在外，他因被排斥而困惑，而委屈，而恐懼，而悲憫。

他在極靜中想到一些人事，其中主要由三個女性——丁玲、張兆和、翠翠——來展開，分別對應於三種不同的時間向度：對歷史的回憶、對現實的敘述和對未來的幻想／幻覺。

寫字桌上放著一張舊照片，那是一九三一年，丁玲丈夫胡也頻犧牲後，沈從文冒險護送丁玲和烈士遺孤回湖南常德，在武昌城頭和淩叔華一家人合影。一九三三年，丁玲被國民黨特務祕密逮捕後，沈從文發表《丁玲女士被捕》、《丁玲女士失蹤》公開抗議，又作長篇傳記《記丁玲女士》在《國聞週報》從七月連載至十二月，喚起公眾對失蹤者的關注。時代變了，丁玲成了新政權文藝界的風雲人物，當年的遺孤也長成青年——「我卻被一種不可解的情形，被自己的瘋狂，游離於群外，而面對這個相片發呆。」

在現實生活中，「我的家表面上還是如過去一樣，完全一樣，兆和健康而正直，孩子們極知自重自愛，我依然守在書桌邊」；但是，這樣一個溫馨的家庭將會因為他的緣故而失去意義，「世界變了，一切失去了本來意義。」「我」就要毀滅了，這一切還有什麼意義？

他說到自己的孩子，在回想丁玲的時候也講到丁玲的兒子韋護和淩叔華的女兒小瑩都已長大成人，他的這篇文字，就是在孩子的鼾聲中寫的，他寫道：「兩邊房中孩子鼾聲清清楚楚。」他也早說過，自己「不向南行」，是為了下一代在新的環境裡接受教育和成長。

可是他自己呢？「什麼是我？我在何處？我要什麼？我有什麼不愉快？我碰著了什麼事？想不清楚。」「什麼都極分明，只不明白我自己站在什麼據點上，在等待些什麼，在希望些什麼。」

在最想不清楚自己，最孤立無告的時候，他想到了翠翠。翠翠是他小說中的人物，是生活在他家鄉的山水和風俗人情中的美好形象；在這樣的時刻想到翠翠，可見他的文學和他這個人的緊密關係，他的家鄉和他這個人的緊密關係，其血肉相連、生死牽記的緊密程度，遠遠超出一般性的想像。而且，他想到翠翠的時候，用的是將來時態，用的是第二人稱，就像在和翠翠說話，在喊著翠翠：

> 夜靜得離奇。端午快來了，家鄉中一定是還有龍船下河。翠翠，翠翠，你是在一零四小房間中酣睡，還是在杜鵑聲中想起我，在我死去以後還想起我？翠翠，三三，我難道又瘋狂了？我覺得嚇怕，因為一切十分沉默，這不是平常情形。難得我應當休息了？難道我……
>
> 我在搜尋喪失了的我。
>
> 很奇怪，為什麼夜中那麼靜。我想喊一聲，想哭一哭，想不出我是誰，原來那個我在什麼地方去了呢？就是我手中的筆，為什麼一下子會光彩全失，每個字都若凍結到紙上，完全失去相互間聯繫，失去意義？（19; 42, 43）

六、「把一隻大而且舊的船作調頭努力」

在「瘋狂」中，沈從文可以說始終存在著自毀的衝動，但同時也一直掙扎著恢復過來。這兩種力量交織、交替，換句話來說，就是病情時好時壞。慢慢地，試圖恢復的意志漸漸占了上風。六月底，他甚至抱病寫完了《中國陶瓷史》教學參考書稿。

六月份，丁玲約何其芳一起到中老胡同看沈從文，勸他「拋掉自己過去越快越多越好」。在次子沈虎雛的記憶裡，沈從文此前曾領著他去文管會見從瀋陽來到北平的丁玲，冷淡的氣氛令這個少年深感意外。[9] 鳳凰舊友、時任中央軍委辦公廳副主任的苗族將領朱早觀，也來家中看望他，鼓勵他振作精神為新社會工作。七月二日至十九日，第一次全國文代會召開，作家們會聚北京，沈從文連代表都不是；可是他的老朋友們，巴金、李健吾、章靳以等，在會議期間來訪，還是讓他感受到友情的安慰。九月巴金來京出席政協會議，又到家裡見他，勸他，鼓勵他。

在七月份給舊友劉子衡的信中，沈從文較為平靜和「理性」地談到了自己的「瘋狂」：「一個於群游離二十年的人，於這個時代中毀廢是必然的。解放北平本是一件大事，我適因種種關係薈萃，迫害感與失敗感，愧與懼，糾紛成一團，思索復思索，便自以為必成一悲劇結論，方合事實，因之糊塗到自毀。」他把自己的「瘋狂」過程分成兩個階段，「自毀走了第一步，從治療中被鬥爭，即進入第二步神經崩潰，迫害狂益嚴重。回來後表面張力已去，事實則思索套思索，如亂髮一團，而一個外在社會多餘的精力，一集中到我過程上時，即生存亦若吾喪我。有工作在手時，猶能用工作穩住自己，一擱下工作，或思索到一種聯想上，即刻就轉入半癡狀態，對面前種種漠然如不相及，只覺得人生可憫。因為人和人關係如此隔離，竟無可溝通。相熟三十年朋友，不僅將如陌生，甚至於且從疏隔成忌誤，即家中孩子，也對於我如路人，只奇怪又發了瘋。難道

9 沈虎雛的《團聚》一文寫及此事。此文最初發表時，所記會見時間可能有誤，後作修正，修定稿收入《老北大宿舍紀事（1946–1952）：中老胡同三十二號》，江丕棟等編著，北京大學出版社，二〇一一年，頁三四八–三七五。

一九四九夏來北平出席第一次文代會的朋友到沈從文家中拜訪。
左起：沈從文、巴金、張兆和、章靳以、李健吾

我真瘋了？我不能瘋的！可是事實上，我可能已近於半瘋。」（19；45）

七月十六日，沈從文給在香港的表侄黃永玉寫信，勸他北上。此舉似乎難以理解，細讀卻能明白，他一面是說給黃永玉聽，一面未嘗不是在說服自己；而談到自己要投身雜文物研究，則早就是心裡念念不已的願望：

我很想念你，可不知如何說下去。如果在香港無什麼必要，照我看北來學習為合理。這要下決心，從遠處看，不以個人得失在意，將工作配合時代，用一個謙虛誠實且得耐勞苦合群眾的工作態度，來後一定可以工作得極愉快的。（曾祺即那麼上了前！）這裡二表嬸也上了學校，睡土地，吃高粱米飯，早上四點起床，讀文件、唱歌，生活過得興奮而愉快。……

經過幾個月檢討反省，把自己工作全否定了，二十年用筆離群，實多錯誤處。我已深深覺得人不宜離群，須合伴，且得隨事合作，莫超越。因為社會需要是一個平。我現在，改用二十年所蓄積的一點雜史部知識，和對於應用藝術的愛好與理解，來研究工藝美術史。這是費力難見好，且得極大熱忱和廣泛興趣方做得了的。擱下來從無人肯作，（千年來都無人認真做過）即明知是人民美術史，可無人肯來研究。我想生命如還可以用到為人民服務意義上，給後來一代學習便利，節省後來人精力，我當然來用它作為學習靠攏人民的第一課。預備要陸續把陶瓷史、漆工藝史、絲織物、傢俱等等一樣樣做下去。……

你要明白的事，說簡略些就是這樣。（今天我頭腦清楚，說得也比較清楚。）……

信的後面談起工藝美術史研究，又是急迫的心情，方方面面，忍不住一說就是很多。黃永玉收到信後，在幾個朋友間傳閱，後來又交《大公報》「大公園」副刊，於八月十一日刊出，編者擬了個標題：《我們這裡的人只想做事》，並加說明：「這是沈從文先生自北平寄給留港的一位木刻家的信。從這裡可以看出，一個二十年用筆離群的作家，如何覺今是而昨非，在根本上重造自己。」這是沈從文不知道的情況下一九四九年公開發表的作品，較長時間裡也沒有人注意到。[10]

一九四九年他發表的另一篇文章，是討論相傳為展子虔名畫《遊春圖》的長文，題為《讀春遊圖有感》，一九四七年所寫，刊於四月出版的上海《子曰》叢刊的《藝舟》副刊第一期，是他公開發表的第一篇物質文化史論文。

八月，沈從文的人事關係轉到歷史博物館，安排在陳列組，主要工作是在庫房清點登記館藏文物，比如曾數過上萬錢幣，另外也參加布置陳列室，編寫文物說明，抄寫陳列卡片，還不時會有一些臨時性的雜活。

九月八日，致信丁玲，此舉可以看作是把自己從瘋毀中救出的主動性行為。

10 《我們這裡的人只想做事》是李輝二〇〇七年發現的，重刊於《書城》二〇〇八年第一期，雜誌同期刊出李輝《轉折之際——關於新發現的沈從文致黃永玉的信》。此處據《書城》重刊文引。

沈從文在信中說自己「是一個犧牲於時代中的悲劇標本」，「為補救改正，或放棄文學，來用史部雜知識和對於工藝美術的熱忱與理解，使之好好結合，來研究古代工藝美術史。」他說放棄寫作並不惋惜，「有的是少壯和文豪，我大可退出，看看他人表演。」又說工藝美術史的研究，「這些事目下你們還來不及注意，過三五年就會承認的。」他表示將把餘生精力「轉成研究報告」，「留給韋護一代作個禮物吧」。這些話都很「硬」，特別是說到自己即將開始的新的事業，充滿了自信。

他寫這封信，主要是因為有一個大的擔心：擔心「革命」會拆散這個家庭。當時張兆和在華北大學受革命教育，住校；兩個孩子讀中學，經常有政治活動，晚上往往回家很晚，所以沈從文回到住處時，「家中空空的」，他對丁玲說：「目下既然還只在破碎中粘合自己，唯一能幫助我站得住，不至於忽然圮坍的，即工作歸來還能看到三姐。這就臨到一回考驗，在外也在內，在我自己振作，也在中共對我看法！丁玲，照我自己所知說來，我目下還能活下去，從挫折中新生，即因為她和孩子。這個家到不必須受革命拆散時，我要一個家……我且相信這麼工作，對社會用處，比三姐去到別處工作大得多。只要她在北平作事，我工作回來可見見她，什麼辛苦會不在意，受挫折的痛苦也忘掉了。」「改造我，唯有三姐還在和我一起方有希望。欲致我瘋狂到毀滅，方法簡單，鼓勵她離開我。」（19; 48, 49, 51, 52）就他向丁玲坦言自己的恐懼，並提出具體要求這一點而言，已經表明，他在主動想方設法保護自己不致崩潰到無可補救的地步，主動尋求恢復，並且試圖創造新的事業了。

九月二十日午夜，他給妻子寫信，表明自己「大體上已看出是正常的理性恢復」，信中說，「我溫習到十六年來我們的過去，以及這半年中的自毀，與由瘋狂失常得來的一切，忽然像醒了的人一樣，也正是我一再向你預許的一樣，在把一隻大而且舊的船作調頭努力，扭過來了。」「你可不用擔心，我已通過了一種大困難，變得真正柔和得很，善良得很。」為此，他「寫了個分行小感想，紀念這個生命回復的種種。」（15; 54, 55）

「分行小感想」指的是長詩《從悲多汶樂曲所得》，把自己的精神狀況的變化和「樂曲的發展梳理」結合起來描述；在此之前的五月份，他已經寫過一首長詩，題為《第二樂章——第三樂章》，其中說道，自己的生命，「正切如一個樂章在進行中，忽然全部聲音解體，／散亂的堆積在身邊。」「這一堆零散聲音，／任何努力都無從貫串回復本來。」（15; 213, 214）而現在，當他感到生命的回復時，他感念地說起音樂的作用，彷彿從一個長長的樂曲中獲得了新生：「它分解了我又重鑄我，／已得到一個完全新生！」（15; 222）兩天後又開始寫另一首長詩《黃昏和午夜》，到十月一日完成。

冬季，張兆和在華北大學學習結束，分配到北京師範大學附屬中學一部做語文老師；第二年又轉到附中二部，即後來改稱的一〇一中學，在離家很遠的西郊，平時住校，週末才能回家。

七、理解「囈語狂言」，理解「恢復」和「重鑄我」

在一九四九年間，沈從文自己留下了相當多散亂的文字材料，一九九六年上海遠東出版社出版的《從文家書》曾選編了其中的一部分，題為《囈語狂言》。《沈從文全集》的出版，使我們能夠看到的這部分內容大為豐富，主要有：（一）、書信和零星日記，編入第十九卷；（二）、自白性文字《一個人的自白》、《關於西南漆器及其他》、《政治無所不在》等，編入第二十七卷；（三）、三首長詩，編入第十五卷；（四）、寫在自己著作上的零星雜感，編入第十四卷的《藝文題識錄》中。

不妨沿用《從文家書》的命名，把沈從文生病期間的文字稱為「囈語狂言」；分析他的「囈語狂言」，特別要注意其中所包含的複雜性：

（一）沈從文的「精神失常」，既是外界強大壓力刺激的結果，也是他個人精神發展所致。絕不能輕估外界的壓力及其罪責，但也不能因此而忽視沈從文自身精神發展的狀況，特別是四十年代以來精神上的求索、迷失和痛苦；然而，如果把沈從文的「精神失常」完全視為他個人精神發展的必然結果，輕視甚至無視時代轉折的重壓，則更為蒙蔽不明。

（二）「精神失常」的「囈語狂言」，到底能夠揭示出什麼樣的自身狀況和時代狀況？它有什麼特殊的價值？「精神失常」其實是個極其模糊的說法，他的「精神」狀況到底是怎樣的？

「失常」的「常」是指什麼？從哪一種角度看是「精神失常」？如果換一種角度呢？從「囈語狂言」中，是否能夠找到對這些問題的解答？

沈從文的「囈語狂言」，事隔多年後讀來，仍然驚心動魄。當時的見證人之一汪曾祺在一九八八年的文章裡就認為：「沈先生在精神瀕臨崩潰的時候，腦子卻又異常清楚，所說的一些話常有很大的預見性。四十年前說的話，今天看起來還很準確。」[11]

（三）不但要注意沈從文精神崩潰的過程，而且還要注意他從崩潰中「恢復」過來的過程；不但要看重「瘋狂」，而且還要看重「恢復」。

「恢復」不僅僅是恢復了現實生活的一般「理性」，變得「正常」；而且更是從毀滅中重新凝聚起一個自我，這個重新凝聚的自我能夠在新的複雜現實中找到自己的獨特位置，進而重新確立安身立命的事業。從表面上看，這個自我與現實之間的緊張關係不像「瘋狂」時期那麼決絕和激烈了，其實卻是更深地切入到了現實中，不像「瘋狂」時期，處在雖然對立然而卻是脫離的狀態。

「恢復」也並不是屈從，甚至乾脆變成一個「識時務者」，隨波逐流。

十二月二十五日，沈從文寫成一篇長文《政治無所不在》，記述和總結近一年來的各種感受，其中描述了一段情景，說的是兩個初中生兒子與爸爸交流思想：

11　汪曾祺：《沈從文轉業之謎》，《晚翠文談新編》，北京：三聯書店，二〇〇二年，頁二三四。

有天晚上，孩子們從東單勞動服務歸來，雖極累還興奮。上床後，我就坐在旁邊，和他們討論問題。

「爸爸，我看你老不進步，思想搞不通。國家那麼好，還不快快樂樂工作？」

「我工作了好些年，並不十分懶惰。也熱愛這個國家，明白個人工作和社會能夠發生什麼關係。也長遠在學習，學的已不少。至於進步不進步，表面可看不出。我學的不同，用處不同。」

說進步不同，顯然和孩子們所受教育不合。兩人都說：「凡是進步一看就明白。你說愛國，過去是什麼社會，現在又是什麼社會？你得多看看新書，多看看外面世界。你能寫文章，怎麼不多寫些對國家有益的文章？人民要你工作得更多更好，你就得做！」

「我在工作！」

「到博物館弄古董，有什麼意思！」

「那也是歷史，是文化！你們不是成天說打倒封建？封建不僅僅是兩個字。還有好些東西，可讓我們明白封建的發展。……勞動人民在被壓迫剝削中又還創造了多少文化文明的事實，都值得知道多一些。我那麼一面工作，一面學習，正是為人民服務！」

「既然為人民服務，就應該快快樂樂去做！」

「照我個人說來，快樂也要學習的。我在努力學習。這正是不大容易進步處。毛主席檔上不是說起過，學習並不簡單，知識分子改造、轉變，要有痛苦嗎？痛苦能增加人認識……」

於是我們共同演了一幕《父與子》，孩子們凡事由「信」出發，所理解的國家，自然和我由「思」出發明白的國家大不相同。談下去，兩人都落了淚……（27; 40–41）

這個凝聚起來的自我有他的選擇，他的堅持。這個自我是從精神的崩毀中痛苦地誕生的，惟其經歷了崩毀，他的誕生才愈發痛苦；而一旦誕生和確立起來，就將是難以動搖的。「它分解了我又重鑄我，／已得到一個完全新生！」這樣的詩句，不是空話。沈從文的後半生，可為「新生」證實。如果沒有這個「恢復」和「新生」，不但沈從文後半生的事業無從談起，而且也將使得沈從文的那種極端的精神痛苦和思想堅持，失去可以證實的意義。

八、為什麼選擇歷史文物研究

上面提到，沈從文在精神危機期間寫了兩篇自傳，《一個人的自白》和《關於西南漆器及其他》。從理解沈從文的角度而言，這兩篇自傳的重要性，絕不亞於沈從文其他任何的自傳性文字，他近乎以寫「絕筆」的心情，來分析和敘述自我生命的核心構成。「將來如和我的全部作品同置，或可見出一個『人』的本來。」（27; 3）

沈從文最初的想法是留下一本完整的自傳，但精神狀況的持續極端緊張使他無法按部就班去完成，寫完第一章之後，他越過中間的大部分，徑直來寫《關於西南漆器及其他》，手稿首頁旁

注：「介於這個與自白中應還有八章」。[12] 西南漆器是抗戰爆發後沈從文寓居昆明八年時間裡特別注意和大量搜集的，他當然情有所鍾，心之所繫，但不顧時間順序急著來寫這一部分，想要說的就不僅僅是西南漆器及其關聯的西南文化的種種，更是要敘說由此而牽連出的他生命中的一條脈絡，「一章自傳：一點幻想的發展」——手稿的標題下，加了這麼一行文字。

沈從文要說的是，美術、特別是工藝美術，與自己有著深切關係，而這種關係，有一個不斷綿延的發展歷史。

「我有一點習慣，從小時養成，即對於音樂和美術的愛好」，「認識我自己生命，是從音樂而來；認識其他生命，實由美術而起。」「看到小銀匠捶制銀鎖銀魚，一面因事流淚，一面用小鋼模敲擊花紋。看到小木匠和小媳婦作手藝，我發現了工作成果以外工作者的情緒或緊貼，或游離。並明白一件藝術品的製作，除勞動外還有個更多方面的相互依存關係。而尤其重要的，是這些小市民層生產並供給一個較大市民層的工藝美術，色澤與形體，原料及目的，作用和音樂一樣，是一種逐漸浸入寂寞生命中，娛樂我並教育我，和我生命發展嚴密契合分不開的。」

他無從受到嚴格的美術訓練，卻發展了愛好和理解，這種愛好和理解「有一點還想特別提出，即愛好的不僅僅是美術，還更愛那個產生動人作品的性格的心，一種真正『人』的素樸的心。」正因為這種愛好，「到都市上來，工藝美術卻擴大了我的眼界，而且愛好與認識，均奠基於綜合比較。不僅對製作過程充滿興味，對製作者一顆心，如何融會於作品中，他的勤勞，願望，熱情，以及一點切於實際的打算，全收入我的心胸。一切美術品都包含了那個作者生活掙扎形式，以及心智的尺衡，我理解的也就細而深。」

從湘西來到北平之後，還不清楚自己未來事業的路在哪裡的時期，摸索讀書，其中大多與歷史、文物、美術有關：「為擴大知識範圍，到北平來讀書用筆，書還不容易斷句，筆又呆住於許多不成形觀念裡無從處分時，北平圖書館（從宣內京師圖書館起始）的美術考古圖錄，和故宮三殿所有陳列品，於是都成為我真正的教科書。讀誦的方法也與人不同，還完全是讀那本大書方式，看形態，看發展，並比較看它的常和變，從這三者取得印象，取得知識。」（27; 20, 22, 23－24）

抗戰後寓居雲南，早已確立了文學地位的沈從文，特別留心於西南文物中一些為歷史和現代學人所忽略的東西，其中主要是漆器。汪曾祺回憶說：「我在昆明當他的學生的時候，他跟我（以及其他人）談文學的時候，遠不如談陶瓷，談漆器，談刺繡的時候多。他不知從哪裡買了那麼多少數民族的挑花布。沏了幾杯茶，大家就跟著他對著這些挑花圖案一起讚歎了一個晚上。有一陣，一上街，就到處搜羅緬漆盒子。……昆明的熟人沒有人家裡沒有沈從文送的這種漆盒。有一次他定睛對一個直徑一尺的大漆盒看了很久，撫摸著，說：『這可以做一個《紅黑》雜誌的封面！』」[13]

12《關於西南漆器及其他》的編者注釋，《沈從文全集》第二十七卷，頁三七。
13 汪曾祺：《與友人談沈從文》，《晚翠文談新編》，頁一六〇－一六一。

由自然的愛好和興趣，發展到對世界、生命、自我的認識和體會，並且逐漸內化為自我生命的滋養成分，促成自我生命的興發變化，文物對於沈從文來說，已經不僅僅是將來要選擇的研究「物件」了。

時代轉折之際，放棄文學以後做什麼呢？歷史文物研究，這是沈從文的自主選擇。這個選擇的因由，其實早就潛伏在他的生命裡，像埋進土裡的種子，時機到了就要破土而出。《關於西南漆器及其他》描述了這顆種子在土裡的漫長歷程。

由這篇自傳的提醒，更由於沈從文後半生事業的提醒，回過頭去看《從文自傳》——他三十歲寫的，寫二十一歲以前的生活，或許能夠辨析出他在無意間畫下的一條線索。這本書裡有動人的段落和章節，很自然地寫出了一個年輕的生命對於中國古代文化和文物的熱切的興趣。有誰能夠想像，在這個一個月掙不了幾塊錢的小兵的包袱裡，有一份厚重的「產業」：一本值六塊錢的《雲麾碑》，值五塊錢的《聖教序》，值兩塊錢的《蘭亭序》，值五塊錢的《虞世南夫子廟堂碑》，還有一部《李義山詩集》。要講沈從文的書法歷程，必得從這份早年的「產業」講起。《從文自傳》倒數第二章題為《學歷史的地方》，寫他在筸軍統領官陳渠珍身邊作書記約半年，日常的事務中有一件是保管整理大量的古書、字畫、碑帖、文物，「這份生活實在是我一個轉機，使我對於全個歷史各時代各方面的光輝，得了一個從容機會去認識，去接近。」——

無事可作時，把那些舊畫一軸一軸的取出，掛到壁間獨自來鑒賞，或翻開《西清古鑒》

《薛氏彝器鐘鼎款識》這一類書，努力去從文字與形體上認識房中銅器的名稱和價值。再去亂翻那些書籍，一部書若不知道作者是什麼時代的人時，便去翻《四庫提要》。這就是說我從這方面對於這個民族在一段長長的年份中，用一片顏色，一把線，一塊青銅或一堆泥土，以及一組文字，加上自己生命作成的種種藝術，皆得了一個初步普遍的認識。由於這點初步知識，使一個以鑒賞人類生活與自然現象為生的鄉下人，進而對於人類智慧光輝的領會，發生了極寬泛而深切的興味。（13; 356）

在沈從文的整個生命完成多年之後，細讀他早年這樣的文字，後知後覺，不能不感歎生命遠因的延續，感歎那個二十一歲的軍中書記和三十歲的自傳作者，為未來的歷史埋下了一個驚人的大伏筆。

而在一九四九年的自傳篇章裡，沈從文把這一條生命的脈絡，清晰、明確地描述了出來。此後的歲月裡，他將艱難而用力地把這一條脈絡延伸下去，直至生命的最終完成。

第二章
革命大學：「越學越空虛」

一、「理論測驗在丙丁之間，且不會扭秧歌」

一九五〇年三月二日，沈從文被安排到北京拈花寺的華北大學進行政治學習，為四部五班學員；不久隨建制轉入華北人民革命大學，為政治研究院第二期學員。其時他從「精神失常」中基本恢復過來還不多久，「大病之後，身心同瘁」。（12; 361）除了週末回到北京大學中老胡同的宿舍，沈從文在革大待了十個月，直到這一年的十二月畢業，從校長劉瀾濤手裡接過畢業證書。

上革命大學的目的是改造思想，消除舊時代的影響，培養對新政權的認同感，儘快融入到新社會中去。學習的形式主要是聽報告、學檔、討論、座談、對照個人情況進行檢查、反省，還要群眾通過。沈從文在歷史博物館的同事史樹青也在革大（但不在同一部）學習過，他回憶說：「記得那時幾千人聽艾思奇做報告，場面很大，有的人表態時痛哭流涕，有少數人不能畢業，後來都逮捕了。」[1]

沈從文在三月二十三日的日記裡談到寫時事學習總結：「如何寫法？以後每次學習都作一回總結，聯繫自己思想，寫出來。可提高一步。自己不成，還要經過群眾檢討通過。」（19; 65）後來他在第一階段《時事學習總結》裡坦白地寫道：「三月六號開始學習檔，兩星期中一共學習了六個。照情形說來，我從檔學習，得到的真正知識並不多。」（27; 63）

八月，在給老朋友蕭離的信中，沈從文說到自己的情形：「在革大學習半年，由於政治水準過低，和老少同學比，事事都顯得十分落後，理論測驗在丙丁之間，且不會扭秧歌，又不會唱歌，也不能在下棋、玩牌、跳舞等等群的生活上走走群眾路線，打成一片。」政治學習和娛樂活動都讓他產生格格不入之感，「學習既大部分時間都用到空談上，所以學實踐，別的事既作不了，也無可作，我就只有打掃打掃茅房尿池，」這樣「也比在此每天由早五時到下十時一部分抽象討論有意義得多。」（19; 71–72）

九月，給黃永玉夫人張梅溪的信中，沈從文說到同樣的情況和感受：「我快畢業了，考試測驗在丙丁之間，我自評是對於政治問題答案低能。其實學習倒挺認真的。……對於知識分子的好空談，浪費生命於玩牌、唱戲、下棋、跳舞的方式，我總感覺到格格不入。三十年都格格不入，在這個學校裡半年，自然更不會把這些學好。如思想改造是和這些同時的，自然也辦不好。但是在這裡，如想走群眾路線，倒似乎會玩兩手好些。常說點普通笑話也好些。會講演說話也好些。我政治理論答案分數不高，這些又不當行，所以不成功。有關聯繫群眾，將來定等級分數時，大致也是丙丁。這倒滿有意思。」（19; 86）

說到「走群眾路線」的文娛活動，有一件事可講：剛進學校的時候，就有一個「思想前進」的組長，要用民主方式強迫扭秧歌。沈從文私下感慨道：「我並不消極墮落。只是當真有一點老了，想學廿來歲少壯扭秧歌的身段活潑（看到這種活潑是很尊重的），大致是無可望了。」（19; 69）

沈從文對這種思想改造和政治學習的意見，並不僅僅是在私底下流露。六月十二日《光明日報》發表了沈從文的《我的感想——我的檢討》，這是新中國成立後他第一次發表文章，其中說道：「如有人問我，到革大學了些什麼？我應當說，由於本人政治水準不高，進步實看不出。」不過他還是說，「學明白人在群體生活中方能健康」，而自己「過去工作脫離人民，有錯誤，待從學習中改正，方宜重新用筆」。（14; 402）

到畢業前寫總結，談到「入華大入革大前後種種」時，沈從文言辭一點也不加掩飾，幾乎是逐項「批評」和「檢討」種種學習方式：

一、「初到華大，聽一領導同志火氣極大的訓話，倒只為他著急。因為不像是在處理國家大事。只感覺國家一定還有困難，不然怎麼會這麼來領導新教育？除了共產黨，從各方面工作，愛這個國家的人還多！即不是黨員，犧牲了自己來愛黨的也還有人！這種演講要的是什麼效果？華大如真那麼辦下去，那麼領導下去，照我理解，對國家為無益。」

1　陳徒手：《人有病　天知否》，北京：人民文學出版社，二〇〇〇年，頁十五。

「到革大聽劉校長報告，要大家把學校當個自己家庭來弄好一點，我倒想還是當國家來弄好一點。我的學習也就從這些理解來進行。」

二、理論測驗，「那麼出問題回答的反覆測驗，慢慢的，把一點從沉默中體會時變，有自主性、生長性，來組織文字寫點小說的長處，在這種過程中逐漸耗蝕了。有時還不免著急，到後就無所謂，工作既無益於人民，長處恰是短處，結束也蠻好。」

三、「學校布置下來的改造思想方式，一部分是坐下來進行談話。對於這種集體學習生活，所需要的長處，我極端缺少。相互幫忙，我作得特別不夠。學下去，也不會忽然轉好的。而且學下去只是增加沉默，越加不想說話的。越學越空虛，越無話可說了。」

四、「對批評和自我批評」，「還不理解胡亂批評人，對於那個人有什麼幫助，弄錯了會有什麼惡果。自我批評呢？還學不好。」

五、理論學習要聯繫個人，但每個人接受過程不同，業務實踐不同，「單獨的來作普遍反覆談論，我還學不好。」

六、「對上大課和理論認識，個人感覺到時間太多。」

七、「對工作幹部，由上到下，只和炊事員接觸較多。他們沉默服務態度，必然對我有長遠影響。」——至於炊事員之外的「工作幹部」，則隻字未提。

八、「對同學關係」，「還不能作到用一個無產階級立場來批判他人，來要求他人。所以不能作如何批判。更主要可能是我自己學忘我還並不完全成功，還會在不經意不自覺的情

形中，把自己完全封鎖隔絕於一般言笑以外。」（27; 116–119）

「越學越空虛」、「把自己完全封鎖隔絕於一般言笑以外」，是怎麼一種情景呢？他給老友程應鏐的信裡有這樣的描述：

「我現在坐在西苑舊軍營一座灰樓房牆下，面前二丈是一個球場，中有玩球的約三十人，正大聲呼喊，加油鼓掌。天已接近黃昏，天雲如焚如燒，十分美觀。我如同浮在這種笑語呼聲中，一切如三十年前在軍營中光景。生命封鎖在軀殼裡，一切隔離著，生命的火在沉默裡燃燒，慢慢熄滅。擱下筆來快有二年了，在手中已完全失去意義。國家新生，個人如此萎悴，很離奇。」（19; 92）

二、《老同志》

沈從文在革大，覺得有意義的事只有兩件：一是打掃茅房，從具體實踐中學習為人民服務；二是到廚房裡去坐坐，幫幫忙，或拉幾句家常。他說，在這裡，「唯一感到愛和友誼，相契於無言，倒是大廚房中八位炊事員，終日忙個不息，極少說話，那種實事求是素樸工作態度，使人愛敬。」他從他們身上感受到的「臨事莊肅」、「為而不有」，在整日抽象、教條地空談環境中，成為唯一覺得親切的東西。（19; 71）

九月六日日記中寫道：「還是和大廚房幾個大師傅真像朋友，因從他們談的家常，可以學許多，理解許多，比聽閒話和冗長抽象討論有意義得多，也有價值得多。老同志似乎寂寞得很，昨早天未明即見他蹲在煤邊敲煤，晚上去倒水，又見他獨自靠在飯廳外木撐架邊。幾個年輕的都上學去了，還未回來。問他『怎麼不休息？』說『還不想睡』。每天吃煙半包，每包值八百……所說的話和神氣行動印象結合，極使人感動。」（19; 80-81）

這位很寂寞的老同志，讓沈從文產生了恢復用筆的衝動，他嘗試寫小說《老同志》，不成功。雖然不成功，老同志其人和小說《老同志》，卻仍然在他心裡盤留了很長時間。

一九五一年十一月，已經身在四川內江參加土改的沈從文給妻子張兆和寫信說，如果回來方便，要為老同志帶張竹椅。「我許過願心，要為他寫個短篇的。一寫保還生動，因我看了他十個月，且每天都和他在一塊蹲蹲或站站的。他的速寫相在大廚房和史達林畫同列在牆上，合式得很。素樸的偉大，性格很動人的。但是也正是中國農民最常見的。」（19; 156）過了幾天，居然寫成了，五千多字。這是《老同志》的第三稿。「完成後看看，我哭了。我頭腦和手中筆居然還得用。」其時沈從文的心臟和血壓都有問題，寫作覺得很吃重。「寫到這些時，自己也成了那個胖的掌鍋，也成了瘦的炊事員，特別是那只花貓，也盡在腦中跳來跳去。那麼寫不是個辦法，寫下去，神經當不住。覺得極累，身心脆弱之至。有一點兒喜悅，即為老同志當真畫了一個相，相當真實，明確，只是太細，筆太細……還得重新來寫一回。」（19; 158）

到一九五二年一月十四日，《老同志》已經改寫到第七稿。

我們現在可以從《沈從文全集・集外文存》讀到《老同志》的第七稿，從這一稿看，這篇前後歷時近兩年的小說，寫得並不好。不過，從中還是能夠看到當時的政治和生活氛圍。譬如，小說的一開篇，就敘述教育長開學典禮的致辭：「……各位是來學習馬列主義改造思想的，這很好。學習馬列也容易，也困難，即學習方法對或不對。第一應當明確，即聯繫實際的能力。這種知識的獲得，並不以這個人的讀書知識多少為准。大知識分子是並無什麼用處的。……」（27：463）這個「致辭」，與沈從文在畢業總結裡特意提出的「一領導同志火氣極大的訓話」，是不是一回事呢？即使不是，也還透露出了一些基本資訊。

三、「提一提莫作踐瘋人，就很好了」

從一九四九年的「精神失常」中恢復過來，沒過幾個月就進入革命大學改造思想，沈從文當然明白自己正處在生命的一個大轉折過程中。他回顧此前的人生，總結出自己的存在方式：把苦痛掙扎轉化為悲憫的愛。「一生受社會或個人任何種糟蹋挫折，都經過一種掙扎苦痛過程，反報之以愛。《邊城》和《湘行散記》，及大部分寫農村若干短篇，如《丈夫》、《三三》都如此完成。所謂生動背後，實在都有個個人孤寂和苦痛轉化的記號。……工作全部清算，還是一種生活上的凡事逆來順受，而經過一段時日，通過自己的痛苦，通過自己的筆，轉而報之以愛。」「現在又輪到我一個轉捩點，要努力把身受的一切，轉化為對時代的愛。」

在沈從文的生命中，怎麼能夠形成這樣一種對待和轉化痛苦的方式呢？早年看了不計其數的殺人，甚至看到一個十二歲小夥子挑著父母的頭顱，「因這印象而發展，影響到我一生用筆，對人生的悲憫，強者欺弱者的悲憫，因之筆下充滿了對人的愛，和對自然的愛。」「這種悲憫的愛和一點歡喜讀《舊約》的關聯，『犧牲一己，成全一切』，因之成為我意識形態一部分。「他還說到《史記》，「這個書幫助我極多，和一部《舊約》結合，使我進了一步，把他那點不平完全轉化而成為一種對於人生的愛」。（19; 67–70）

在革大，沈從文「如彼如此重新來學習，學用更大的克制，更大的愛，來回答一個社會抽象的原則了。這也就是時代，是歷史。」（19; 91）一九五一年他和人談起在革大的生活，說：「在革大時，有一陣子體力精神均極劣，聽李維漢講話說，國家有了面子，在世界上有了面子，就好了，個人算什麼？說的很好。我就那麼在學習為人民服務意義下，學習為國家有面子體會下，一天一天的沉默活下來了。個人渺小的很，算不了什麼的！」（19; 105）

八月八日這一天，沈從文在家裡，天下了雨，他細緻地看了院子裡的向日葵、天冬草、蔦蘿、薄荷葉、無花果。天空如汝窯淡青，他一個一個房間走去，看著各樣傢俱。「從這些大小傢俱還可重現一些消失於過去時間裡的笑語，有色有香的生命。也還能重現一些天真稚氣的夢，這種種，在一個普通生命中，都是不可少的，能夠增加一個人生存的意義，肯定一個人的存在，也能夠幫助一個人承受迎面而來的種種不幸的。可是這時節這一些東東西西，對於我竟如同毫不相干。」

書架上一個豆彩碗，讓他想了許多。「十五年前從後門得來時，由於造形美秀和著色溫雅，充分反映中國工藝傳統的女性美，成熟，完整，稚弱中見健康。有制器繪彩者一種被壓抑受轉化的無比柔情，也有我由此種種認識和對於生命感觸所發生的無比熱愛。「這麼一個小碗，戰爭中到昆明過了八年，又過蘇州住了三年，又由蘇州轉到北京這個書架上，「依然是充滿了制器彩繪者無比柔情，一種被轉化的愛，依然是使我從這個意義到生命彼此的相關性，如此複雜又如此不可解的離奇。」——「重新看到牆上唯一的聖母和被釘的耶穌。痛苦和柔情如此調和又如此矛盾。極離奇。可憐憫的是被釘的一位還是釘人的一群？「——他想到自己的創作，也就是將生命中的力量、痛苦和柔情轉化為文字，如同千百年前的制瓷繪畫工人把柔情、熱愛、受壓抑的生命轉移到一個小碗上一樣；可是，有誰能夠懂得一個小碗所蘊藏的豐富資訊呢？」除少數又少數人能夠從那個造形那種敷彩方式上，發現到這個問題，抽象提一提，大多數人卻在完全無知中，把碗用來用去，終於卻在小不經意中又忽然摔碎。」（19; 73-76）

黃永玉和張梅溪從香港來探望表叔表嬸，在沈從文家裡住了一個多月。兩個年輕人「充滿了簡單的童稚的高興」，沈從文週末回來，「一邊吃飯一邊說笑話，大家有一場歡樂的聚會。」「在那一段日子裡，從文表叔和表嬸一點也沒有讓我看出在生活中所發生的重大的變化。他們親切地為我介紹當時還健在寫過《玉君》的楊振聲先生，寫過《莫須有先生坐飛機以後》的廢名先生，至今生氣勃勃、老當益壯的朱光潛先生、馮至先生。記得這些先生當時都住一個大院子裡。」[2] 兩年以後，黃永玉一家移居北京。

九月十一日，沈從文一家人過了個「家庭聯歡小會」，十七年來第一次在小館叫了兩盤菜。

原來是紀念十七年前沈從文和張兆和結婚。

這一年可記的還有——

三月廿七日在華大，早起散步，「天邊一星子，極感動。」（19; 66）

秋天，給時任上海高橋中學校長的程應鏐寫信，說：「到你將來負責較大，能在立法上建議時，提一提莫作踐瘋人，就很好了。這是很淒慘的。我看過，我懂得，相當不合需要。」（19; 90）

2 黃永玉：《太陽下的風景》，《沈從文印象》，孫冰編，頁一八二、一八三。

一九五〇年沈從文與香港來的表侄黃永玉在家門前。

第三章
「明白生命的隔絕，理解之無可望」

一、「因為明白生命的隔絕，理解之無可望」

一九五〇年十二月，沈從文從革命大學畢業。臨畢業，學員填寫自願，有些重新分配了工作。「我因為經過內外變故太大，新社會要求又不明白，自己還能作什麼也不明白，所以轉問小組長，請轉詢上級」。「過不久，小組長約我談話，告我上級還是希望我回到作家隊伍中搞創作。這事大致也是那邊事先即考慮過的。因為較早一些時候，就有好幾位當時在馬列學院學習的作家來看過我，多是過去不熟的，鼓勵我再學習，再寫作。」

可是，沈從文表示，希望回到歷史博物館。因為對重新寫作，「我自己喪了氣。頭腦經常還在混亂痛苦中，恐怕出差錯。也對『做作家』少妄想。且極端缺少新社會生活經驗。曾試寫了個《炊事員》，也無法完成。」（27；242，243）《炊事員》即《老同志》。革大學習結束，他又回到了博物館，名分是設計員，做研究。

一九五一年一月，沈從文參加了原始社會展覽講解詞的編寫。對於他來說，這可是個完全生疏的工作，但也只好硬著頭皮，一邊學習一邊寫作，一邊向觀眾講解一邊自己修改，總算完成了任務。緊跟著又有新的任務，用歷史唯物論觀點寫一本《從猿到人》的通俗讀物，他也用幾個月寫完了，後來未見出版。[1]

四月到五月，舉辦「敦煌文物展」，他從布置陳列、起草說明、撰寫展品特刊中的評介文字，到在陳列室做解說員，事事忙忙碌碌。「幾天來為敦煌展作說明，下得樓來，頭暈暈的，看一切人都似乎照舊，釣魚的釣魚，打鬧的打鬧，毀人的毀人，很覺悲憫。」「頭昏」的字眼在此期的日記中經常出現，「頭昏沉之至，可悲。」「人在什麼時候才可望用友愛來代替摧殘作踐？……頭昏昏。」（19; 98, 99）

說到為觀眾做解說員，後來有不少人以此而為沈從文不平；但就當時情形看，這倒可能是他在博物館上班時感到最為放鬆、活躍、有意義的時候。這一年，他斷斷續續用四個月的時間給一個青年記者寫了一封長信，即一九九二年以《凡事從理解和愛出發》為題編入《沈從文別集·邊城集》的那封，信中說到他在博物館的情形：「我在這裡每天上班下班，從早七時到下六時共十一個小時。以公務員而言，只是個愈來愈平庸的公務員，別的事情統說不上的。生活可怕的平板，不足念。」「在博物館兩年，每天雖和一些人同在一處，其實許多同事就不相熟。自以為熟習我的，必然是極不理解我的。一聽到大家說笑時，我似乎和夢裡一樣。生命浮在這類不相干笑語中，愈說愈遠。」可是，在陳列室中，和一群群陌生觀眾一同看文物時，情形就有些不同。他

在這封長信裡非常細緻地描述了他遇到的各種各樣的觀眾，凡事感到驚訝的學戲曲的女孩子、鄉

村幹部、城市中長大的大學生、給外賓做翻譯的女聯絡員、老大娘、壯壯實實的軍官、美術學校的學生和老師、聽完講解派個代表來鞠一躬的學生群……在「生命極端枯寂痛苦」的時期，「這些人的印象和文化史許許多多的重要業績，都一例成為我生命中不可少的潤澤。很離奇，即我的存在，卻只是那麼一種綜合。一種如此相互滲透而又全然不相干的陌生事物。」

「也有先聽聽不下去，到後來人也謙虛了許多，特別是學美術和文化的，臨了不免請教貴姓一番。或告，或不告，大家還是相互謝謝，很好。他們想不到我對他們謝謝的理由。想不到他們從不著急的事，我永遠在為他們學得不夠，不深，不廣而著急，為他們工作搞不好展不開而著急！謝謝他們肯多看看學學！」但這些話，卻只能在自己心裡說，口中能說出的，只是「謝謝」而已。

沈從文心裡鬱積了多少要說的話呢？沒有人要聽他說話，沒有人明白為什麼他要那麼耐心、細緻、莊重地去做解說員。他只能在心裡想像有一群聽他說話的年輕人，哪怕是一個也好，能夠懂得他的心聲：「你年輕人，我就為了你，為了你們，我活下來了。……我就為你們之中還有可能從我工作中，理解我是你們的朋友，你們的熟人，就在一切想像不到的困難中，永遠沉默支持下來了。在一切痛苦和寂寞中支持下來了。只為了你們的存在、生長，而我們的生命相互照耀接觸，因之對人生都更肯定，我十分單純的把一切接受下來了。……只因為你們的存在，在世界中

1　沈虎雛：《沈從文年表簡編》，《沈從文全集》附卷，頁四二。

永遠有你們的存在，有你們從得失中得來的歡樂或痛苦，有你們在不幸中或其他情形中，還會於不經意時和我一生努力的理想及工作熱情，一例消失於風雨不幸中。也為了你們由於生命的青春無知，必然會有各式各樣的錯誤，以及為本質本性上的弱點，而作成毀人不利己的結局。我還為了手中一支筆，有可能再來用到你們生命的形式發展上，保留下你們的種種，給後一代見到。我很沉重也很自然的活下來了。」（19; 110, 112, 116, 114, 118–119）

無以計數的年輕觀眾中，多年以後有一位成了著名文物專家。二〇〇一年，七十二歲的孫機在《中國古輿服論叢》增訂本後記裡，回憶起五十年前的往事：「筆者對古輿服的接觸，始於一九五一年的敦煌壁畫展覽。當時我是北京市總工會宣傳部的一名小幹事……而作為新中國古服飾研究的開山，那滿腔熱忱在文物界罕見其匹的一代大師沈從文先生，幾乎天天登樓給觀眾講解。我雖然因為有『公務』，未克逐日追隨左右，但只要跑得開，必定跟在先生身旁。親炙既久，先生多年以後出版的那部《中國古代服飾研究》之大致的梗概，似乎都向我講過。不但在展覽會上講，在辦公室裡講，閒談時還講。有天中午給他拎著包一同到中山公園圍牆外，……兩個人坐在窄板凳上喝老豆腐。先生指著如今膺美名曰豆花的或聚或散之白點子說：絞纈的效果就是這樣的。五十年過去了，每當提到絞纈我腦子裡首先浮出的還是那半碗老豆腐。近日讀陳徒手《人有病，天知否》，說先生這一階段情緒不高。也許其時由於我太年輕吧，對此渾然不覺，也從未把先生看成是落入低谷的大作家。只感到在先生跟前如沐春風，他講起文物來不疾不徐，娓娓而談，生怕你聽不懂；即使聽者略有領悟，先生仍要旁徵博引，反覆啟發，誘導你往深裡想。

陳書提到他解放後寫成的惟一一篇不曾發表的小說《老同志》，先生也給我看過。其中說革命大學的老炊事員長得像馬恩列斯中的某位（忘了是哪位），使我大為驚駭，炊事員怎麼能和革命導師相提並論呢！於是期期以為不可。這就是我當年的『覺悟水準』；先生則一笑置之。為了使我打開點眼界，先生讓我讀原田淑人講唐代服飾、漢魏六朝服飾及西域繪畫中所見服飾等著作即所謂『原田三書』」。[2]

當年的那個青年怎麼能夠完全懂得這個解說員；但講解能引起他的興趣，進而有更進一步的交流，對這個說明員已經是莫大的安慰。

一天工作結束，已是暮色蒼茫。「關門時，照例還有些人想多停留停留，到把這些人送走後，獨自站在午門城頭上，看看暮色四合的北京城風景，百萬戶人家房屋櫛比，房屋下種種存在，種種發展與變化，聽到遠處無線電播送器的雜亂歌聲，和近在眼前太廟松柏林中一聲勾裡格磔的黃鸝，明白我生命實完全的單獨。就此也學習一大課歷史，一個平凡的人在不平凡時代中的歷史。很有意義。因為明白生命的隔絕，理解之無可望，那麼就用這個學習理解『自己之不可理解』，也正是一種理解。」（19; 117–118）

他的心境，莽莽蒼蒼中，特別「明白」，或者也可以說，特別「不明白」。

2 孫機：《〈中國古輿服論叢〉增訂本後記》，《中國古輿服論叢》，北京：文物出版社，二〇〇一年，頁五〇七。

二、「時代十分活潑，文壇實在太呆板！」

沈從文除了在博物館上班，春季開學後，還在輔仁大學兼課，每週兩個學時，教散文習作。這個兼課，也只不過是離開北京大學後所保留的「尾巴」而已，沈從文的課堂可謂冷落，「一星期二小時課，五個學生只二三同學還對學習有點點興趣。」

仍然有人勸他寫小說，他感慨道：「你說人民需要我寫小說，我已不知誰是要我再用筆的人民？兩餘年來，凡是舊日朋友統隔絕了。凡事都十分生疏。」（19; 112）

雖然沒有作品發表，與新時代的文壇「無關」，但新時代的文學創作上的「問題」，還是會牽扯到他。他一定不知道，一九五一年五月十日，丁玲在中央文學研究所作「如何迎接新的學習」的報告，批評《我們夫婦之間》、《煙的故事》等作品時說道：「壞的是穿工農的衣服，賣小資產階級的東西。《煙的故事》簡直是沈從文的趣味，味道是不好聞的。」[3]老朋友順口捎帶了一句，可謂舉重若輕。

這一年九月，王瑤《中國新文學史稿》上冊由開明書店出版，對沈從文的小說大致做了這樣的評價：他寫軍隊生活的作品，「寫的也多是以趣味為中心的日常瑣屑，並未深刻地寫出了兵士生活的情形」；他以湘西為背景的作品，「著重在故事的傳奇性來完成一種風格，於是那故事便加入了許多懸想的野蠻性，而且也脫離了它的社會性質」；「後來這種題材寫窮了，就根據想像組織童話及舊傳說了，」「奇異哀豔而毫無社會意義」；他寫小市民，「不缺乏多量的戀愛故事」，寫底層人物，「都是只有一個輪廓」。總之，「觀察體驗不到而僅憑想像構造故事，雖然產量極多，而空虛浮泛之病是難免的。」[4]一九五三年八月《中國新文學史稿》下冊由上海新文藝出版社出版，在《新的人民文藝的成長》那一章敘述「思想鬥爭」一部分時，引用了一九四八年《大眾文藝叢刊》上發表的郭沫若的《斥反動文藝》、荃麟執筆的《對於當前文藝運動的意見》等文對沈從文的批判。[5]王瑤在這部著作的自序中說，他編著這部教材的「依據和方向」，是教育部召集的全國高等教育會議通過的「高等學校文法兩學院各系課程草案」對「中國新文學史」這門課程的規定和內容說明。[6]也就是說，這部教材對作家的評判，並不完全出自作者個人，這種評判的「權威性」和力量當然也不只是個人的。

沈從文什麼時候讀到王瑤《中國新文學史稿》對他的評價，不能確切地肯定；但這樣的評價令他長時間不能釋懷，從他後來多次提到可以感知。一九五七年「鳴放」期間，北大新聞系一個學生採訪沈從文，被沈從文拒絕；沈從文寫信給北大的朋友，說：「昨天有個北大新聞系學生來

3 見王景山《關於丁玲的兩篇遺作》的附文之一《一九五一年五月十日，丁玲所作「如何迎接新的學習」報告》，《長城》二〇〇五年第四期，頁一八六。
4 王瑤：《中國新文學史稿》（上冊），北京：開明書店，一九五一年，頁二三六-二三七。
5 王瑤：《中國新文學史稿》（下冊），上海：新文藝出版社，一九五三年，頁二三八-二四四。
6 王瑤：《中國新文學史稿》（上冊），頁三。

訪問我，介紹信十分離奇，一信中計有三個不相干名字，除我外還有陳慎言和小翠花，給我一種痛苦的壓力。這個介紹信真是不倫不類，……如果真是新聞系開來的，也證明新聞系辦得有問題，大致學生只看王瑤教授《現代文學史》，習於相信一種混合謊言和誹謗的批評，而並未看過我的作品。」（20; 179）一九六一年七月，張兆和給時在青島的沈從文寫信，說到他縮手縮腳寫不出東西的情形，有這樣的話：「你能寫而不寫，老是為王瑤這樣的所謂批評家而嘀咕不完，我覺得你是對自己沒有正確的估計。至少創作上已信心不大，因此舉足彷徨無所適從。」[7]

文壇之外的沈從文還是關注著文壇。「近來在報上讀到幾首詩，感到痛苦，即這種詩就毫無詩所需要的感興。如不把那些詩題和下面署名聯接起來，任何編者也不會採用的。很奇怪，這些詩都當成詩刊載，且各處轉登不已。「使他痛苦的是這樣一種對比：「那麼藝術或思想都不好的作品，可以自由出版，另外有些人對國家有益有用的精力，卻在不可設想情形中一例消耗了。這也就是歷史，是時代！文藝座談雖經常在人手邊，為人引用，毛本人和我們作群眾的究竟相隔太遠了。如何把許多有用精力轉到正常工作上，形成新的時代橋樑，更有效的使每一支有用的筆能得其用，不再一例消耗於無何有上，是他想不到的。巴金或張天翼、曹禺等等手都呆住了，只一個老舍成為人物，領導北京市文運。……時代十分活潑，文壇實在太呆板！」

這一年，發生了對電影《武訓傳》的大規模批判運動。這部由孫瑜編導、趙丹主演的電影，於一九五〇年十二月經批准上映，先是引起廣泛讚揚，後出現批評意見乃至根本否定，一九五一年五月二十日，《人民日報》發表了毛澤東所寫的社論《應該重視電影〈武訓傳〉的討論》，從而掀起了新中國成立後第一次全國規模的文藝——政治批判運動。沈從文寫了一篇《〈武訓傳〉討論給我的教育》，一是承認個人過去的工作走的改良主義的道路，二是對近幾年的文教政策提出質疑，認為文化領導工作如何團結如何鼓勵作家用筆做得不好。沈從文為什麼要寫這篇文章不清楚，這篇文章也沒有發表。

在《凡事從理解和愛出發》這封長信裡，沈從文充分表達了他對《武訓傳》討論的觀點，他直言不諱地說，費去萬千人的勞動時間來做這樣的討論和批判是浪費，「如只把個武訓來作長時期批評，武訓這個人其實許多人就不知道，少數人提到他時還可能會說是魯迅的……如托古射今，把現在人中有因種種原因工作一時和政治要求脫了節的情形，認為即是武訓的再生，即動員一切可動員的來批判，還是主觀上有了錯誤的結果。因為這個時代那裡還有武訓？當時太平天國之革命，無從使武訓參加，很自然。至於現在革命，那是太平天國可比？革命者還自信不過似的比作太平天國，已不大近情，如再把時下人來比武訓，未免更遠了。……一檢查偏向，去主觀，再莫把自己當成太平天國的英雄，也莫把人當成武訓來有意作踐，就什麼都不同了。」「不想辦法鼓勵更多新作品代替《武訓傳》，來通過藝術娛樂方式教育千萬人民，只作破題令萬千人學習誦讀檢討，費力多而見功少，似乎不大經濟。即把一個導演、一個演員，並一個在墳墓中的武訓，完全罵倒，新的優秀作品還是不會憑空產生！——這自然可能還有更深意義，我們一點不了

7 張兆和：《致沈從文》（19610623），《沈從文全集》第二十一卷，頁七六－七七。

解。」（19; 112, 107, 108, 109）

就在《武訓傳》的批判聲中，六月，沈從文寫長文《我的學習》，這是屬於「亮相」性質的檢討文章，沈從文回憶和「初步清算」了自己過去的寫作和思想。這樣的文章大概很難寫，八月改寫初稿，秋天又再次改寫。十一月十一日《光明日報》發表了《我的學習》，十四日《大公報》轉載。這時沈從文已經在四川參加土改了。

三、三兄弟

這一年，沈從文的大哥沈雲麓在家鄉鳳凰做了省文物委員，沈從文去信跟大哥談如何收羅家鄉兄弟民族創造的文物，如何展開工作。他特別說道：「不用念我，國家問題多，事情多，個人不足念。要注意為下一代年輕一代工作。不要以我得失為念。」（19; 102）

沈雲麓（一八九七—一九七〇）是沈從文心中最理解他的親人，也是他一生中最重要的交流者。現存沈從文書信，最早的是一九二七年的兩封，是沈雲麓保存下來的；沈從文在各個時期給大哥寫了大量的書信，特別是在一九四九年之後的長期孤獨中，大哥一直是他無話不談的傾訴對象。這本傳記會時常引用到這些書信。

沈雲麓先天體弱，眼睛近視且常年流淚，患有鼻炎，耳朵有些背，「相貌奇古」。可就是這樣一個人，年輕時代曾有千里尋父的壯舉。父親沈宗嗣（一八七八—一九三〇）一九一五年因在

左起：沈從文、沈荃（三弟）、母親、沈岳萌（九妹）、沈雲麓（大哥），一九二九年攝於上海。

京參與密謀刺殺袁世凱事泄，流亡關外；一九一九年沈雲麓隻身前往東北、內蒙、熱河等地尋訪，終於在承德找到了父親，一九二三年父子一道返回家鄉。後為謀生沈雲麓又去東北，大約在一九二七年輾轉回湘後就一直在家鄉生活。抗戰爆發後，沈雲麓在沅陵的「雲廬」曾經接待了大批南遷的文化人，包括梁思成、林徽因夫婦，聞一多，「還有劉開渠、龐薰琹、林風眠。這些人經過沅陵的時候他為藝專跑過腿。他那時很興奮，見到一生沒有奮鬥到的現實。他原本應該成為很出色的藝術家的。」——他少年時代學過畫炭像，當年闖關東，就靠這個技藝糊口。「他沒有孩子，也沒有產業。『文化大革命』給年輕造反派們提夾著在大街上狂跑，七十多八十的人了，居然沒有死，還活了好些年。照樣地吃大碗飯，照樣地發脾氣。拄了根拐杖上街，穿起風衣，還精神抖擻地翻起了衣領子。」「死了，沒留下什麼痕跡，外號叫做『沈瞎子』。」[8]

沈從文給大哥的信裡，還問三弟沈荃的情況如何。他不知道，沈荃已經在二月被辰溪軍分區收押。沈荃（一九一六—一九五一），字得餘，一九二六年畢業於黃埔軍校四期，一九三六年任一二八師七六四團團長，一九三七年十一月率部與日軍在浙江嘉善慘烈激戰，負傷；一九三八年九江戰役，血戰塘沽再次負傷；一九四一年參加長沙第三次戰役。一九四二年後再沒有領兵打仗。一九四八年任國防部少將監察員。一九四九年脫離南京政府，回到家鄉，後隨陳渠珍和平起義，有功於鳳凰的和平解放。一九五〇年十二月，在鎮壓反革命運動中失去自由。一九五一年十一月二十八日，被判處死刑。

過了一年多，沈從文才得知這個消息。沈虎雛在《沈從文的從武朋友》中，這樣敘述：

「一九五三年初，媽媽在清理桌面時突然有所發現：『小弟你看，我估計三叔叔已經死了。』她手裡拿著雲麓大伯的信。……雲麓大伯在信裡反覆叮囑爸爸，務必把病養好，『我再不能經受失儔之痛了！』媽媽解釋說，『儔』字可以指同輩、伴侶。「不用媽媽囑咐，家裡誰也不會對爸爸提起三叔。」

「我們一直關注爸爸的反應。他沉默，徹底的沉默。」[9]

黃永玉說，「從文表叔承受著同胞手足的悲劇性遭遇的份量，比他所寫出的故事更沉重。」「他不提，我們也不敢提；眼見他捏著三個燒紅的故事，哼也不哼一聲。」[10]

弟弟沈荃的命運，是「三個燒紅的故事」中的一個。[11]

---

8 黃永玉：《這一些憂鬱的碎屑》，《沈從文印象》，孫冰編，頁二一二、二一三。
9 沈虎雛：《沈從文的從武朋友》，《新文學史料》二〇一二年第一期。
10 黃永玉：《這一些憂鬱的碎屑》，《沈從文印象》，孫冰編，頁二一四。
11 關於沈荃生平經歷，參見李輝：《破碎的將軍夢——記沈從文和其弟沈荃》，《人生掃描》，上海遠東出版社，一九九五年，頁二九-四九。

第四章 川行土改：「群」、「單獨」的生命、「有情」的傳統

一、到「群」裡去

一九五一年十月二十五日，沈從文隨北京土改團，啟程去四川參加土地改革。這樣重大的歷史性事件，捲入的人數眾多，個人不過是群眾中的一員而已，本不必有什麼特殊的想法；但對兩三年來強烈地感覺到自己被隔絕在「一個群」的運動之外的沈從文來說，現在給他機會參與到「一個群」的運動中，他不能不鄭重其事。他去找過丁玲一次，徵詢她的意見，丁玲「鼓勵他下去」[1]。沈從文其實有自己的打算。九月初，在給一個青年記者的長信的末尾說，「特別是要告你，我擬在十月中旬去參加土改」，「更重要是學習明白人民如何處理歷史中這個大事情，如何生長，如何生產。也只有從這種學習中把我認識清楚些」。弄明白正在發生的

1 丁玲一九五五年十一月二十二日致劉白羽、嚴文井的信裡提到此事。此信現存故宮博物院檔案，信文見鄭欣淼《新發現的沈從文、丁玲書簡》，《文匯報》「筆會」版，二〇〇五年五月十六日。

歷史，認識清楚自我，或許——他不敢肯定，但有這樣的期望——還能夠恢復文學寫作。他邀請這位記者朋友來吃晚飯：「你們覺得什麼是最為一般人認為成功的短篇小說，也為找點來看看。我自己已看不懂目下說好的和不甚好的差別。如最近些日有有關土改報告文章，你認為好的，也盼望找點來看看。」（19; 120–121）

出發的那天上午，孩子們上學走了之後，沈從文在小房間給張兆和寫一封短信。他提筆即「不免稍微有點兒感傷」，「像是三十年前第一次出門，和十四年前離京上雲南一樣，心相當衰弱。」不過，他安慰妻子說，「到群裡，會健康起來的」；「這次之行，是我一生重要一回轉變」，「希望從這個歷史大變中學習靠攏人民，從工作上，得到一種新的勇氣，來謹謹慎慎老老實實為國家做幾年事情，再學習，再用筆，寫一兩本新的時代新的人民作品，補一補二十年來關在書房中胡寫之失。」「不要為我擔心。我一定要從鄉村生活中使健康回復過來的。」（19; 121, 122）

下午五時到火車站集中，七點排起隊伍進站上車。土改團大約六百多人，二十七號到漢口後，分坐兩隻船去重慶，再分散下鄉。沈從文乘坐的華源輪二十九日凌晨才起航，停留的這一天空閒，他到武漢文協見到了三十年代北京結識的舊友田濤，時在《長江文藝》編輯部工作；田濤又約了中南局宣傳部幹部、以前受過沈從文幫助的劉祖春，一起來船上看他。而最觸動他的，是漢口江邊景象，特別是來自各地的萬千小船，其中有一些是從洞庭湖那邊漂來的，「船上水手有我極熟的口音……這些口音是極有感情的。」他在甲板上給孩子們寫信說：「如能在鄉下恢復了用筆能力，再來寫，一定和過去要大不相同了。因為基本上已變更。你們都歡喜趙樹理，看爸爸為你們寫出更多的李有才吧。」（19; 126）

在船上過集體生活，六人一桌吃飯，早飯後學檔，其中有《湖南農民運動考察報告》，沈從文是第一次讀。與在革命大學時對抽象、空洞的政治學習的強烈排斥不同，沈從文覺得這次學的文件和實際工作相關，具體深入。同行的人，分別來自北京各個不同的階層和單位，雖然大多並不相熟，他卻都充滿了親切感。船行三天後即將到達宜昌的時分，沈從文不禁心潮暗湧：「江岸邊有在作船的，許多人抬著木梁作龍骨，向架上擱去，孩子們亂跑，許多年沅水流域所見印象回復到我生命中時，我眼睛全濕了。因這種印象同時帶回了我卅年前的心，完全的孤立、單獨、脆弱，那些造船人近在我身邊，彼此卻隔著。那些杉樹高搖搖的在堤坎邊直矗而上，那些小房子白牆黑瓦，如只是特意為給人一種印象而排列得如此規矩整齊。那些小孩子，到處亂跑。那些用網子撈魚的人，站在河邊岩上不停的揮亂搖網。一切永恆。一切常在。而我和人的關係，卻彼此在常動中。世界也在人的意志和信念中而改變，在改造。三三，要愛國家！要好好的來為國家多作幾年事。看到這一切，使我只感到個人的渺小，以及生命的脆弱。我們國家太大了，歷史太長了，而這一回變動又太重要了，個人適處身其間，接觸了歷史一點，也若成為歷史一部門，要來敘說它，謳歌它，統不知從何說起。」「我似乎在一種完全新的感情中，來接受一切，來學習一切。」（19; 132–133）

二、自己想寫的作品，想做的研究

十一月一日，船入三峽，兩岸景象令沈從文十分動情，「照我理想說來，沿江各地，特別是一些小到二百或不過三十戶的村鎮，能各住一二月，對我能用筆時極有用，因為背景中的雄秀和人事對照，使人事在這個背景中進行，一定會完全成功的。寫土改也得要有一個自然背景！」「不知道一切人事的發展，都得有個自然背景相襯，而自然景物也即是作品一部分！」這裡，明顯地透露出對土改文學的不滿。後來他還談道，即使是趙樹理的作品，也不免「背景略於表現」。表面上這似乎是個寫法上的問題，或者是作者個人愛好習性的不同，其實卻關涉到如何認識人事巨變在世界——包含了自然和人事的世界——中的位置。

同一封船過巫山時寫的信裡，他又說道：「川江給人印象極生動處是可以和歷史上種種結合起來，這裡有杜甫，有屈原，有其他種種。特別使我感動是那些保存太古風的山村，和江面上下的帆船，三三五五縴夫在岩石間的走動，一切都是二千年前或一千年前的形式，生活方式變化之少是可以想像的。但是卻存在於這個動的世界中。世界正在有計劃的改變，而這一切卻和水上魚鳥山上樹木，自然相契合如一個整體，存在於這個動的世界中，十分安靜，兩相對照，如何不使人感動。」在自然背景之外，沈從文又提出歷史的感興，而他所說的，並不是在作品裡添加形式上的歷史內容和歷史符號，而是作者及其作品要能夠深入到「常」與「變」的關係中，從歷史和現實的關係中產生出深刻的感情和長遠的關心。

沈從文設想，表現新的現實的文學，既得和自然結合，也得和歷史結合。「江上在這時已起了薄霧，動人得很。可是船上學畫的，作曲子的，似乎對這一切都視若無睹，都似乎無從和他待進行的工作有個聯繫，很奇怪。其實這個江城這個時節的全面，一和歷史感興聯繫，即是一非常感人的曲子。」「我似乎十分單獨卻並不單獨，因為這一切都在我生命中形成一種知識，一種啟示，——另一時，將反映到文字中，成為一種歷史。」（19; 139–140）

經過八天的航行，十一月四日到達重慶。同行的隊伍裡有音樂家嵇振民，沈從文和他合作，寫了一首歌，名叫〈土改團來到重慶〉：「我們從首都來，／排成整齊隊伍，／來自各階層，／萬眾一條心……」（19; 149）

沈從文分在第七團四隊，七日乘車離開重慶，經過璧山、榮昌、隆昌，第二天到達內江縣城。在此停留幾日的空閒裡，他寫出了以革命大學廚房一個炊事員為原型的短篇《老同志》，修修改改，抄了三次。這似乎是個好兆頭，也許真能從此恢復文學寫作；眼下的川行，也好像提供了一個契機。「這麼學習下去，三個月結果，大致可以寫一厚本五十個川行散記故事。有好幾個已在印象中有了輪廓。特別是語言，我理解意思，還理解語氣中的情感。這對我實在極大方便。」（19; 156）他一定想到了當年《湘行散記》是怎麼寫成的：路途中寫了大量的家信——即沈從文去世後才由家人整理出版的《湘行書簡》，在此基礎上改寫出《湘行散記》；這個方法也許仍然可以再用。土改四個多月，沈從文寫了大量家書，對見聞、感觸、情緒、思想，都有細緻入微的描述，包含的資訊涉及諸多方面，極其豐富而複雜。

他甚至還想把自己的創作和以前的接續起來，完成三十年代中後期到四十年代期間醞釀構思的湘西系列作品，那時候他就已經向讀者預告過，《邊城》之後，還有好幾個小城故事。「我實在希望趁三年內有機會把我擬寫的另外幾個中篇故事草稿完成。辰溪的一個特別好，因為有背景。而另一個是常德，全是船隻。另外還有三個，鳳凰是其一，都有了輪廓。我意識到，有三個必然可得到和《邊城》相近的成功。會寫得好的。只要有時間，能在三年內寫完成的。……這些鄉村故事是舊的，也是新的，事情舊，問題卻新。比李有才故事可能複雜而深刻。也還得把滿家《雪晴》以下故事續完，這個作品分章寫，本意可作到十五節，比《湘行散記》好，因為正是地主鬥爭事。」

但是，要寫出這些在心裡盤桓了如此之久的作品，他擔心的，一是時間，不能自由支配；二是體力和頭腦跟不上。他愈來愈感受到體力的限度，高血壓和心臟病時常使他頭昏、心跳加劇、失眠，有時胃病也能使他半夜痛醒。就在從北京出發的當天，林宰平還打電話給他，說身體不好，最好不去。在火車上他摔了一大跤，脖頸和膝蓋都受傷；後來的路途中又丟失了幾件衣物。似乎是衰老慢慢來臨了，來得有點過早。

與此同時，他心裡又急著去進行工藝史方面的工作和研究。「工藝學校要成立，我盼望了幾十年有個國家工藝學校，來接受優良傳統再創新。我應當來參加這個工作。如成立，就調我回來籌備也好。……還希望能主持一個研究資料室工作，因為可以把工藝史中幾個重要部門理個清楚。也要趕快作幾年，體力再一消耗，即不成功了。即有機會來作，有些材料特別是由清代絲織物花紋來作唐宋絲織物的比較工作，就不大容易作了。」「想起這一串待作的工作，我就十分痛苦。我們國家對於這些事，已耽誤了四十年，許多事已來不及搞了。……我得來為國家做點事。但是，現在從何說起？」（19; 159–160, 161）——「來不及了」的緊迫感，讓他內心「痛苦」。

三、對存在有了理會，對人生有了理會

十一月十三日，沈從文和工作隊走了三十里路，下到內江縣第四區烈士鄉駐地。住處在山上，是一個地主的大糖房改成的公所，四圍竹樹環抱。

初來此地，自然和人事的交織、對照，即讓沈從文感觸深切，隨手化為文字，朗然在目，澄明見心：「昨天飯後天氣好，獨自出去走走，到屋後高處懸岩邊去，但見四野丘陵連亙，到處是褐土和淡綠色甘蔗林相間相映。空氣透明，而微帶潮潤，真是一片錦繡山河！各處山坡上都有人在點種豌豆，遠處人小如米點，白布包頭藍長衫，還看得清清楚楚。每個山坳或懸岩絕壁間，照例都有幾戶人家，一片竹子林，雜樹林，在竹木林間揚起炊煙，田塍間有許多小孩子和家中瘦狗在一齊走動。山凹間沖裡都是水田，一層層的返著明光。有些田面淡綠，有些淺紫。四望無際天邊漸漸漾成一片青霧。一切溫和靜美如童話中景象，一切卻十分實在。一切極靜，可是在這個

自然靜默中，卻正蘊藏歷史上所沒有的人事的變動。土地還家，土地回到農人手中，而通過一系列變動過程，影響到地面上每一個人，以及每一個人和其他另一個人的關係。一面是淡紫色卷耳蓮在山頂水壩中開得十分幽靜，塘壩邊小小藍色雛菊，和萬點星野黃菊相映成趣。一面卻是即只五歲滿頭疥癩的小孩子，挑了小小竹箕去撿狗屎，從這個水壩過身時，見了我們也叫『土改同志』，知道是北京毛主席派來幫窮人翻身的。你想想看這個對照意義多深刻。一面是位置在一個山頂絕崖上的砦子，還完全保留中古時代的風格，另一面，即在這些大莊子和極偏僻窮苦的小小茅棚下，也有北京來的或本地幹部同志，在為土地改革程式而工作。三，這對照太動人感人了！特別是一群活在這麼一個歷史畫中的人的活動，竟沒有人注意到這個歷史性的變動如何偉大稀有，凡事如平常，更使我感到一種奇異。不知為什麼，在那個懸崖上站著，竟只想哭哭。」

他想起自己準備了多年的一個計畫，以張兆和的堂兄張鼎和為原型寫一部長篇小說，眼下產生出一個想法：把這裡的背景和張鼎和的故事結合起來。「有些東西在成熟，在生長，從模糊朦朧中逐漸明確起來。那個未完成的作品，有了完成的條件。給我時間和健康，什麼生活下都有可能使它凝固成形。」

那個「創造的心」似乎又要回來了，「從早上極靜中聞竹雀聲，和四十年前在鄉下所聞如一，令人年輕回復，不敢墮落。」

他接觸當地農民，體會他們的哀樂，覺得這些人在好多方面和他寫的三三、蕭蕭、翠翠相似，在土地關係的變化中又有了些新的內容。他自己的感情浸入得深，不免就會覺得同來的人用情淺。「對於那麼好的土地，竟若毫無感覺，不驚訝，特別是土地如此肥沃，人民如此窮困，只知道這是過去封建壓迫剝削的結果，看不出更深一層一些問題，看不到在這個對照中的社會人事變遷，和變遷中人事最生動活潑的種種。對於這片土地經過土改後三年或十年，是些什麼景象，可能又是些什麼景象，都無大興趣燒著心子。換言之，也即不易產生深刻的愛和長遠關心。」

有時間他常到山頂，四處望望，自己的生命彷彿融合進無邊的視野和歷史的悲歡進程中，有天地悠悠之感。他想，如果有機會把一切結合起來，「必然會生長一片特別的莊稼」——他這樣稱呼自己預想的作品。「一面是彷彿看到這個莊稼的成長，另一面卻又看到體力上有些真正衰老，受自然限制，人事挫折，無可奈何的能力消失。……只要有充分時間，這點天地悠悠感即會變成一份莊稼而成長，而成熟。但是這個看來十分荒謬的設想，不易有人能理解，能相信的。……是和風甘雨有助於這個莊稼的成長，還是迅雷烈風只作成摧殘和萎悴？沒有人可以前知。我常說人之可憫也即在此。」

他自認，「生命已到了個成熟期」。惟其如此，才能「總彷彿接觸到一種本體，對存在有了理會，對時代有了理會。」此時看文學，「似乎更深一層理解到作品和作者的動人結合。作品的深度照例和他的生命有個一致性。由屈原、司馬遷到杜甫、曹雪芹，到魯迅，發展相異而情形卻相同，同是對人生有了理會，對存在有了理會。」但是，他自己目前的現實的另一面卻是，「身心都脆弱得很」，雖然「已盡了極大努力」，「時代既日日向前，自然不可避免即衰老者毀滅，而青春健全的大踏步而邁進。」（19; 172, 173, 177, 179, 180–182）

四、生日

在糖房改成的公所住了一個月，工作隊又遷了住處，離原來的地方四里多路，是一個拔貢的舊式莊院，院坪很大，可用作村中集會。剛來的那天晚上，隔壁住戶的婦人用竹竿子打老鼠，木桶、缸子、家私、門板，到處亂打，邊打邊罵，這麼搞了半夜，沈從文聽了半夜。「那種半醒半睡到罵聲，聽來有異國遠方感……醒來頭重心跳，在院子中看屋後白霧茫茫，竹梢滴著重露……這時讀杜甫詩，易懂得好處和切題處。」（19; 225–226）

附近山上有個舊堡子，名叫盧音寺，有一天沈從文到那裡去，「在一個孤立的四圍是絕壁懸崖的山頂上，且見到一個老頭子在小水塘中釣魚「，土改已經進行到劃分階級的階段，」男女日夜都開會，這個老人卻像是和這個動盪的社會完全不相關，在山頂上釣魚，多奇怪！我想用一個短篇小說寫它，寫出來一定動人。」（19; 236）

十二月二十七日，沈從文給小兒子寫了一封短信：

> 我們工作已入第三段，即最緊張活潑的階段，每個莊院都有激烈的鬥爭，每戶人家男婦老幼通參加。……我們每到一定時日，即轉到別一村子去開會，多自背被包，拄個竹竿子，一面撐路一面打狗。有時一人上路，有時又一大群。總得從一些大小竹林子過身，走錯了路就

> 在山頭上去看方向。晚上每人用個手電筒，我用的是牛油燭，巴巴燈，亮得很，一買來就燒掉。每會二三天，照例相當累，但是休息兩天又好了。……我總是心臟不受用，晚上醒來，胸部痛苦（也可能是胃膨脹），得不到藥，毛地黃片聞有用，也得不到。（已得，每天只敢吃一片。）
>
> 我剛從七里外村上回來，躺到鋪有稻草的大床上，有些三十年前從軍感，且正和有時開拔到一新地方一樣——除了天氣或環境中的空氣，什麼都生疏。有些人好像熟極了，其實生疏。但是另外有些東西又極熟習，別的人不如我熟習，即田家生活種種靜的方面，和動的方面的彼此錯綜。
>
> ……你看的土改小說，提起的事都未免太簡單了，在這裡一個小小村子中的事情，就有許許多多李有才故事，和別的更重要故事。
>
> ……
>
> 我們這次又開了四天會，完事後我獨自背了個被卷先回來，大院子中只幾隻母雞在啄穀子，我胸部極難受。看看報紙，才知道今天廿九。吃了一碗紅苕飯，坐在院子中休息，到晚上也許還得去參加鬥爭會。（19; 249–251）

《沈從文全集》第十九卷這封信後面，給「今天廿九」加了個注釋：「即農曆冬月廿九日。直至今日，收信人為整理此信文稿，才明白寫信的那一天，是作者虛歲五十歲生日——一九九六年三月七日編者附記。」

五、時代的鑼鼓聲，被土地的平靜所吸收

一九五二年一月四號，在山上糖房坪子裡，開了一個五千人大會，「解決」了糖房的主人「大惡霸」。糖房依然還在用簡單離心器生產白糖，已經歸老百姓掌管。沈從文向兩個兒子描述當時的情形：「來開會的群眾同時都還押了大群地主（約四百），用粗細繩子捆綁，有的只縛頸子牽著走，有的全綁。押地主的武裝農民，男女具備，多帶刀矛，露刃。有從廿里外村子押地主來的。地主多已穿得十分破爛，看不出特別處。一般比農民穿得髒破，聞有些衣服是換來的。群眾大多是著藍布衣衫，白包頭，從各個山路上走來時，拉成一道極長的線，用大紅旗引路，從油菜田蠶豆麥田間通過，實在是歷史奇觀。人人都若有一種不可理解的力量在支配，進行時代所排定的程式。」

感受就是這樣銳利：在「歷史奇觀」中，他看到「人人」都在「一種不可理解的力量」的「支配」之下；這種銳利的感受更進一層，卻一下步入了天寬地厚包容載重的境界，而這種境界，同時也就是最平常真實的情景：開完了會，「工作完畢，各自散去時，也大都沉默無聲，依然在山道上成一道長長的行列，逐漸消失到丘陵竹樹間。情形離奇得很，也莊嚴得很。任何書中都不曾這麼描寫過。正因為自然背景太安靜，每每聽得鑼鼓聲，大都如被土地的平靜所吸收，

特別是在山道上敲鑼打鼓，奇怪得很，總不會如城市中熱鬧，反而給人以一種異常沉靜感。」（19; 267）

上面引的兩段文字，沈從文是連著寫在一起的：轟轟烈烈的歷史大事，「被土地的平靜所吸收」——有誰能在時代巨變之中如此感受時代的巨變？沈從文能，因為他有「自然背景」；而他始終情之所繫的「自然背景」，不僅僅如字面所示是與人類相分離的「自然」和人類活動的「背景」，更重要的，是人類活動的依託和承載，是在放寬拉長的空間和時間範圍裡評判人類活動的無言而常在的參照。

後來又有公審大會，公審之後不久還有一次沒收地主財產的活動，這個活動在沈從文的簡單敘述裡，也是如第一次公審大會的情形，有那種沈從文式的感受轉折：地主家中大小十多口跪在屋前菜園地裡，武裝部隊、農會人員把所有東西陸續搬走，鑼鼓聲震，群情興奮，「人民全體行動都捲入在這個歷史行進中。」——「但是到黃昏前走出院子去望望，丘陵地莊稼都沉靜異常，盧音寺城堡在微陽光影中更加沉靜得離奇，我知道，日裡事又成為過去了。」（19; 341）

毫無疑問，時代的變動帶來了新的空氣，但同時不變的仍然長存，那就是「在農村中延續了一千年兩千年的平靜，由任何社會變動都攪不亂的平靜。」為什麼會有這種「攪不亂的平靜」？沈從文說，「為的是土地中莊稼本來就是在平靜中生長的。」（19; 321）

六、用溫習舊年來過舊年

工作緊張激烈，時間不覺到了年根上。一月二十四日，舊曆臘月二十八，沈從文住處的其他人都到縣裡去了，剩下他一個人過年。「今年會到這麼一個地方過年，且用過去許多次過年光景來溫習，作為這回年景的點綴，實在是不可思議的。」

他過年的方式是：用溫習舊年來過舊年。

「溫習到三個舊年，都是在辰州過的。一個是在船上，身邊剩下銅子一枚那一回，黃昏前船始停靠，想法從他人船篷上爬上岸後，進得城門時，大街上一切鋪子都關上了門，在門裡卻有各種笑鬧，有玩鑼鼓的，玩骰子的，每家都如浸在歡樂年景空氣中，看了許多新年對，回船時，看到同渡船的穿上新衣的船老闆，皮抱兜中脹鼓鼓的，可知正耍了錢來。生命完全單獨，和面前一切如游離卻融洽，經過整三十二、三年了，這一切均猶如在目前，鮮明之至。另一回是廿三年那次返家，龍虎都還不在世界上存在，我一個人在小船上，船正向下行。經過沅水上大灘橫石、青浪，一路都是破船擱在灘頭上，我的一葉扁舟，卻從中流而下，急於奔馬。過柳林岔，河邊寒林清肅之至。生命雖單獨，實不單獨。《湘行散記》和《邊城》，因之而產生。三次是廿六年和小五哥蕭乾等從武昌過沅陵，同在雲廬，他們放了許多爆竹後，同到大哥住房中玩牌去了，只剩下我獨自在樓上一個大房中烤火，也是完全單獨，但是虎虎的大眼蜷頭髮，和龍龍的小車子上大街，和其他都在生命中。得餘的戰爭敘述更深刻的和北京的第一回轟炸，南京的夜襲，武漢的空襲，同在生命中。」

三個舊年情景，勾連起沈從文生命的不同階段：當小兵的時代；新婚不久之後的幸福期；戰爭爆發後流離南遷的途中。都是單獨的生命，狀態卻有所不同。而現在，在川南的一個小村子裡，又別是一種境況。這地方空氣，使他又想起兩個鄉村年景。

「一次是在鳳凰高梘鄉下滿家作客，那地方全村子姓滿。先住一地主家，後住一中農親戚家。村子也是在一個衝子裡，兩面住人，中夾小溪，雪後新晴，寒林叢樹如圖畫，山石清奇，有千百八哥成群聒噪於大皂角樹上。從竹林子穿過時，驚起斑鳩三五，積雪下卸，聲音如有感情。故意從雪深處走去，腳下陷極深。我一個人從田坎上由此到彼，先是進到一個榨油坊，油坊中工作正十分熱鬧，有二十多個人在動手作事；進到一個碾米坊，卻只有滿家窮老太太一個人在打篩。兩相對照，印象格外深刻。當時什麼都還不曾寫，生命和這些人事景物結合，卻燃氣一種渺茫希望和理想。正和歌德年輕時一樣，『這個得保留下來！』於是在另外一時，即反映到文字中，工作中，成為生命存在一部分。」直到一九四六年寫《雪晴》，一九四七年接續《巧秀與冬生》、《傳奇不奇》，年輕時代的這一次經歷才化為系列作品，這些作品也是沈從文創作生涯中最後發表的小說。現在在川南身歷土改，想起舊作，似有新的認識：「如能將作風景畫的舊方法放棄，平平實實的把事件敘述下去，一定即可得到極好效果。因為本來事情就比《李家莊的變遷》生動得多，波瀾壯闊及關合巧奇得多。不過事件太巧，太富於傳奇性，寫來倒反而如不大近人情了。」

「還有另外一次，是在保靖地方，我住在一個滿是古樹的半山上，年終歲末，大家都在賭博放煙火，我只一個人在一個小小木房子中用一盞美孚燈讀書，遠遠的聽到舞獅子龍燈的鑼鼓喧鬧聲，如同夢裡一樣。一種完全單獨的存在。看的書似乎是《漢魏叢書》中談風俗的。半夜後，鑼鼓聲都遠了，大致是下面軍官們在吃東西，或者偶然想起我可能還在看書，派個小護兵送了些年糕和寸金糖來……時間過去了，所有房子民十二即一把火燒了。許許多多當時生龍活虎的人，都死的早死，老的不成個人樣了。這一切卻在我生命中十分鮮明。即我當時的寂寞痛苦的情形也若可以完全用文字重現。」

回憶不只是回憶。由當前而回想過去，回想過去也是回到當前。「這些遺忘在時間後的年景，這時都十分清新的回復到生命中來。也是竹子林，斑鳩，水田。也是永遠把自己如擱在一個完全單獨沒有誰理解的生活環境中，對身邊發生的進行的事情，似乎無知又似乎知道得格外細緻明澈。……目下種種，有些也正和三十年前情形一樣。什麼事都十分真實，而又恰如在非真實的夢裡！……也因此感覺得寫作真是一種離奇的學習過程。比起一般人說的複雜得多。目前人用一種簡單方式培養、改造，因此總不大和問題接觸。人和人彼此不同，應如何從生命全部去看，惟局限於經驗知識，能理解得如何有限！」

由回憶而串聯起個人生命的歷史，自是感慨萬千；但感慨之上，更有宏闊的進境：個人生命的存在，放到更為久遠的人類歷史的進程中，會是怎樣莊嚴的景象？

萬千人在歷史中而動，或一時功名赫赫，或身邊財富萬千，存在的即儼然千載永保……但是，一通過時間，什麼也不留下，過去了。另外又或有那麼二三人，也隨同歷史而動，永遠是在不可堪忍的艱困寂寞，痛苦挫敗生活中，把生命支持下來，不巧而巧，即因此教育，使生命對一切存在，反而特具熱情。雖和事事儼然隔著，只能在這種情形下，將一切身邊存在保留在印象中，毫無章次條理，但是一經過種種綜合排比，隨即反映到文字上，因之有《國風》和《小雅》，有《史記》和《國語》，有建安七子，有李杜，有陶謝……時代過去了，一切英雄豪傑、王侯將相、美人名士，都成塵成土，失去存在意義。另外一些生死兩寂寞的人，從文字保留下來的東東西西，卻成了唯一連接歷史溝通人我的工具。因之歷史如相連續，為時空所阻隔的情感，千載之下百世之後還如相晤對。

沈從文的思想最終通到了這裡：一個偉大的文化創造的歷史，一個少數艱困寂寞的人進行文化創造的傳統。

由個人生命的現實遭遇而體認歷史，會心一個文化創造的傳統，又由歷史和傳統而確認自我、接受命運：「新的人民時代，什麼都不同過去了，但在這個過程中，恐還不免還有一些人，會從歷史矛盾中而和舊時代的某種人有個相同情形。……應當接受一切，從而學習一切。……我在改造自己和社會關係，雖努力，所能得到的或許還是那個——不可忍然而終於還是忍受了下去

的痛苦！」（19; 308–312）

七、「有情」的傳統

第二天，臘月二十九晚上，在老式油燈下反覆翻看從糖房垃圾堆中撿來的一本《史記》列傳，繼續前一天個人命運和歷史文化創造的思考，夜不成寐。「不知不覺間，竟彷彿如同回到了兩千年前社會氣氛中，和作者時代生活情況中，以及用筆感情中。」

此時記憶又活躍起來，「記起三十三、四年前，也是年底大雪時，到麻陽一個張姓地主家住時，也有一回相同經驗。用桐油燈看《列國志》，那個人家主人早不存在了，房子也燒掉多年了，可是家中種種和那次作客的印象，竟異常清晰明朗的重現到這時記憶中。並鼠齧木器聲也如同回復到生命裡來。」但沈從文此刻並不想在個人的回憶裡多做停留，他為通向理解歷史的某種普遍情形而感同身受，追憶舊事之後，沒有什麼過渡，直接就說：「換言之，就是寂寞能生長東西，常是不可思議的！中國歷史一部分，屬於情緒一部分的發展史，如從歷史人物作較深入分析，我們會明白，它的成長大多就是和寂寞分不開的。」

而「寂寞」生長「有情」，所以接著就談「有情」：

「東方思想的唯心傾向和有情也分割不開！這種『有情』和『事功』有時合而為一，居多卻相對存在，形成一種矛盾的對峙。對人生『有情』，就常常和在社會中『事功』相背斥，易顧此失彼。管晏為事功，屈賈則為有情。因之有情也常是『無能』。現在說，且不免為『無知』！說來似奇怪，可並不奇怪！忽略了這個歷史現實，另有所解釋，解釋得即圓到周至，依然非本來。必肯定不同，再求所以同，才會有結果！」（19; 317–318）

為什麼談「有情」要在與「事功」的矛盾糾結中談呢？過了幾天致張兆和信裡說：「管仲、晏嬰、張良、蕭何、衛青、霍去病對國家當時為有功，屈原、賈誼……等等則為有情。或因接近實際工作而增長能力知識，或因不巧而離異間隔，卻培育了情感關注。想想歷史上的事情，也就可以明白把有功和有情結合而為一，不是一種簡單事情。因為至少在近代科學中，猶未能具體解決這件事。」誰要把「有情」和「事功」合而為一？「政治要求這種結合，且作種種努力，但方法可能還在摸索實驗，因為猶未能深一層理會這種功能和情感的差別性。只強調需要，來綜合這種『有情』於當前『致用』之中，是難望得到結果的。」（19; 335）

這就明白了，沈從文要談的不是一個於自己於當前無關的理論問題，而是他自己正遭遇的思想和文學上的困境。政治要求「事功」，要求「致用」，甚至以「事功」和「致用」為標準和尺度，「有情」如果不能達到這個標準，不符合這個尺度，就可能被判為「無能」和「無知」。沈從文認為應該先「肯定不同，再求所以同」，那是把「有情」和「事功」放在平等的位置上，不以一方來衡量、判斷、甚至是裁決另一方；但政治未必如此。

「有情」從哪裡來？「過去我受《史記》影響深，先還是以為從文筆方面，從所敘人物方法方面，有啟發，現在才明白主要還是作者本身種種影響多。……事功為可學，有情則難知！……

特別重要，還是作者對於人，對於事，對於問題，對於社會，所抱有態度，對於史所具態度，都是既有一個傳統史家抱負，又有時代作家見解的。這種態度的形成，卻本於這個人一生從各方面得來的教育總量有關。換言之，作者生命是有分量的，是成熟的。這分量或成熟，又都是和痛苦憂患相關，不僅僅是積學而來的！年表諸書說是事功，可因掌握材料而完成。列傳卻需要作者生命中一些特別東西。我們說得粗些，即必由痛苦方能成熟積聚的情——這個情即深入的體會，深至的愛，以及透過事功以上的理解與認識。」（19; 318–319）

深陷困境的日子已經不算短了；沒有意想到，在川南的小山村，在土改的進程中，在過年的孤單時刻，沈從文產生了深刻的歷史醒悟，自覺地向久遠的歷史尋求支撐的力量，把個人的存在連接到令人肅然的文化創造的偉大傳統上來。

沈從文的困境主要表現在兩個方面：文學的困境和個人的現實困境，這兩個方面也可以看作是一體的。他的文學遭遇了新興文學的挑戰，這個挑戰，不僅他個人的文學無以應付，就是他個人的文學所屬的五四以來的新文學傳統也遭遇尷尬，也就是說，他也不能依靠五四以來的新文學傳統來應對新興文學；況且，他個人的文學和五四以來的新文學傳統的主導潮流，也並非親密無間。但他又不願意認同新興文學和新時代對文學的「事功」「要求」。這個時候，就需要一種更強大的力量來救助和支撐自己。一直隱伏在他身上的歷史意識此時甦醒而活躍起來，幫助他找到了更為悠久的傳統。千載之下，會心體認，自己的文學遭遇和人的現實遭遇放進這個更為悠久的歷史和傳統之中，可以得到解釋，得到安慰，更能從中獲得對於命運的接受和對於自我的確認。

簡單地說，他把自己放進了悠久歷史和傳統的連續性之中而從精神上克服時代和現實的困境，並進而暗中認領自己的歷史責任和文化使命。

八、尾聲

臘月三十日，沈從文寫信告訴兒子，這裡「經過清匪反霸、減租退押複查等等過程」，每個村子「都大鬥過地主，有過種種殘酷的鬥爭，殺的已殺（別處聞有一鄉打殺數十人的），管的已管」，再「不大會有何等劇烈動作」。（19; 322）

大年初一，沈從文和工作隊去給去年犧牲的二十八個土改工作幹部掃墓。掃墓結束後，工作隊又出發去捕捉漏網壞分子，沈從文獨自先回村莊，「沿路拜年一路問莊稼，或蹲在田坎邊談胡蘿蔔甘蔗，當成新年課學到了家。」（19; 330）

一九五二年二月二十日，工作隊離開烈士鄉回內江縣城，乘坐新建成的成渝線火車，二十四日到達重慶，在這裡停留幾天，做土改總結會。沈從文以第七團中隊部調研組成員的身分，「也上到臺上去，在播音器面前說了廿分鐘的糖房剝削問題。如有四十分鐘從從容容說，就把問題展開，還像個報告了。只壓縮到廿分鐘，說到一半時，卻有個人來遞一字條，『已超過五分鐘』，這種打岔是完全成功的，就不想說下去，結束了。」（19; 351）

二十八日坐船離開重慶，到漢口後再換火車，三月七日回到北京。

從出發到回來，歷時四個多月。

此行初始，沈從文確曾抱著把「單獨」的生命融合到「一個群」中去的意願；但最終，「單獨」的生命投向了「有情」的傳統——他沒有直接說，精神上卻已經非常自覺而明確地把自己放到了這個文化創造的長遠傳統延續下來的脈絡上。

第五章
雜亂的工作，紛擾的事

一、搬家、檢查

一九五二年三月七日，沈從文結束了前後四個多月的隨土改團在四川內江的工作，回到北京。他從火車站疲憊不堪地拖著行李，來到交道口大頭條胡同十二號，站在院門口問，沈從文在不在裡面住。[1] 他在內江期間，北京的家已經搬遷，因為原來住的中老胡同三十二號院是北京大學的宿舍，他已經不算北大的人了。一月給老朋友楊振聲的信裡提到，「聞兆和說，學校催搬住處」（19; 300）；二月家信裡問：「你們可搬了家？搬了好，我們沒有權利住下去的。不過地方太僻，和一切隔絕，即和圖書館還隔得那麼遠，要讀書可無可為力。但是，只要你們覺得好，也就成了。」（19; 350）新的住處是租的民房，離歷史博物館比較遠，沈從文上班，一般得天不亮就做飯，六點左右出門，下午六點左右離開單位趕回家裡，在外至少十二個小時。

1 沈虎雛：《團聚》，《沈從文印象》，孫冰編，頁二七〇。

剛從香港回到北京的黃永玉一家寄居在這裡，「現在租住下的房子很快也要給遷走的。所以住得很匆忙，很不安定，但因為我們到來，他就製造一副長住的氣氛，免得我們年輕的遠客惶惑不安。晚上，他陪著我刻木刻，看刀子在木板上運行，逐漸變成一幅畫。他為此而興奮，輕聲地念道一些鼓勵的話。」[2]

一九五三年三月，歷史博物館給沈從文分了宿舍，在東堂子胡同五十一號。宿舍與院子的男廁所為鄰，此前還要路過女廁所，均為茅坑式，沈從文自嘲住處是「二茅軒」；但總的來說，有了穩定的住處，他似乎感覺還不錯，到十月份他還有心情向老友高植細緻地報告說：「我已遷入宿舍住。還是三間房子，白天有極好太陽照滿房子中，可是我卻一天亮不久即離開宿舍，到上燈後才回住處。來時向一個親戚借了個床鋪，前幾天取回了，我這幾天就稍微發揮了一點創造精神，用五個書箱（三大二小），三個煤油桶（一翻身就光當一聲），十多函舊書，一塊一尺半寬七尺長床板，三塊二尺方書箱板，拼拼湊湊成一個床，對付下來了。到禮拜六時，再和孩子們『孔融讓梨』似的互讓，一個上床，兩個在地面想辦法，打地鋪的且多些安定感。生活雖這樣，一切還是很好。」但一轉念，還是忍不住說：「我這幾天躺在鋪上，一面常擔心有創造性的板床忽然坍下，會驚醒隔壁房的病人，一面且發奇想，什麼親友會借我一個床鋪，好每天安心睡個六小時覺，天亮時再起來作事？……我竟想得個結實一點或軟和一點的一鋪床，也似乎沒有辦法。」

「隔壁房的病人」是妻子張兆和，約在一九五三年七月患肋膜炎，只能臥床休養，嚴重時輒轉通過關係得以到協和醫院住院治療過一段時間，但遲至一九五五年初仍然未見全好。沈從文自己的身體狀況也不怎麼樣，心臟病和血壓高的影響如影隨形。在博物館工作一天回到家裡，已是上燈時分，「見三姐躺在床上總無轉機，我對我自己真有些莫名其妙起來，竟想問問：『我是誰？我在作什麼？』沒有什麼痛苦，但是竟好像是由於麻木或低能的發展，有愈來愈糟糕情形。」（19; 366, 367）多少令人安慰的是，張兆和一九五四年調入《人民文學》做編輯，下班後就能回家，不必再像在西郊圓明園一〇一中學任教時那樣需要住校了。

東堂子胡同居住的時間較長，一直到「文革」開始後，局面發生變化：三間房不得不讓出兩間。

再回到一九五二年。沈從文從四川一返回北京，就被抽調參加文物行業「五反運動」聯合檢查組，歷時一個月左右，「作戰」般地檢查了八十多家古董鋪。工作十分辛苦，「記得和幾個公安人員一道，他們搬移東西，我說文物名稱、年代，後來喉嚨也嚷啞了。」（27; 245）

因為去四川而未能參加「三反運動」，所以四月份沈從文去兼課的輔仁大學對學生做了思想檢查，算是為運動「補課」。現存一份《「三反運動」後的思想檢查》手稿，應該就是這個時期寫的。這份檢查簡略概括如下——優點：並無何等優點。缺點計七項：一、所學駁雜，大多是文學史、美術史零散知識，不夠用；二、脫離群眾；三、怕負責任；四、理想空洞，不切實際；

2 黃永玉：《太陽下的風景》，《沈從文印象》，孫冰編，頁一八四。

五、不善於批評與自我批評；六、在業務學習上貪多務得，不切目前應用，常常把一個文物局長或博物館長腦子裡還沒有考慮過的問題，也拿來空想；七、在政治學習上水準不高，認為個人能做一事，比說十事有用具體，但政治水準的標準，常視一個人發言多少而定，所以個人政治水準實在不高。「這些毛病還可以概括成四點：即思想落後，脫離現實，自高自大，懦弱無能。……因懦弱無能，所以一切理想只是空想，無從實現。能用筆，還可以從文字中表現，筆一擱下，什麼都說不上了。」（27; 124–126）

「三反」、「五反」結束後填寫《博物館工作人員交代社會關係表》，最後一項，也是思想檢查，沈從文說到目前：「和新社會的一切也無多聯繫，只覺得一切十分陌生，十分隔絕。在博物館工作，就事而言，就只希望手邊能夠多有些書，多有些對於古器物的知識，便於明天能更好些完成任務，因為明白『愛祖國文物』及『接受優秀傳統』，都不是空口說的空話，只有能掌握豐富知識，並具體理解問題，明白傳統優秀偉大何在的工作者，才能完成這個新的歷史任務。一切研究都是為了可啟發國家新一代的創造心。」（27; 135–136）

這一年七月，全國高等學校院系調整正式開始，沈從文兼課的輔仁大學將併入其他院校，商調他去人民大學任專職教授，但他還是選擇留在歷史博物館。國家工資制度由折實工資轉為固定工資也在這一年，如果按照沈從文任北大教授時的工資定級，則高於管業務的館長，沈從文提出薪資永遠不要超過館中業務領導。此後二十五年，他的職稱一直是副研究員。

二、一個解說員和一個參觀者的故事

一九五二年七月，歷史博物館成立文物收購組，沈從文為四個成員之一；轉年一月成立出版組，他也是四個成員之一，主持編選了《長沙出土古代漆器圖案選集》（人民美術出版社，一九五四年），《中國古代漆器圖案選》（北京榮寶齋新記，套色木刻浮水印，一九五五年），兩本圖錄出版時都以單位署名。

日常工作中沈從文還是解說員，一九五三年七月為觀眾做說明時認識了志願軍人王㐨，這次偶然相遇對成為忘年交的兩個人都具有非同一般的重要性：一九五八年王㐨從朝鮮復員回國，在沈從文的參謀下選擇工作單位，進了中國科學院考古研究所，日後成為考古專家；對沈從文而言，他後來的研究工作有了一位最重要的助手。不僅如此，在沈從文去世以後，他的服飾研究事業更有王㐨等人來承傳接續。

說起一個解說員和一個參觀者的相遇，這真是一個樸實、溫暖、美好的故事；多年之後重溫這個故事，才可以清楚地看出它當時還沒有顯現出來的意義。一九五三年，朝鮮停戰，王㐨第一次到北京，有一天一個人去看歷史博物館。先看午門內朝房，東西兩邊長廊裡面的房子，東面布置的是從猿到人的社會發展史展覽，看完再到西朝房看歷史出土文物展。王㐨晚年口述當時情景，歷歷在目：

我剛一進門，一個穿著白襯衫的五十來歲的人就站起來，跟著我看，然後就跟我講。我記得那是銅鏡展櫃，唐宋的銅鏡，幾十面，一個櫃子。這一個櫃子就給我講了兩三個小時，使我非常感動。兩個人約好了第二天再來看。我就這樣一個星期看完了這個西朝房。看東朝房只用了幾個小時，看西朝房就用了一個星期。那個時候我有許多問題，對文物可以說一竅不通，這位講解員就非常耐心給我講，就像教幼稚園的孩子一樣。

在這期間，我們每天中午就到勞動人民文化宮，就是原來的太廟，去吃一個麵包，吃一隻香蕉，算是午飯。吃完了飯說說話，問問朝鮮的戰爭情況和巴金到朝鮮的情況。巴金到朝鮮就在我們軍裡去體驗生活的，梅蘭芳我也都遇到了。問問這些情況，並且帶我到他家裡去吃飯，好像是吃麵條。那個時候看到先生的夫人，那麼年輕，就像二十幾歲一樣，不怎麼說話。先生就說呀……媽媽，你快過來聽一下巴金在朝鮮的情況。叫我講那個戰爭的一些問題和情況，他說戰爭是個立體的，他也當過兵。

我就更納悶啦！我一直沒有問陪我看展覽的這麼博學的一位老先生是什麼人，什麼名字，愈來愈不好問。到分手的時候就非問不可啊。我說：「這麼多天你陪我，我一直張不開口問你尊姓大名。我非常感謝你花了這麼多時間。」他說他是沈從文，我吃一大驚。

……

一直到一九七九年，我才有機會當面問沈先生。我說沈先生，我認識你的時候，簡直是一個謎，你這個人完全跟你小說脫節。文字寫得很美，那是文如其人，可以這麼說；那些故事那麼野，那麼浪漫，跟別人的那麼不同，又吸引人又叫人覺得新鮮，這是怎麼回事？我原來以為你是一個荒唐人，就像那編荒唐故事的那種荒唐人一樣，說親身經歷哪！

沈先生告訴我，他說做人要規矩，寫小說要調皮，不調皮怎麼能寫成小說呢？說得把我心裡一個從一九五三年到一九七九年這麼長過程的謎解開了。……此後我每年出差只要到北京，都去探望他，看他在做什麼工作。他給我講解一些重要展覽，帶我去聽羅爾綱的太平天國史，在政協禮堂裡聽的，羅爾綱是他的學生。那時候最時髦講解政治鬥爭，講農民運動、農民革命。聽完了以後，他說我們都是來聽天書的。[3]

三、「外行」之「雜」

沈從文還是很多單位和很多個人的義務工作員、諮詢服務員。譬如「建國瓷藝術設計委員會」聘他做顧問，他就常去中央美院實用美術系陶瓷科協助設計，買來古瓷供參考，事後捐給學校做資料；譬如給中央美院的留學生和研究生講授中國染織美術史等課程，卻分文不收兼課費；譬如經常為各地多所大學文史、藝術院系代購教學用的文物；譬如，從他一九五三年零星的日記

3 王矜口述，見《章服之實》，王亞蓉編著，北京：世界圖書出版公司，二〇一三年，頁四一－四二。

裡可以看到，三月二十八日到四月四日，「為溫同學擬出一百種」牡丹花紋圖案，「代表各種器形和時代」（19; 360, 363）；還譬如，一九五六年六月二日致昌煌信，列出六十四種有關小孩形象、衣式的文物和圖畫，從殷商而下，直到明清。（19; 460–464）從《沈從文全集》的第十九卷到二十六卷，我們可以發現，寫這種提供文物資料線索和相關意見的書信，在沈從文後半生的各個時期，簡直就成了日常生活的一部分，連「文革」下放到湖北勞動時期也不例外。

他「個人」的研究呢？一九五三年，作為文物研究者的沈從文終於「亮相」：七月二十六日《光明日報》發表《明代織金錦問題》，九月《新建設》雜誌刊出《中國織金錦緞的歷史發展》。一九五四年又為《明錦》圖錄撰寫《題記》（人民美術出版社，一九五五年）。經過時間的驗證，回過頭去看沈從文文物研究的「開張」論文，更能見出其意義和價值。《中國織金錦緞的歷史發展》「提出許多新問題，別人沒有研究過的。許多東西的命名、定名也是沈從文定的。比如玉衣，我們到一九六八年才從滿城漢墓挖出一件完整的。過去被盜墓出來賣的這些零零碎碎的長方形玉片，四個角有孔，在歷史博物館展出的時候就說是古牌飾玉片。沈從文就在文章裡說這個東西可能是玉衣，歷史上的金縷玉衣。他的判斷、預見，從一九五三年到一九六八年十多年以後就得到證實。他有深厚的對中國古代這些雜七雜八的工藝、文物的知識，不然的話做不出這個判斷。」但在論文發表的當時，甚少有人會產生這樣的認識。一九六八年發現滿城漢墓，出土了金縷玉衣，王㐨根據沈從文的指點，主持修復工作，這是全國第一件恢復成原來樣子的玉衣，「郭沫若來看，他就為我鼓掌，一面鼓掌一面說偉大偉大！」[4]

一九五四年十月三日沈從文在《光明日報》發表《文史研究必需結合實物》，闡述他以後一再強調的改變以書注書、代之以文獻和文物互證的主張和方法。依據這種方法，一九五五年上半年應邀為《紅樓夢》中的服裝、器物等作注，寫出近五百條注釋稿，一九五七年十月人民文學出版社出版的四卷本《紅樓夢》部分注釋參考了他的注釋稿。

但是更多的改業以來所寫大大小小的論文，未能面世。今天我們閱讀《沈從文全集》後五卷的物質文化史部分，仍然會驚訝他當年涉獵的廣泛和頭緒的繁多。沈從文把他的研究叫做「雜文物」研究，真是「雜」得讓人眼花繚亂。在他自己，一方面是研究時沉浸其中，欲罷不能，「幾千花花朵朵罈罈罐罐盡在腦子中轉，也許有一部分只是夢裡的，並非真見到的。」（19; 403）另一方面，研究總時不時受到各種各樣的干擾，不被理解，無從實現其價值，不免感到異常沮喪：「工作實在可怕的瑣碎而沉悶，即在館中，也沒有人注意到這工作有什麼意義。有時候，我自己也不知道，」一九五四年冬天，他在給大哥沈雲麓的信中這麼寫道；接著又說：

近來寫了個馬鞍具問題小文章，談它的前後三千年的發展，寫完了看看，只覺得真是一種浪費，這種文章誰來看？有什麼用？但既在博物館工作，不寫這類問題，又寫什麼？一堆書，一堆問題，真是把我快要收拾了。

4 王孖口述，見《章服之實》，王亞蓉編著，頁四三。

真是奇怪，我為什麼用這些問題消耗自己？長處沒有人知道。（19; 396）

沈從文研究的那些「雜文物」，那些彷彿是「雜貨鋪」裡的東西，在不少人眼裡，能不能算得上文物，有沒有研究價值，即使有又有多大的價值，都是大可懷疑的。

紡織物是一大堆「雜文物」中沈從文最為傾心傾力的，這也是傳統的文物研究中特別薄弱、特別不受重視的部分。一九五五年四月，沈從文致信副館長韓壽萱，為他的苦心孤詣說明、辯解：「搞紡織物正是其中一個。材料凍結已近千年，年輕人即有心來搞，也無可下手處，有文獻知識的少實物知識，更少比較美術知識；搞美術的又少文史知識，且不弄服裝制度，因之即到今天，萬千種材料已擱在面前，其實都近於死物，又各個孤立，毫無關連。問題何在，無人注意。中國即有個三千年絲綢歷史，到要一個紡織物博物館時，從何著手？我本來並不比任何人高明，只是從常識出發，稍明白問題何在。」（19; 415）沈從文只是希望、甚至是懇求館裡能放手讓他去做這項研究，但觀念和認識上的差異，卻常常帶來壓力、阻礙，甚至是傷害。

前面提到沈從文是博物館收購組成員之一，這項用心的工作，卻帶來了意外的困窘。在一次全國博物館工作會議期間，歷史博物館在午門兩廊精心布置了一個內部「反浪費展覽」，展出的是沈從文買來的「廢品」，不可思議的是，還讓他這個「當事人」陪同外省同行參觀，用意當然是給他難堪。什麼「廢品」呢？舉兩個例子。一件，從蘇州花三十元買來的明代白綿紙手抄兩大函有關兵事學的著作，內中有圖像，畫的是奇奇怪怪的雲彩。這是敦煌唐代望雲氣卷子的明代抄本，卻被視為「亂收迷信書籍當成文物看待」的「浪費」。還有一件，是一整匹暗花綾子，機頭上織有「河間府製造」宋體字，大串枝的花紋，和傳世宋代範淳仁誥敕相近，花四塊錢買來的。「因為用意在使我這文物外行丟臉，卻料想不到反而使我格外開心。」這一事件除了表明沈從文在歷史博物館的現實處境和政治地位，還顯示出，從文物的觀念上來說，沈從文的「雜貨鋪」和物質文化史研究，確實不被認同，以至於被認為是「外行」而安排如此戲劇化形式的羞辱。多年以後提起這件事，沈從文還耿耿於懷：「當時館中同事，還有十二個學有專長的史學教授，看來也就無一個人由此及彼，聯想到河間府在漢代，就是河北一個著名絲綢生產區。南北朝以來，還始終有大生產，唐代還設有織綾局，宋、元、明、清都未停止生產過。這個值四元的整匹花綾，當成『廢品』展出，說明個什麼問題？」（27; 381, 382）

沈從文的文物工作，從一開始，不僅要承受現實處境的政治壓力，還要承受主流「內行」的學術壓力。反過來理解，也正可以見出他的物質文化史研究不同於時見的取捨和特別的價值。

四、跛者不忘履

一九五二年五月，沈從文把在四川內江寫的短篇《老同志》第三稿投寄報紙編輯，八月被退還後不死心，又寄給了丁玲，「望為看看，如還好，可以用到什麼小刊物上去，就為轉去，不用我名字也好。」（19; 353）但此稿後來還是被寄還。上半年他還寫了一篇紀實性的《中隊部》，描述土改工作隊的生活，也未能發表。

一九五三年九月二十三日至十月六日，沈從文以工藝美術界代表身分出席了第二次全國文代會。期間毛澤東、周恩來等接見十二位老作家，沈從文也在其中。毛澤東問過他年齡後，說「年紀還不老，再寫幾年小說吧……」沈從文當時的理解是，這對於他過去的全部工作，「總也不會是完全否定意義。」（27; 248–249）胡喬木來信表示，願意為他重返文學崗位做安排。秋冬之際，由嚴文井出面，約請他寫歷史人物小說，並要安排他當專業作家。

面對文學，沈從文豈能無動於衷？但他再三思量，還是決定留在博物館。十一月月他寫信給周揚，同時也是間接回答胡喬木的好意，說自己還是做點工藝美術研究，比寫文章切實際；同時請他和胡喬木斟酌，能否「撥一筆錢，調幾個人」，支持他開展陶瓷和紡織物花紋研究。（19; 369–370）這個設想沒有得到回應，也是預料之中的事。

沈從文對文學念念不忘，為什麼放棄了這個「歸隊」的機會呢？在此期間，發生了一件對他打擊很大的事。開明書店通知他，因為他的作品已經過時，所有已印未印書稿及紙型，均奉命銷毀。稍後他又輾轉從香港媒體得知，臺灣也明令禁止出版他的一切作品。這等於說他過去全部的文學都沒有什麼意義。沈從文對他大哥說，希望他把家中的一切作品也燒掉，免得誤人子弟。「在床上躺著聽悲多汶，很覺為生命悲憫。可惜得很，那麼好的精力，那麼愛生命的愛人生的心，那麼得用的筆，在不可想像中完了。不要難過。生命總是這樣的。我已盡了我能愛這個國家的一切力量。」（19; 381）

而在香港，一九五二年，長城電影公司卻拍攝了根據《邊城》改編的黑白片《翠翠》，導演嚴峻，他還同時飾演片中的外祖父和二佬，林黛飾演翠翠。一九五三年公映後，女主角一炮而紅。這部電影在香港早期電影史上有重要的位置，電影插曲也風行一時。

一九五四年十月，日本河出書房出版《現代中國文學全集　第八卷　沈從文篇》，收入《邊城》、《丈夫》、《夫婦》、《月下小景》、《從文自傳》等十一篇作品，由松枝茂夫、岡本隆三、立間詳介翻譯。

一九五五年，沈從文又偷偷寫小說《財主宋人瑞和他的兒子》，這是一個中篇，一直到一九五八年二月才完成。與五十年代嘗試的其他文學創作不同，沈從文沒怎麼向人說起過這個作品，卻用了那麼長的時間寫完了，而且篇幅對他來說也相對比較長。我們今天讀這個作品，會重逢沈從文以前的創作中為讀者所熟悉的某些特有的東西，而且能夠明顯感覺得到沈從文寫作時的狀態相對放鬆。這與其他不成功的文學嘗試過程中的憂心忡忡、猶猶豫豫、縮手縮腳，形成對照。這種相對放鬆的狀態也只此一例，或者說，這就是個例外。

五、調動而未動

一九五五年十一月，沈從文的工作調動又一次提到議程上來。起因之一，是沈從文當時外調參加出版總署組織的《中國歷史圖譜》的編寫工作，負責的領導和寫提綱的專家之間意見分歧，做實際編輯、寫材料說明的沈從文夾在當中，左右為難，進展緩慢，他著急而又無望，給丁玲寫了一封極簡短的信，劈頭就說：「幫助我，照這麼下去，我體力和精神都支持不住，只有倒下。」

丁玲把信轉給了劉白羽和嚴文井，劉白羽向周揚彙報，周揚批示，文物局副局長王冶秋按照指示和沈從文談了兩個小時，了解情況，再彙報給中宣部和文化部領導，周揚又做批示：「把這樣一個作家改造過來，也是一件值得做的事。」一九五六年二月，中國作協黨組致函文化部黨組：「關於沈從文先生的工作問題，經我們幾次和他本人及夫人接觸，最後他夫人表示還是去故宮博物院主持織繡服飾館，同時進行寫作為好。」五月七日，文物局正式下發調沈從文到故宮博物院工作的通知。

到了這一步，按理說事情已經定了，但沈從文並沒有到故宮博物院報到，最後還是沒有離開歷史博物館。雖然沒有調入，卻被聘為故宮織繡組研究員。他這個研究員不同於一般的兼任研究員，實際上是織繡組的陳列展覽、學術研究、人才培養等方面工作的負責人，每週有一定時間到故宮上班，以致故宮博物院的一些領導和職工自然而然地就形成一種印象，以為沈從文就是故宮的工作人員。[5]

為什麼沒有去故宮報到？沈從文一九五六年八月給大哥的信裡提到：「現已調我到故宮去辦絲繡館，也得把書編成後再去。」（19；472）這大概是一個直接的原因，雖然未必重要。《中國歷史圖譜》的工作他一直參與到一九五七年，重組編委會後他還是編委，但只是掛名。後來此書也沒有編成。

這次工作調動牽扯到多個部門和個人，其重視程度和處理上的及時快速，都有點兒不同尋常。如果聯想到時代氣氛的變換，或許就可以明白了。一九五六年一月，中共中央召開關於知識分子問題的會議，周恩來在報告中首次提出，我國知識分子絕大多數已經是勞動人民知識分子；五月二日，毛澤東在最高國務會議上提出，在文藝和學術研究中應實行「百花齊放，百家爭鳴」的方針。在這一大背景之下，一月底二月初召開的政協第二屆全國委員會第二次會議，沈從文以特邀委員身分出席並發言，表示爭取用「荒廢已久的筆，來謳歌讚美新的時代」。此次會議後，沈從文成為全國政協委員。四月十四日，《大公報》發表了沈從文的短文《從龍談起》；這個月出版的《旅行家》刊出沈從文改業後的第一篇文學作品《春遊頤和園》，刊物的主編是沈從文的老朋友、著名記者彭子岡；《人民日報》副刊在胡喬木的一再建議下向沈從文約稿，[6] 七月九日發表了他寫的《天安門前》；十月十五日，《文匯報》「筆會」版發表了他的《北京有許多博物館，同時又是個大型建築博物館》。香港三聯書店八月出版了一本《美麗的北京》，署名的編者

5 故宮博物院保存了一份沈從文工作調動的檔案，包括文物局《調沈從文到故宮博物院工作通知》和沈從文、丁玲、劉白羽、王冶秋及中國作協黨組的信函。對這份檔案的介紹和沈從文調動議程的詳細敘述，見鄭欣淼：《新發現的沈從文、丁玲書簡》，《文匯報》「筆會」版，二〇〇五年五月十六日。

6 參見袁鷹：《胡喬木同志和副刊》，胡喬木特意叮囑「一定要請沈從文為副刊寫一篇散文」。《我所知道的胡喬木》，《胡喬木傳》編輯組編，北京：當代中國出版社，一九九七年，頁一九四－一九七。

是沈從文和曹禺。

看起來情形似乎在好轉，沈從文卻對大哥說：「寫了幾個小小文章，都不大通，熟人卻說好。寫的真正還好的，是幾個小論文，卻沒有發表地方」（19; 473-474）；此前跟大哥說：「近來正是『百家爭鳴』的時代，到處都鳴起來了，我似乎已沒有什麼可鳴處，卻只想把所學的好好用到具體工作上去。寫小說算是全失敗了，不容許妄想再抬頭。近來文物工作也搞得不好，如又弄錯，還不知再換什麼工作會對國家有用一些。一舉手，一投足，都會犯錯誤，寫什麼自然更不好辦，不知怎麼辦。」（19; 471）

第六章
行行重行行

一、濟南：「沒有人知道我是幹什麼的，我自己倒知道」

一九五六年十月十日，一個五十多歲的人走進山東師範學院。門房問他是幹什麼的，他說，「什麼也不幹。」門房笑了。他在文物室看了兩個鐘頭。上午散學，學生們擁擠著出門去食堂，他夾在中間擠來擠去，沒有一個人認識。他覺得這樣極有意思；又想，即使「報上名來」，也沒有人知道他是誰。

不知怎麼一轉念，想到了老朋友巴金：「如果聽說是巴金，大致不到半小時，就傳遍了全校。」接著又有點負氣但到底還是泰然地想道，「我想還是在他們中擠來擠去好一些，沒有人知道我是幹什麼的，我自己倒知道。如到人都知道我，我大致就快到不知道自己究竟是幹什麼的了。」（20; 19）

沈從文此行，是以歷史博物館文物工作者的身分出差南下，濟南是行程的第一站，八日上午到，十三日下午離開。期間接觸當地有聲望第一流老文化人，這是其一；其二是看文物，主要是在山東博物館等處看陳列、看庫房；再就是，看「街上一切，給人印象有些別致。」

沈從文心情不錯，甚至說得上是興致勃勃，對濟南的印象相當好。前後不足六天的時間，給妻子張兆和寫了九封信，約一萬五千字，細細地描述所聞所見所感。

到達當天，他就感受到，「濟南給從北京來人印象極深的是清淨。街道又乾淨，又清淨。人極少，公共汽車從不滿座，在街中心散步似的慢慢走著，十分從容。」他還特別觀察了濟南的「住家」：「濟南住家才真像住家，和蘇州差不多，靜得很。如這麼作事，大致一天可抵兩天。有些人家門裡邊花木青青的，乾淨得無一點塵土，牆邊都長了黴苔，可以從這裡知道許多人生活一定相當靜寂，不大受社會變化的風暴搖撼。但是一個能思索的人，極顯然這種環境是有助於思索的。它是能幫助人消化一切有益的精神營養，而使一個人生命更有光輝的。」（20; 5, 6）

看了這些話，也許就能夠明白沈從文為什麼喜歡濟南了。他這個受社會變化的風暴劇烈搖撼的人，從風暴的中心出來，一眼就看上這裡生活的靜寂，從容，「不大受社會變化的風暴搖撼」。他住在山東博物館辦事處，對窗是一座教會樓房，晚上月影從疏疏樹葉間穿過，令他產生「非現實」的幻覺；就是早晨被廣播吵醒，放的也是好聽的交響樂，而不像北京，大清早要人聽「劉巧兒」和「小河淌水」。

他眼中的濟南，除了幾座刺眼的建築，似乎一切都好。

譬如說，飲食，水果。「這裡一般飲食似比北京乾淨，麵包和飯館中餃子，都很好。水果攤在架子上如小山，如黃永玉父子同來，一定各有領會。從現實出發的小蠻，必樂意挑選最大的梨子石榴回家，父親呢，卻希望把這個攤子作背景，為作買賣老頭子刻個彩色木刻。我還沒有見到一張彩色木刻，比我所懸想永玉來刻這個果子攤的結果那麼動人。果子也乾乾淨淨的，比北京好，不知何故。到處如畫有詩，可惜我不能動手。」他在趵突泉公園附近小館子吃餃子和餛飩，驚異於「餛飩皮之薄，和我明朝高麗紙差不多，可見從業人員對於工作之不苟，也可見生意必不太忙。味道也比北京一般小館子好。」（20; 8–9, 12–13）

譬如說，小街上牆邊剃頭攤，「清水洗頭，向陽取耳」，和一百年前差不多！剃頭的「得心應手」，可以得到「庖丁解牛」之樂；被剃的「目閉口張」，可以得到「麻姑抓癢」之樂。（20; 11）

平平常常的一切，他都看得很有興味。市場上的說書處，黃黯黯燈光下販賣和出租小人書的小鋪子和翻書的大人小孩，圖書館的書架，等等，處處入眼；舊街飯堂盤子擺得極有錯綜之美，綠色琉璃磚浮雕花朵值得本地藝術家學習還值得北京來取花樣，彷彿什麼都能引起感想。

在千佛山崖前，他買了一件藝術品，費錢五分。

他當然還注意到了人。「在這裡街上看到的許多中小學生，有一個特點和北京不同，和我卻有一點點相同，就是頭髮統長長的。」他隨手就畫了個像，旁邊寫：「小學生長得眉清目秀頭髮長」。到師範學院那天，更證實，「長頭髮同學當真相當多！無怪乎鄉下中學教員，總居多是頭髮長長的！有些人頭髮長而上豎，如戴勝一般，決不是無心形成，還似乎有點時髦味道，大致平時必有什麼名教授也這樣，相當用功，所以弟子們不知不覺也受了點影響。」一向對時髦看不大順眼的沈從文，對此的評價卻是，「這裡有一種淳樸之風流注，很可愛。我說的是包括了戴勝冠式的頭髮和其他一切。」（20; 14, 19）

最有意思的是，醫學校的女生讓他浮想聯翩。

十日傍晚，住處附近的醫學校散學，「許多著白衣的女孩子，快快樂樂的當真一隊一隊從我前面走過。記得但丁在什麼橋頭曾望見一個白衣女郎和她的同伴默默含情的走過，我估想在學校附近，也必然有這種未來詩人或第一流大醫生，等著那些年輕女孩子走過，而這些女孩子對於那一位也全不在意。」他想起了但丁有名的文學典故及其蘊涵的深邃感情，此時，他不做文學家，已經好多年了。

這天晚上，他去看了場電影，印度的《流浪者》，回來約二里長的路上，碰巧又遇上醫學院的學生。這些學生談文學，談小說技巧，「我好像是這些人的父親一樣聽下去，覺得很有意思，也是一種享受。我想起三十多年前在城頭上，穿了件新棉軍服看年輕女人情形，我那時多愛那些女人！這些人這時也許都做祖母了，我卻記得她們十五六歲時影子，十分清楚。」而眼前的這些女生，他真想看看她們怎麼戀愛，怎麼鬥氣，怎麼又和好。有一位「長得極美麗，說廣東話，我猜想她一定是學牙醫，很願意將來在什麼牙醫院再見面時告她，什麼什麼一天她們在瞎談文學，我卻一個人在瞎想。」這天晚上，他想到文學，想到過去弄文學的日子，「睡眠就被趕走了」。（20; 18, 20）

在濟南的最後一天，早晨起來，沈從文給妻子寫信：「早上鋼琴聲音極好，壯麗而纏綿，平時還少聽過。聲音從視窗邊送來，因此不免依舊帶我回到一種非現實的情境中去。……琴聲愈來愈急促，我慢慢的和一九三三年冬天坐了小船到辰河中游時一樣，感染到一種不可言說的氣氛，或一種別的什麼東西。生命似乎在澄清。」

音樂總是能夠喚起他對人生的理解。他接著寫下去：「至於一支好曲子，卻從不聞因時地不同，而失去它的光彩。假若它真有光彩，就永遠不會失去。只有把它的光彩和累代年輕生命結合起來成為一種力量，或者使一切年輕生命在遭受挫折抑壓時，還是能夠戰勝這些挫折抑壓，放出年輕生命應有的光輝。總之，他是力量和崇高願望、純潔熱情一種混合物，他能把這一切混合或綜合，成為一種嶄新的東西，在青年生命中起良好作用，引起一切創造的衝動，或克服困難的雄心。在老年生命中也可喚回一切童年生命中所具有的新鮮清明。真是個了不起的東西！」（20; 29, 30）

二、南京、蘇州：「三姑爺來了！」

離開濟南到南京，沈從文的好興致似乎消滅了不少。因為忙於談話和看材料，想去的中山陵和明陵等也只好放棄。南京人說話像吵架，在博物館陳列室「想要靜靜的看才理解好處的東西（例如字畫），只有在百家爭鳴情形下看去。」大街上、公車上，他特別注意到此地一般婦女的樣貌，三四十歲的「多瘦瘦的，眼小小的」，「血氣枯竭的樣子」；「二十到三十歲女子，面目多呈營養不足或肺病特徵，總像是骨肉發育不平均，肉少骨多，顴骨突出，耳根枯焦，眼目無光，發枯不潤。」「婦女多參加重勞動，如拉大板車車……可見求生之不易。」（20; 33, 32）

在南京住了一周，二十一日離開，傍晚到了蘇州，沈從文的興致陡然而起：他快樂地享受著與張家的親情。當天晚上他就到九如巷張家看望張兆和的繼母韋均一，談了很久；第二天晚上又來，一一分送禮物。沈從文向妻子報告說：「最好禮物還是大家談笑，用你和龍虎等為題，用宗和及其他，說得一眾（或群眾）哈哈大笑。」張兆和五弟張寰和，做一個中學的校長，陪同看了虎丘塔和幾處園林，還去買了雙皮鞋——「小五哥已和我到一蘇州著名皮鞋店買成黑色皮鞋一雙，價目是我有生以來所購最貴的一雙鞋子。計十六元五角，一隻已達八元二角五！」第三次到九如巷，興奮的孩子們在門外喊「三姑爺來了！」門裡面的老保姆用合肥話跟著喊「三姑爺來了！」喊聲中夾著笑聲。臨走的前一天晚上，沈從文第四次來九如巷。（20; 38, 42, 46）

二十四年前，沈從文利用暑假，從任教的青島大學經過上海來蘇州，看望苦苦追求的張兆和。他沒有料到，張家姐弟一開始就歡迎他，給了他極大的熱情。這種熱情一定也感染了對他的突然到訪有些不知所措的三小姐，使得他的追求出現轉機。五弟張寰和，用自己的零用錢買瓶汽水來款待客人，他大為感動，當下許諾：「我寫些故事給你讀。」後來寫《月下小景》，九篇中有八篇文末注明「為張家小五輯」字樣。到寒假，沈從文又來，張充和晚年的記憶裡還異常清晰地保留著當年鮮明的情境：「我們同他熟悉了些，便一刻不離的想聽故事。晚飯後，大家圍在炭火盆旁。他不慌不忙，隨編隨講。講怎樣獵野豬，講船隻怎樣在激流中下灘，形容曠野，形容樹林。談到鳥，便學各種不同的啼喚，學狼嗥，似乎更拿手。有時站起來轉個圈子，手舞足蹈，像戲迷票友在臺上不肯下臺。可我們這群中小學生習慣是早睡覺的。我迷迷糊糊中忽然聽一個男人叫：『四妹，四妹！』因為我同胞中從沒有一個哥哥，驚醒了一看，原來是才第二次來訪的客人，心裡老大地不高興。『你膽敢叫我四妹！還早呢！』這時三姐早已睏極了，弟弟們亦都勉強打起精神，撐著眼聽，不好意思走開。真有『我醉欲眠君且去』的境界。」[1]

往事可追；經歷了那麼多風雨變故之後，親情雖然無從改變人生的坎坷波折，卻足為動盪人生的珍貴安慰。「三姑爺來了」的喊聲笑聲裡，沈從文享受到久違的單純的快樂。他住的地方曾是太平天國王府一小側院，清靜，無人聲有鳥鳴，有花香，他大清早拿起筆給妻子描繪庭院圖，「可惜院子中一派清芬我畫不出，齊白石來也畫不出！」（20; 52）

除了到博物館看陳列，沈從文還參觀了蘇州最大的刺繡合作社以及宋錦生產社、漳絨織廠。博物館裡一些新出土的文物，讓他興奮：「許許多多東西過去都是看不見、想不到的。這裡的工作同志，即或已把東西挖出來，也還不知道它豐富了文物歷史知識多，對南中國文化知識具有何等重大意義！」「如方格漆盒且完全如過去我所推測，證實了有些陶器實為仿漆器而作。又有些新東西可以證歷史文獻。又有些更為我們研究宋人繪畫、服裝等提供了嶄新而十分重要材料。還有一片稀見大錦緞。」（20; 38, 44–45）

1 張充和：《三姐夫沈二哥》，《沈從文印象》，孫冰編，頁一五五–一五六。

三、上海：「天不變，地不變，陳蘊珍可愛處也不會大變」

二十八日下午到上海，住南京路市工人招待所，第二天晚上遷到外白渡橋邊上的上海大廈。參觀博物館和建設博物館之外，和老朋友會面才是沈從文開心的事。一九五三年十月上旬，沈從文借到南京和上海出差參觀博物館的機會，和巴金等老友相見；時隔三年，這次他的心情要輕鬆許多。

他給巴金家打電話，陳蘊珍接的，依舊熱情得在電話裡嚷了起來。「天不變，地不變，陳蘊珍可愛處也不會大變，可說是性格中的『陰丹士林』！正和形象中的陰丹士林，可愛處是一樣的。」沈從文興奮不已，想像著見面的情景，給妻子寫信說：「今天將去見笑咪咪充滿好意的蘊珍女士了，聽到說起龍虎時，一定要伸伸舌頭，眼睛圓睜，頭略偏著的說『三姐開心！』我如老派一點，將要請她作媒，如再新派一點，將要請她介紹物件，不老不新，於是只有笑笑，『女朋友，慢慢來，是他們的事，我們不著急！』也必然要問到樹藏和蕭乾，對蕭乾有鬥爭，這是歷來的態度！也可能問到鳳子，連類的說『三姐可不老！』我也許會要她陪同去買襪子，到時卻先請她買一枝拐杖，問用處時即說是『為龍龍的老母親買的。』笑得她個人仰馬翻，我才不管！」（20; 59, 62）

三十日中午沈從文和巴金、靳以、陳蘊珍一起在巴金家附近一個有名的小飯館吃午飯；十一月三日，一早就到巴金家取張兆和轉寄到這裡的信，兩位老友在花園廊子前坐了兩個小時，「看陳蘊珍用玻璃茶杯一杯一杯倒水澆盆中花草。」後來一同到慕鳴大廈去看靳以，沈從文戲稱靳以為章大胖子，說他的房子大五間小二間，「闊氣來哉！」（20; 84）

上海還有一位友人，程應鏐，沈從文習慣稱呼他的筆名流金，其時擔任上海第一師範學院歷史系主任。程應鏐早年在燕京大學讀書時，因「一二・九」文藝社要出版一個叫《青年作家》的刊物，來沈從文家裡請求支持，沈從文寫了一篇《對於這新刊誕生的頌辭》發表在一九三六年的創刊號上。從那時起，兩人保持了五十多年的友誼，尤其是在昆明時期，來往密切。他負責學校的歷史學科建設工作後，受沈從文歷史教學要結合實物這一觀念的影響，籌辦文物陳列室，委託沈從文代購了不少文物。程應鏐陪沈從文到虹口公園看魯迅墓，逛城隍廟。第二天沈從文又如約來程家吃晚飯，四個小孩子一字排開，他掏出酸梅糕，掰成小塊兒放到張開的小嘴裡，然後數「一、二、三」，讓孩子們用力抿一下，「有趣呀！流金，我真喜歡看這些小傢伙的表情！」[2]當晚，沈從文宿在程家的小書房中。

沈從文一九二八年二十六歲時從北京到上海來開拓事業，先是與胡也頻、丁玲合作創辦《紅黑》、《人間》兩個月刊，組織「紅黑出版處」，不久都相繼失敗；之後經徐志摩推薦，胡適聘請他到吳淞中國公學任教，到一九三〇年九月轉往武漢大學任教以前，他在上海過了幾年頗為

2 程怡：《父親、叔叔和那個時代的人》，《書城》二〇〇四年第八期。

艱難酸苦的生活。上海這座城市，他始終不能產生親近感。多年之後舊地重遊，仍然生疏隔膜如昔。但他也「理性」地注意到了這座城市的變化：舊上海是個「罪惡窩窩」，現在的上海變成了「十分規矩又極勤勉的社會」，能支援任何一個新的城市的建設，產品供應全國以及海外需要，「上海偉大處也在這裡。」（20；74）

不過，最重要的還是，這裡有他多年的老朋友。相聚雖然短暫，溫暖的氣氛和相知的默契，卻是對從過往曲折延續到現在的生命存在形式的無聲肯定。是的，老友本身就是肯定，在老友面前，他用不著否定自己的過去，也用不著否定自己的現在。

四、長沙：「除看《三里灣》也看看《湘行散記》」

十一月上旬，沈從文結束了近一個月的出差，從上海返回北京。但未過多久，下旬又赴湖南，這次的身分與上次有所不同，是政協委員，此行是全國政協安排的視察活動，精通古琴的音樂研究家查阜西和一位李老先生同行，二十四日到達長沙，住省府招待處。

不湊巧的是，沈從文這次出行成了「病號」。車過武漢短暫停留時，因扁桃腺炎去了醫院，到長沙看了一天博物館後，又因為高血壓心臟病去了兩次醫院。

二十七日晚，視察團被安排觀看全省文藝會演節目，鳳凰的「文茶燈」當然引起他的興趣，他感受到其中「好到驚人程度」的部分，但這種湘西民間盛行的小型歌舞劇經過了改造，「你想想看，六七個做微笑態的年輕女孩子用鳳凰腔說『那樣……』唱著跑著，豈不有一定程度滑稽！」「裝扮衣服可急壞了我，一頭的花，穿的是粉紅衣，粉綠裙，可遠比《採茶舞》差勁。」他在信裡給妻子畫了張人物形象圖，旁注道：「看看這個樣子，豈不是簡直有一點兒全國味？」（20; 88, 91）沈從文希望看到的，自然是本來樣子的「文茶燈」，沒有「全國味」，而要保留濃郁的湘西味。

到二十九日，沈從文病情加重，住進湘雅醫院。在醫院裡待不住，卻也不得不待了五天，他常常想像自己是好兵帥克，可以自己宣布病好出院。無聊時讀《三里灣》，給小兒子的信裡說：「我因賣書人介紹說是名作家作的，花了六毛三買一本，看下去，也覺得不怎麼好。筆調就不引人，描寫人物不深入，只動作和對話，卻不見這人在應當思想時如何思想。一切都是表面的，再加上名目一堆好亂！這麼寫小說是不合讀者心理的。媽媽說好，不知指的是什麼，應當再看看，會看出很不好處來。」（20; 97）

出院之後的幾天，到博物館開會，參觀附近一個寺廟裡百十尼姑織帳羅，看師範學院歷史教學材料同時遊覽學校所在的嶽麓山，在文管會看文物，還抽空去見了鳳凰籍軍事將領戴季韜，時任省政府參事。也許是因為生病，或是過於疲勞，他感覺精神不如在濟南、南京時活潑；政協委員的身分，處處受招待，吃、住都過於官樣，回到故鄉省份，反倒產生了「一種作客心情」。想到即將返回闊別二十二年的老家鳳凰，自是心潮起伏，擱筆以來的這些年裡，有時會不切實際地幻想，回到故鄉熟悉親切的環境中，也許就能重新找回創作的信心；可是現在，他十分清醒地意識到，目下的狀況實在也無法產生出好的作品：「照我想，如再寫小說，一定得有完全的行動自由，才有希望。如目前那麼到鄉下去，也只是像視學員一般，那能真正看得出學生平時嘻嘻哈哈情形？即到社裡，見到的也不能上書，因為全是事務，任務，開會，報告，布置工作。再下去，雖和工作直接接觸了，但一切和平日生活極生疏，住個十天半月，那裡能湊和成篇章？……如照趙樹理寫農村，農村幹部不要看，學生更不希望看。有三分之一是鄉村合作諸名詞，累人得很！」

感慨油然而生：「我每晚除看《三里灣》也看看《湘行散記》，覺得《湘行散記》作者究竟還是一個會寫文章的作者。這麼一只好手筆，聽他隱姓埋名，真不是個辦法。但是用什麼辦法就會讓他再來舞動手中一支筆？簡直是一種謎，不大好猜。可惜可惜！這正猶如我們對曹子建一樣，懷疑『怎麼不多寫幾首好詩』一樣，不大明白他當時思想情況，生活情況，更重要還是社會情況。看看曹子建集傳，還可以知道當時有許多人望風承旨，把他攻擊得不成個樣子，他就帶著幾個老弱殘丁，遷來徙去，終於死去。曹雪芹則乾脆窮死。都只四十多歲！《湘行散記》作者真是幸運，年逾半百，猶精神健壯，家有一烏金墨玉之寶，遐邇知名（這裡猶有人大大道及）！或者文必窮而後工，因不窮而埋沒無聞？又或另有他故。」（20; 110–111）

梅蘭芳到長沙來演出，在當地是很轟動的事。沈從文不想看，因為「一看到洛神穿的衣服，就替古時洛神叫屈」，他說自己不懂戲劇藝術，正如不懂相聲藝術，「我實在不懂『藝術』，懂的是不知應當叫做什麼！這也真是一種無可如何的事情。《湘行散記》作者不能再寫文章，情形也許相同。」但還是被邀請去看《貴妃醉酒》，「在一丈內看他作種種媚態，謝幕約八次之多」，「謝幕時還作女孩子嗲態，以手捧心」，「衣服真是不美觀」。他說《貴妃醉酒》「毫無唐代空氣」，看的感覺是「更加累人」。（20; 102, 112, 115）沈從文的「偏見」堪比魯迅，魯迅由梅蘭芳的「黛玉葬花」照而「刻薄」中國「男人扮女人」的「藝術」：「男人看見『扮女人』，女人看見『男人扮』」[3]；兩個人還都不喜歡京劇乒乒乓乓大鑼大鼓的熱鬧。沈從文看戲，比一般人又多了一點對服裝的講究，他說梅蘭芳的戲裝「不三不四」，看到「就生氣」——這個研究服飾史的人，總希望不要脫離或違背歷史的實際情形才好。

五、湘西：「許多都像變了又像不變」

十二月十二日，沈從文和查阜西一起遊覽常德，感覺「一點不認識了，什麼全變了。」十三日，兩人離開長沙去吉首，車經桃源到沅陵，住了一晚。沈從文上次來沅陵，是抗戰爆發後南遷的途中，在大哥沈雲麓的「芸廬」住了近三個月（一九三八年一月中旬到四月中旬）；再早就是當小兵時代的記憶了。此次路過，看見城門洞邊賣湯圓的擔子，想起「民七時我常在這門洞中吃湯圓」；「當時看雞打架小孩打架及麻陽大腳婆娘坐在門邊衲鞋底的麻陽街，還是和過去差不

3 魯迅：《論照相之類》，《魯迅全集》，北京：人民文學出版社，一九八一年，第一卷，頁一八七。

多。「時在深冬，沅陵光景依然入眼，」河岸邊有許多船，河灘上還有大船橫擱在被斧斤打削，和岸邊一列打鐵爐的紅光叮噹聲映照，異常動人。撐渡船的依舊是十六七歲女孩子，獨據船尾在寒風中搖槳，膽大心平，和環境如已融而為一。江水碧綠。」（20; 119, 120）

第二天去吉首，車到張八寨，停下來等船過渡。新渡口往上游一點有老渡口，用老式小渡船，拉渡船的是個梳雙辮女孩子，十四五歲，情形如同《邊城》。沈從文心裡驚歎，「一切陌生一切又那麼熟習。這實在和許多年前筆下涉及的一個地方太相像了」。「我為了溫習溫習四十年前生活經驗，和二十四五年前筆下的經驗」，就隨同幾個鄉下人一道上了小渡船。（12; 313, 315）這一短暫的經歷幾個月後寫成了散文《新湘行記——張八寨二十分鐘》，發表在一九五七年六月的《旅行家》雜誌上。

吉首是湘西苗族自治州州委所在地，來此地主要的事情是，查阜西邀請了幾個苗家歌手錄音。晚上在火盆邊工作，「一面唱一面吃本地麻餅雞蛋糕，唱各種情歌和神歌，極別致！可惜的是只能記音不能記背景或照出背景，但這些歌之有意義卻正在背景。」「在這裡燒的是大火盆。坐在火盆邊談天，情景極離奇，特別是容易使我溫習到幾十次不同火盆邊事情。」（20; 123）後來，沈從文寫了一篇《湘西苗族的藝術》，記敘了在吉首的「三個離奇而且值得永遠記憶的晚上」——「歌聲中總永遠夾著笑聲，微笑時卻如同在輕輕唱歌」：

> 大家圍坐在兩個炭火熊熊的火盆邊，把各種好聽的歌輪流唱下去，一面解釋一面唱。……

解釋到某一句時，照例必一面搔頭一面笑著說：「這怎麼辦！簡直沒有辦法譯，意思全是雙關的，又巧又妙，本事再好也譯不出！」小學校長試譯了一下，也說有些實在譯不出。「正如同小時候看到天上雨後出虹，多好看，可說不出！古時候考狀元也一定比這個還方便！」說得大家笑個不止。

雖然很多歌中的神韻味道都難譯，我們從反覆解釋出的和那些又溫柔、又激情、又愉快的歌聲中，享受的已夠多了。那個年紀已過七十的歌師傅，用一種低沉的，略帶一點鼻音的腔調，充滿了一種不可言說的深厚感情，唱著苗族舉行刺牛典禮時迎神送神的歌詞，隨即由那個十七歲的女孩子接著用一種清朗朗的調子和歌時，真是一種稀有少見傑作。即或我們一句原詞聽不懂，又缺少機會眼見那個祀事莊嚴熱鬧場面，彼此生命間卻彷彿為一種共通的莊嚴中微帶抑鬱的情感流注浸潤。讓我想像到似乎就正是二千多年前偉大詩人屈原到湘西來所聽到的那個歌聲。照歷史記載，屈原著名的九歌，原本就是從那種古代酬神歌曲衍化出來的。本來的神曲，卻依舊還保留在這地區老歌師和年輕女歌手的口頭傳述中，各有千秋。（31：330–331）

十八日，自治州州委派一位年輕的文化幹部陪同沈從文回鳳凰老家。大嫂背了個竹籠子來車站接；晚飯後正值放電影《天仙配》，沈從文也很有興致地去城隍廟改造的放映場看，散場後和本城人同道在小街上走，恍如三四十年前看戲回家情形。

在鳳凰，給祖父母、父母和親故掛墳，看望兩三個老熟人，和大哥談天。大哥是當地公認的「老文化人」，「文物保衛工作者」。弟弟沈荃入土已經五年，弟弟的女兒朝慧已經長得和自己的兒子虎雛一樣高。始建於清嘉慶時的庵院石蓮閣，就在這一年被拆除，但本地人不忍打毀觀音，就抬到合作社牛欄中放起來，幾個教員陪沈從文去看了看。

置身記憶裡無比熟悉的故鄉，倒反而覺得有些生疏。「地方給人印象『奇怪』，因為許多都像變了又像不變，許多小孩子騎著『高蹺』在路上碰撞，正是我過去最歡喜玩的。酸蘿蔔小攤子還到處是。許多老太婆還是那麼縮頸斂手的坐在小攤子邊，十分親切的和人談天，窮雖窮，生命卻十分自足。許多幹部是外來的，卻在生根。當地廣播電可到鄉村，每天廣播歌曲時事並傳達命令、通知。」當地人織的土布，好看之至，但「本地人不穿，幹部不穿，苗人也不大愛穿」，「真是貨到地頭死。」「人材也可能有相似情形」——「沒有出路，慢慢的自然也就耗盡了。」（20; 126, 127）

沈從文當作「寶貝」收集了一些苗族和土家族編織物，本地人說他是「收荒貨的」；他想不通，為什麼這麼精美動人的東西不受待見，充斥市場的反而是「醜不可言」的上海輕工業用品。「也奇怪，怎麼會這樣醜？」（20; 133）

二十二日，沈從文離開鳳凰返回吉首，幾天後再回到長沙，二十八日離開長沙，三十日回到北京，結束了一個多月的湖南之行。

六、上海：黃浦江裡的艒艒船

轉年三月，沈從文出席了政協第二屆全國委員會第三次會議，就加強博物館的文物研究和少數民族文化工作發言，題為《歷史文化和民族文化工作的四點建議》（31; 322–325）。隨後，又參加了全國政協安排的視察活動，四月十二日南行，先後到南京、蘇州、上海、杭州，歷時近一個月。同行的約二十人，各自領域不同，沈從文主要是考察絲綢生產，訪問博物館，了解高校對文物的應用等問題。看到的情況總讓他憂心、著急，也因此而對自己的工作加深認識。他在給妻子的一封信中，甚至對比了物質文化史研究和文學創作：「小媽媽，工作看來簡直是什麼都還待重新走第一步。是一種嶄新的工作。走在前面的人卻那麼少。這比寫點散文短篇故事，實在難得多，作用也大得多，要人肯擔當下去。我知識也極有限，可是卻明白這麼作對整個文史研究工作是一種革新。」（20; 176）

此行在上海住了十多天，和巴金見過好幾回，王道乾還帶著女兒來巴金家和他會面。他很有興致地給自己的兩個孩子描述他們的同輩人：「巴老弟」（李曉棠）「用吃糖後的小紙團打王道乾小女孩」，五六歲大的小女孩「簡直受不住那種進攻，又不好哭，只藏在她爸爸身後去，眼睛濕瑩瑩的，直到拿得桌上一顆糖才穩定情緒。」男孩的姐姐「巴小姐」（李小林），「聲音也和她媽媽一樣，說話時比一般人高半音。」（20; 165–166）

社會上的現實可不像家庭日常生活中的情形那麼好玩。這個時候，「大鳴大放」開始了。本月，中共中央發佈《關於整風運動的指示》，決定在全黨開展普遍、深入的反對官僚主義、宗派主義、主觀主義的整風運動；五月，統戰部邀請各民主黨派負責人和無黨派人士舉行座談會，徵求對黨的工作意見，以便推進黨的整風運動。沈從文在上海，也不能不關注這場運動。

四月三十日，他寫信告訴妻子：「這裡報上正在『鳴』。前天是小說家（巴金等），昨天是戲劇界（曹禺、熊佛西、李健吾、師陀），一片埋怨聲。」他的反應是，有點不以為然——「鳴總不免有些亂。」他的不以為然不是基於對政治、體制、形勢的判斷，而是出於那種認為作家任何時候都應以自身作品說話的意識：「上海報紙上載作家鳴得相當熱鬧，真的熱鬧必然還在後面些，時候還未到。但是什麼時候就到來？模模糊糊。真的鳴應當是各種有分量作品，訴之於萬千無成見，少偏見，且不為空氣控制影響的讀者。但是目下這種有資格說話的讀者，卻無多機會說話。這個讀者群應當包括教授（教這一行的）、編輯、作者和各種幹部、學生、市民讀者。這個讀者群的意見，比目下少數人批評就公道正確得多！」「這裡出書極多，到一個書店去，滿架子是新書，問作家有什麼特別引人的作品？沒有。」（20; 168, 169）

正是這樣一種根深蒂固的做好自己的事情的意識，使得沈從文不為各種各樣的「熱鬧」所蒙心蔽眼，而能特別注意到「大熱鬧」之外為人忽略的「沉靜」。不說政治形勢，就說上海這座城市的生活，市聲鼎沸，吵吵嚷嚷，沈從文從他所住的上海大廈十樓望出去，一派繁密景象，他隨手畫了一幅速寫，圖畫中卻有了「熱鬧」和「沉靜」的對比。他給這幅速寫寫了一段話：

帶霧的陽光照著一切，從窗口望出去，四月廿二日大清早上，還有萬千種聲音在嚷、在叫、在招呼。船在動、水在流，人坐在電車上計算自己事情，一切都在動，流動著船隻的水，實在十分沉靜。（20; 157）

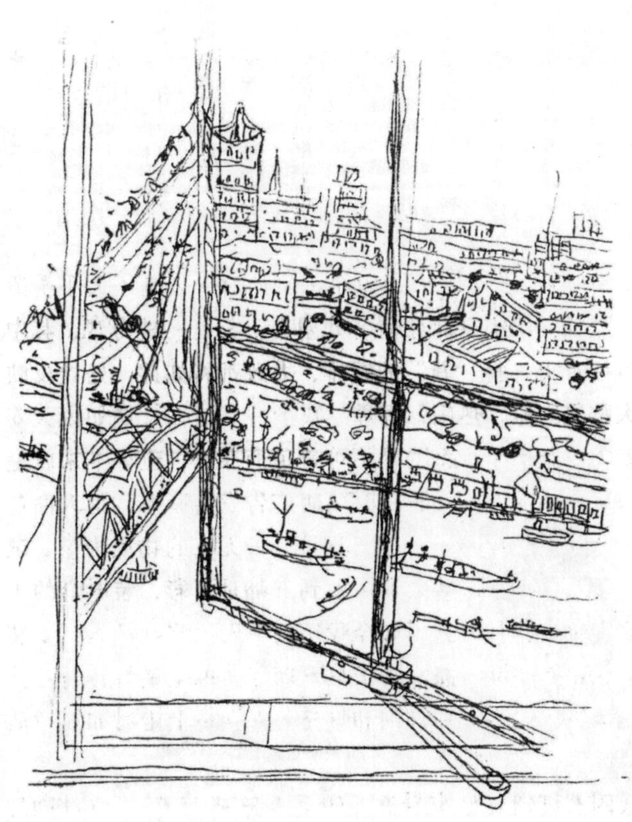

這幅速寫是沈從文到上海的第二天早晨畫的。到五月一日這天，他又畫了三幅速寫，也是從視窗望出去所見的情景。一九五七年的五一國際勞動節，上海外灘的外白渡橋和黃浦江——我們應該注意到這個時間和地點所提示的時代氣氛和性質。每幅畫都有文字描述。

第一幅，「五一節五點半外白渡橋所見」：

> 江潮在下落，慢慢的。橋上走著紅旗隊伍。艒艒船還在睡著，和小嬰孩睡在搖籃中，聽著母親唱搖籃曲一樣，聲音越高越安靜，因為知道媽媽在身邊。

第二幅，「六點鐘所見」：

艒艒船還在作夢，在大海中飄動。原來是紅旗的海，歌聲的海，鑼鼓的海。（總而言之不醒。）

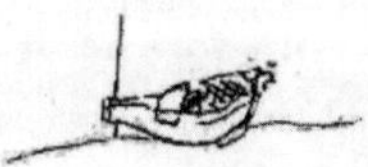

第三幅：

聲音太熱鬧，船上人居然醒了。一個人拿著個網兜撈魚蝦。網兜不過如草帽大小，除了蝦子誰也不會入網。奇怪的是他依舊撈著。

時代的宏大潮流彙集和裹挾著人群轟轟隆隆而過——外白渡橋上正通過由紅旗、歌聲和鑼鼓混合成的遊行隊伍——這樣的時刻，沈從文的眼睛依然能夠偏離開去，發現一個小小的游離自在的生命存在，並且心靈裡充滿溫熱的興味和感情，這不能不說是一個奇蹟。

如果不嫌牽強的話，我們可以把沈從文「靜觀」的過程和發現的情景，當作他個人的生命存在和他所置身的時代之間的關係的一個隱喻。說得更直白一點，不妨就把沈從文看作那個小小的艒艒船裡的人，「總而言之不醒」，醒來後也並不加入到「一個群」的「動」中去，只是自顧自地撈那小小的蝦子。沈從文的「小蝦子」，不用說，就是他投注了生命熱情的歷史文物研究。

已經是半夜了，沈從文還不能自已地向妻子抒發他投射到艒艒船上的情懷：「這裡夜一深，過了十二點，江面聲音和地上車輛作成的嘈雜市聲，也隨同安靜下來了。這時節卻可以聽到艒艒船搖櫓蕩槳咿呀聲。一切都睡了，這位老兄卻在活動。很有意思。可不知搖櫓的和過渡的心中正想些什麼事情。是不是也和我那麼盡作種種空想？它們的存在和大船的彼此相需的關係，代它想來也有意思。……這些艒艒船是何人創造的？雖那麼小，那麼跳動——平時沒有行走，只要有小小波浪也動盪不止，可是即到大浪中也不會翻沉。因為照式樣看來，是絕不至於翻沉的！」（20; 177–178, 176–177）

第七章
「老去」的文學，「不算是學問」的學問

一、「我和我的讀者，都共同將近老去了」

一九五六年提出並逐步實施的「百花齊放，百家爭鳴」方針所形成的「早春天氣」，一直延續到一九五七年的頭幾個月。二月二十七日，毛澤東在最高國務會議上作《如何處理人民內部的矛盾》的講話，以溫和的口吻宣告大規模的階級鬥爭已經結束，肯定了王蒙等人干預生活的作品。[1] 沈從文列席了這次會議，並做了詳細筆記。

在文藝政策「調整」的形勢下，動員老作家重新拿起筆來寫作，成了文藝工作的一個特別重要方面。譬如，一九五七年七月大型雜誌《收穫》創刊，《發刊詞》十分突出地強調：「《收穫》應該團結更多的作家，尤其是老作家們。他們在文學的大道上辛勤地工作了幾十年，」接著列舉了老作家的種種「優勢」，然後說到現在，「他們有多少心底湧出的話語要說呵，他們有

1 毛澤東的講話在一九五七年六月十九日《人民日報》正式發表時有重大改動，標題也改為《關於正確處理人民內部矛盾的問題》。

多少歡樂的感情要寫在紙上呵！老作家們的個人的收穫，將成為《收穫》的最豐盛的果實和糧食。」創刊號發表了老舍的《茶館》、艾蕪的《百煉成鋼》、柯靈的《不夜城》以及冰心的詩、沙汀的短篇、巴金談《家》的文章、嚴文井的童話，等等。[2]

《收穫》的創刊及其編輯方針，是反映時代氛圍的一個例子。在這樣的氛圍下，我們就不難理解會發生這樣的事：周揚對《人民文學》主編嚴文井說：「你們要去看看沈從文，沈從文如出來，會驚動海內外。這是你們組稿的一個勝利！」[3]不久，七、八月號的《人民文學》就發表了沈從文的散文《跑龍套》和《一點回憶、一點感想》。

中國作協要沈從文提交創作計畫，三月他起草了一份，但就是在寫這份計畫時，他的心思也不全在文學寫作，反倒更偏重文物研究。他說「大致有兩個中篇的初步準備」，一以安徽為背景，一以四川內江糖房生產為背景；「又還想試再寫些短篇遊記特寫」。接著筆鋒一轉，「如照目下生活方式，大部分腦子中轉的，只是一堆待進行未能好好進行的研究工作，和愈來愈多的一些罎罎罐罐，綢子緞子，花花朵朵問題，及將來如何轉用到新的生產上問題。用頭腦方法不是寫小說的，即拿起筆來，也難望寫得出什麼像樣東西。」最後，他談的還是文物研究，對工作條件之差難掩其火：「我在歷博辦公處連一個固定桌位也沒有了，書也沒法使用，應當在手邊的資料通不能在手邊，不讓有用生命和重要材料好好結合起來，這方面浪費才真大！卻沒有一個人明白這是浪費，正如沒有人明白這部門工作落後，對於其他部門工作影響一樣，好急人！談到這裡我腦子不免有些亂起來了，因為正像一輛破車子在爛泥中掙扎前行，許多工作好難推進！如善於使用人力物力，這邊研究工作會作得更具體些，抽出部分時間來寫作也就方便得多；這輛車子也許還可走好遠的路，如總這麼下去，恐怕什麼都作不好，定的任何好計畫也必然落空！」（27; 509, 510–511）[4]

八月，各方協調後安排沈從文去青島休養和寫作。一九三一年到一九三三年，沈從文在青島大學（一九三二年改名山東大學）教書，這座海邊城市給他留下了深切的記憶和感情，那兩年也是他的生活擺脫早年的困窘，寫作日趨成熟，生命轉為愉快和從容的時期。二十多年後再來這裡，沒有工作任務，他一下子體會到了久違的自由感：「似乎生命全部屬於自己所有，再也不必為上班或別的什麼老像欠債一般，還來還去總不會完，——這裡卻真作到了自己充分支配自己」。他早晨五點即起床寫作，「簡直下筆如有神，頭腦似乎又恢復了寫《月下小景》時代，情形和近幾年全不相同了。」（20; 185）休養不足一個月，他就寫出了三四篇文章，其中有一篇後來未發表的長文《邊遠地區少數民族文化與中原文化之關係》。

不過，他剛去沒幾天就完成的一個短篇，卻被張兆和潑了冷水：「拜讀了你的小說。這文章我的意思暫時不拿出去。雖然說，文藝作品不一定每文必寫重大題材，但專以反對撲克為主題寫

2 《收穫》創刊號《發刊詞》，文末有寫作時間：一九五七年六月二十四日。創刊號七月二十四日出版。該雜誌由巴金、靳以主編，出版者為人民文學出版社。

3 涂光群：《沈從文寫〈跑龍套〉》，《中國三代作家紀實》，北京：中國文聯出版公司，一九九五年，頁二七三。

4 沈從文這份創作計畫原稿存中國作家協會檔案。

小說，實未免小題大做；何況撲克是不是危害性大到非反不可，尚待研究。即或不是在明辨大是大非運動中，發表這個作品，我覺得也還是要考慮考慮。」[5]

「明辨大是大非運動」——全國範圍內的「反右」，到八月已經如火如荼。春天開始的「大鳴大放」還在興頭上，正風風火火地進行，形勢卻出乎意料地直轉急下。五月十五日，毛澤東撰文《事情正在起變化》；六月八日，中共中央發出毛澤東起草的《組織力量反擊右派分子的倡狂進攻》的黨內指示，《人民日報》發表社論《這是為什麼？》，就此正式拉開了大規模「反右」運動的序幕。

沈從文因為在「早春天氣」裡拒絕了有關「鳴放」的約稿和採訪，倖免此劫，但許多熟人和朋友就沒有這麼幸運了。從報紙上，從張兆和的信裡，他不斷得知誰又被揪出來了的資訊：彭子岡被點了，陳夢家見了報，程應鏐已逐漸交待，丁（玲）陳（企霞）問題有詳細報導，批評蕭乾右派言論的大會開了……在這樣的氛圍中，凡事謹慎就成了自然的反應，即便海邊的清靜讓沈從文明顯地感覺到體力和腦力的恢復，他又能寫什麼、又能怎麼寫呢？內心裡，他恐怕不得不承認張兆和的批評有道理，他試寫的作品其實是失敗的。他跟大哥信裡說：「可惜的還是寫短篇的能力，一失去，想找回來，不容易……人難成而易毀……」說起這點他當然會有傷感，特別是想到早年的抱負的時候：「三十年前用筆時，只想把紀錄突過契訶夫。」好在他另有安心的事業：「現在又變成了半瓶醋的文物專家。而且有欲罷不能情形。聊以解嘲，也可用古人說『失之東隅，收之桑榆』自慰。若又因此出毛病，那就真是天知道是怎麼辦才好了。」（20; 197）

沈從文寫信囑咐妻子把僅有的幾百元存款捐給鳳凰辦中學，「將來如有錢，還是得學你爸爸……許多對人民有益的事，要從看不見處去作，才真是盡心……」（20; 207）張兆和的父親張冀牖二十年代獨資興辦了蘇州樂益女中，沈從文可是把自己裝牙齒的錢也捐了。離開青島前幾天，沈從文去蕭滌非家裡吃了頓晚飯，兩人是青島大學和西南聯大的同事；又一起去看望了趙太侔，青島大學時期的舊識。

回到北京後，沈從文馬上投入到故宮保和殿九月舉辦的「中國古代織繡展覽」的工作中。十月，北京十三陵的定陵地下玄宮大門打開，沈從文應邀前往發掘現場，考察剛剛清理出來的服飾、絲織物等。

一九五七年沈從文發表的與歷史文物、民族藝術相關的文章不少，有《故宮的建築》（《人民畫報》第一期）、《從一本書談談民族藝術》（《旅行家》第五期）、《人民時代人民藝術的成就——慶賀全國工藝美術藝人代表大會》（《光明日報》七月二十七日）、《古代鏡子的藝術特徵》（《文物參考資料》第八期）、《湘西苗族的藝術》（《民族團結》試刊號）、《埋藏了兩千三百年》（《人民畫報》第十二期）等，當然他寫的不止這些，還有幾篇未能發表的手稿。尤其讓他欣慰的是，十二月，中國古典藝術出版社出版了《中國絲綢圖案》，署名沈從文、王家樹編。這是他文物研究的第一本專書，在自存樣書扉頁上，他題寫了幾句話：「此書重要處，即

5 張兆和：《致沈從文（19570811）》，《沈從文全集》第二十卷，頁一八三。

大部分均係唯一圖樣，且多據殘本復原，家樹同志貢獻特別多。」[6]

這一年他還有另一本書出版，引發的感受則複雜得多。還是在「早春天氣」裡，人民文學出版社準備出版沈從文的小說選，一九五七年一月他就著手搜集自己的舊作進行編選，但同時心裡很清楚，「這個選集即或印出來，大致也不會有多少讀者，只不過是供一小部分教書的作參考材料，同時讓國外各方面明白中國並不忽視『五四作家』，還有機會把作品重印而已。」清醒到這樣的程度，自然就不會歡欣鼓舞；而想到當年寫作時曾經懷有的巨大野心——「拿作品到世界上去和世界第一流短篇作家或文學史上第一等短篇作品競賽成就」——便不能不倍增傷感：「過去看契訶夫小說時，好像一部分是自己寫的。……現在來看看自己過去的寫作，倒像是看別人的作品，或另一世紀的作品，也可說是『古典』的作品了。不僅不像是自己寫的，也不像是自己能夠寫成的。……近來北京正在上演巴金、曹禺、老舍等人的戲，很熱鬧，因為這些人的名字都為讀者極熟習。我完全如一個在戲院外的觀眾，只遙遙的聽著戲院中的歡笑喝彩聲音，覺得也滿有意思。這一切都像和我已隔得遠遠的，正如同大學校和我隔得遠遠的一樣。」（20; 138-140）

十月，《沈從文小說選集》印出來了，收舊作二十二篇，約三十萬字。這是他一九四九年後第一次出版舊作，他告訴大哥這個消息，不但沒有顯出多麼高興，還吐了口在心裡壓抑了很久的不平之氣：「解放後，有些人寫近代文學史，我的大堆作品他看也不看，就用三五百字貶得我一文不值，聽說還譯成俄文，現在這個人已死了，這本文學史卻在市面流行，中學教員既無從讀我的書，談五四以來成就，多根據那些論斷，因此我這本小書的出版，是否能賣多少，也只有天知道！這也真就是奇怪的事，一個人不斷努力三十年工作，卻會讓人用三五百字罵倒，而且許多人也就相信以為真。令人感到毀譽的可怕，好像凡事無是非可言。看到那些不公的批評，除灰心以外還感到一種悲憫心情，想要向他們說：『你們是在作什麼聰明事？你那種誹謗，對國家上算？你不覺得你那個批評近於說謊？』」（20; 220–221）[7]

這樣的激憤，自然不會寫進書的《題記》，他在《題記》裡只是說，「我和我的讀者，都共同將近老去了……」這句話夾在長長的文字中間，像沒人會在意的一聲低微的嘆息。[8]

---

6 《沈從文全集》關於《中國絲綢圖案》的編者說明，第三十卷，頁二。

7 沈從文這裡所說的文學史，應該是指丁易的《中國現代文學史略》，作家出版社一九五五年初版，此後多次印行。丁易於一九五四年去莫斯科大學講學，數月後病逝於莫斯科。此書是由在國內外講課的講義稿修改而成。有意思的是，這本書的英譯本 *A Short History of Modern Chinese Literature*，最新出版時間為二〇一〇年八月，北京：外文出版社。

8 我們無從考察這本書的讀者情況，但這樣的一條信息，有點意思，不妨記在這裡：這本書有個比沈從文還「老」的讀者，即一貫欣賞他作品的周作人，他在一九五七年十二月十八日給日本的中國文學研究者松枝茂夫的信中說：「近又見《沈從文小說選》，頗有廢名之作風，而無其晦澀之缺點，故亦寄閱。又廢名等人近亦有小說選之出版，日內亦擬寄奉。」《周作人致松枝茂夫手札》，小川利康、止庵編，桂林：廣西師範大學出版社，二〇一三年，二五六頁。早在一九三八年，東京改造社就出版了松枝茂夫翻譯的沈從文小說集《邊城》，收九篇作品；一九五四年東京河出書房出版《現代中國文學全集 第八卷 沈從文篇》，譯者是松枝茂夫、岡本隆三、立間祥介，收小說、散文十一篇。

二、長子被劃成「右派」，「心中十分難過」

「反右」沈從文沒有惹上禍，他大兒子沈龍朱卻意外地惹禍了。沈龍朱在北京工業學院讀到了四年級，已經入了黨，擔任班團支部書記，「反右」剛開始時還是領導小組成員，但到暑假運動迅速發展到黨內「反右」的時候，他就成了被批判的對象，一九五八年初正式定為「右派」，開除黨籍、團籍、學籍，沒能正式畢業，轉到校辦機械廠，成了第三車間鉗工班的學徒工。這一年他才二十四歲，等到一九七九年徹底摘掉「右派」帽子，已經四十五歲了。

沈龍朱早就認為自己做到了在思想上和父親劃清界限，即使被打成「右派」，還覺得「我是黨內反右的，不是外頭反右，不能隨便和你們說。」他長時間待在西郊的學校不回家，實在熬不住了，才用寫信的方式把自己的事逐漸透露給父母。有一個星期六，沈從文為苦悶卻又不肯跟父母交流的兒子安排了一個特殊的會面，他邀請了劉祖春到家裡來。劉祖春是鳳凰人，一九三四年受沈從文大哥和三弟資助到北京，在北京大學讀書期間是沈從文家裡的常客，受沈從文幫助和影響寫過一些湘西題材的小說；抗戰爆發後到山西、延安投身革命；一九四九年任中南局宣傳部常務副部長；中南局取消後調任北京市委工作。「父親把劉祖春邀了來，把我弄回家。給我們創造一個機會，讓我跟他吐出來，你懂嗎？我覺得這是個黨的幹部，應該是能夠傾心說話的，而且劉祖春又是那麼多年前就跟我父親有交往。於是，我就真是把什麼東西都抖出來了，一下子很多東西都放開了。」「我覺得父親為了我，精心策劃了這一招。那對我幫助真是非常大。」[9]表面上，沈從文對兒子卻什麼都沒有說。「父親照顧著我剩下的那一點自尊，不過問任何與反右運動有關的問題。」[10]

在《「反右運動」後的思想檢查》裡，沈從文寫道：「許多熟人都成了右派，我思想中不免有種錯覺，只擔心以為我也屬於右派。又家中大孩子，本來人極老實，入團多年，且已入黨，在學校忽被劃成右派，心中十分難過。」碰上大小運動，要求寫思想檢查，這已經成了慣例，沈從文寫過不少這一類的東西，總是備受折磨痛苦。這一次，他以這樣的話結束檢查：「讓我工作，頭腦還擔負得下。寫思想檢查，實在擔負沉重，不知如何是好。」（27; 159, 161）

但檢查還是會寫下去。一九五八年「紅與專」學習期間，他又得寫自我批評，還得從自己的歷史談到現實，談到運動中的表現：「九年來，在各種運動中，我雖參加，多似乎被『推』著前進，而缺少自覺的『力爭上游』。……愈來愈怕事，無能。」「不但沒有做一個新國家主人翁」的態度，反而「表現出一種精神分裂退化的現象。未老先衰，而微帶白癡的呆相，常反映到許多方面。」「本身已是一種『古董』，人在歷史博物館中工作，求在工作中不見出『厚古薄今』的傾向，那能辦得到！那能避免！」（27; 166, 167, 168）

9　沈龍朱口述，見劉紅慶：《沈從文家事》，北京：新星出版社，二〇一二年，三〇〇頁，頁三〇一、三〇二。

10　沈龍朱：《我所理解的沈從文——話說「思」與「信」》，《文藝報》「經典作家專刊」，二〇一二年五月十六日。

運動一個接著一個。一九五八年最大的運動，是建設社會主義的總路線提出之後，全國掀起的「大躍進」。「大躍進」會和沈從文有什麼關係嗎？

六月，沈從文參加文聯組織的第三次去十三陵水庫工地訪問，隨後被安排到市郊八大處長安寺，寫出紀實散文《管木料場的幾個青年》，編入作家出版社《建設十三陵水庫的人們》第二集，七月出版。這其實是接受「躍進」形勢教育，用筆來歌頌新人新事。這樣的文章，寫得怎麼樣，沈從文豈能沒有自知？他跟妻子說：這種寫作方法，「得先考慮寫的是否真，再考慮讀者，自己興趣、文字，放在第四五以後，寫出來不可免會見得板板的，或者簡直就寫不下去。……讀者和編者要求支配作者向淺處寫，一時還不能習慣。」（20; 243-244）

如果說這是「躍進」形勢下的勉為其難，那麼另一件事就得感謝「躍進」的大勢了。在這種形勢下，博物館有了一個破例的舉措：為生產、為社會做針對性專題巡展。這一舉措很可能與沈從文的促成有關，他做雜文物研究的目標之一，就是能夠為生產、為社會服務。八月下旬，沈從文帶著一批故宮和歷史博物館收藏的明清絲綢、刺繡，到杭州、蘇州、南京做巡迴展覽，目的是貼近絲綢、織繡生產基地，為生產第一線提供古為今用的參考資料，以促進產品花色紋樣的改進和提高。巡展歷時三個月，沈從文滿腔熱情地做了三個月巡迴說明員。回到北京後，又立即投入到故宮準備在武漢舉辦的文物展覽做陳列設計、撰寫說明的工作中。這算是沈從文個人的「大躍進」，與整個社會轟轟烈烈的運動反差何其巨大。

這一年沈從文在中央工藝美院主辦、九月份創刊的《裝飾》雜誌上發表了兩篇論文，《龍鳳圖案的應用和發展》（創刊號）、《魚的藝術和它在人民生活中的應用與發展》（第二期），並擔任該雜誌的編委。還有一篇《談染纈》發表在《文物參考資料》第九期。中國古典藝術出版社十一月出版了他又一本文物專著《唐宋銅鏡》。

沈從文晚年曾經講起過一九五八年發生的一件事：「為慶祝『反右』鬥爭勝利，周揚在西長安街郵局對面一個飯館裡，設宴招待文藝界人士，有三十多人參加，我也去了。席間，周揚當場宣布：『老舍工作很忙，準備讓他多作一點全國文聯的工作。北京文聯主席，想請沈從文擔任。』我一聽急了，立即站起來說：『這不行。我還是作我的文物工作，我是個上不得台盤的人……』」[11]

三、「不算是學問」的學問，「生命力還充沛的一種象徵」

「上不得台盤」，不合時宜，不懂政治而且對政治真沒有興趣，沈從文當然有這種自知自明。不過，有時候犯起「天真」來，也會讓人驚訝。一九五九年一月三日，蘇聯成功發射「一月球一號」探測器，《人民日報》第二天發布特大新聞稱「開創星際飛行偉大新紀元」。沈從文給大哥寫信說：「全北京都為蘇聯衛星上天興奮。（我覺得真是只有請求入黨，來紀念這件大事，才

11 凌宇：《風雨十載忘年遊》，《沈從文印象》，孫冰編，頁一二八。

足以表示對社會主義陣營理想全面的擁護和成功深深信心！）」（20; 280）如何來理解他「入黨」的念頭呢？黃永玉描述的情形既真切有趣，也分明地顯示出，實在不必從政治上來過於複雜地理解這個「貌似」政治的想法：

有時他也流露出孩子般天真的激動。五十年代蘇聯第一顆衛星上天，當日的報紙令大家十分高興。

我恰好在他家吃飯，一桌三人：我、表叔和一位老幹部同鄉大叔。

這位大叔心如烈火而貌如止水；話不多，且無甚表情。他是多年來極少數的表叔知己之一。我十分欣賞他的靜默的風度。

「啊呀！真了不起呀！那麼大的一個東西搞上了天……嗯、嗯，說老實話，為這喜事，我都想入個黨做個紀念。」

「黨」是可以一「個」一「個」的「入」的；且還是心裡高興的一種「紀念品」！

我睜大眼睛，我笑不出來，雖然我想大笑一場。

大叔呢，不動聲色依然吃他的飯，小心地慢吞吞地說：「……入黨，不是這樣入法，是認真嚴肅的事。以後別這樣說了吧！……」

「不！不！……我不是真的要入黨……我只是……」從文表叔囁嚅起來。

大叔也喑著喉嚨說：「是呀！我知道，我知道……」他的話溫暖極了，深怕傷了老朋友的心。[12]

一九五九年，為向共和國十周年大慶獻禮，北京十大建築相繼落成，歷史博物館新館是其中之一。歷史博物館初建於一九一二年，館址設在國子監，一九一八年遷到午門及午門與端門間的東西朝房，一九二六年正式對外開放。一九四九年國立歷史博物館更名為北京歷史博物館。一九五九年建成的新館坐落在天安門廣場東側，更名為中國歷史博物館。春末，沈從文寫了一篇《歷史博物館十年》，以館方的口吻概括工作，大概是館裡讓他寫的，手稿原件現存歷史博物館檔案室；他自己在這裡也正好用去了十年歲月：「十年來作職員，一天上下班四次，得來回換車八次，每天大約即有二小時在車中擠去，總是頭昏昏的，黃昏過馬路時，還得擔心被車撞倒，除了我自己知道這麼方式使用有限生命，真是對國家一種不大經濟的浪費，此外絕對沒有人會想得到。」但是，「我居然還存在，真應了詩人所說『此身雖在堪驚』！」至於工作，「忙的全是別人事情，學的又似乎永遠不算是學問。」（20; 286, 285）

不過，這種「不算是學問」的學問，其核心和脈絡愈來愈清晰起來。經過十年的摸索，從與種類雜亂、數量巨大的文物的廣泛接觸中，沈從文自己研究的重點慢慢凸顯出來了，對自己的研究方法也愈發明確地意識到其特殊的意義。他給大哥寫信，是不必掩飾自己的想法的：「以全國

12 黃永玉：《這一些憂鬱的碎屑》，《沈從文印象》，孫冰編，頁二二一。

言，搞綜合文物研究工作的，簡直是屈指可數。『軍中無大將，廖化作先鋒。』正和三十年前寫短篇小說差不多，我於是又成了『打前站』的什長一類角色，照舊戲說則是『開路先鋒』。例如綢緞研究，千百年來沒有人注過意，完全近於空白點，即談到些，也似是而非，一枝一葉的，不著邊際。這幾年來機會好，條件好，摸了幾萬種實物，又有個綜合文物基礎，問題差不多就明白了。工藝美術裝飾圖案，過去也無人敢下手，也無從下手，這幾年綜合一搞，線索也有了，且因此發現了許多問題，為工藝花紋發展史打下個好基礎。又從文物制度衣冠服飾上來研究人物繪畫的時代，也是個新問題，再深入一步，將為這部門鑒定工作建立些新觀念。總之，還是得力於文物和文獻的結合和綜合研究方法。新的藝術史研究工作，此後將成一門科學，是一定的。」有十年工作打底，他對研究自有信心；即便想到個人精力是否匹配的問題，他還是很驕傲地說：「一個人能夠在許多新的工作中，擔當披荊斬棘開荒辟土的任務，也極有意義，能這麼作，精力旺盛是條件之一，至少也可證明是生命力還充沛的一種象徵！有時不是真正的精力強健，倒是一種學習勇氣！」（20; 301–302）

歷史博物館七月下旬開始搬遷，九月底完成新的陳列布置，沈從文參與了近於戰鬥的繁雜工作；再加上搬遷前幾個月就為設計陳列、提供參考資料而忙亂，國慶日之後又有二十多天陪同外賓分批參觀，這一年的大部分精力就用在這上面了。同時另有一件事是參加中國科學院組織的歷史圖譜編輯工作。

故宮博物院織繡館國慶對外開放了，實現了沈從文的一個心願。這個館的陳列設計是沈從文

一九五九年十月十七日在中國歷史博物館新陳列室作說明員。
內山嘉吉 攝

做的，一萬一千多字的《織繡陳列設計》縝密而系統，得到批准後他又參與了布展。織繡館從籌建到終於開放，沈從文付出了大量精力，可謂有篳路藍縷之功。吳仲超在一九五四年任故宮博物院院長不久，就聘沈從文參與故宮的有關工作；故宮檔案記載，一九五七年擬定沈從文為織繡組研究負責人。他雖然沒有正式調入故宮，但作為故宮兼職研究員，實實在在地常常來故宮上班，神武門內東側大名堂原織繡組辦公室有他的辦公桌。織繡館的建設和織繡人才的培養是他為故宮貢獻突出的方面。[13]當時織繡組的陳娟娟剛從中學畢業，對織繡文物既不懂也沒有興趣，是沈從文的培養使她愛上了這個專業，並在沈從文的長期引領下走向深入的研究，成長為中國織繡和文物鑒定的重要專家。

忙亂的一年裡還發表了不少文物文章：《關於文物『古為今用』問題》（四月全國政協會議上的書面發言）、《裝飾》雜誌第三、四、五、六期上的《談挑花》、《介紹幾片清代花錦》、《談皮球花》、《蜀中錦》，《文物》第二、六期上的《金花紙》、《談談〈文姬歸漢圖〉》，《光明日報》十一月八日的《談瓷器藝術》。

老朋友靳以去世，他寫了《悼靳以》，發表在《人民文學》第十二期；另一位老朋友、也是他隔了幾層的上司鄭振鐸出訪飛機失事遇難，他寫了《懷念鄭西諦》，但未發表。

年底他還寫完了一篇回憶錄《我怎麼就寫起小說來》，或者是應什麼刊物的約請而寫，但又不知道什麼原因刊物沒有用。

十一月中旬，沈從文把弟弟沈荃的女兒沈朝慧從老家接來北京，作為女兒撫養。

13 關於沈從文與故宮的關係以及他在故宮所做的多種工作，詳見鄭欣淼：《沈從文與故宮博物院》，《新文學史料》二〇〇六年第一期。

第八章
「好辛苦的戰鬥」和「抽象的抒情」

一、長篇寫作計畫的實施，老和病

一九六〇年一開始，沈從文就有了一個明確的計畫，請一年創作假，完成以張鼎和一家為原型的長篇小說。這個作品在心裡反反覆覆構想了許多年，現在他已經有了基本的輪廓，從最初想寫一個人，變成寫一家兩代人的故事。一月給大哥的信中說：「因為第一代背景是合肥大地主家庭，到第二代背景是昆明一親戚非常腐敗的家庭，和當時昆明社會，學生，這種種，我多相當熟習，四嫂記憶力又特別好，能仔細複述往事，條理分明，所以如果那麼寫下去，大致年終當可將廿五萬字初稿完成。」（20; 374）四月，又跟大哥談道：「今年讓我一年創作假，是寫小說，試就三姐堂兄鼎和一生發展，寫大地主家庭腐敗、分解和大革命後種種。他是先在南開，逃廣東，幾乎死去，到日本又被捕，回國轉安徽被捕保出，又到上海北京，又返安徽，終於犧牲。此後四嫂即帶其子女隨抗戰作難民到湘西住了幾年，再到貴陽、昆明。孩子們長大又參加昆明學運，復員後到上海參加學運，逃往解放區，現在各已作事，大女兒已在龍煙公司黨委會作辦公室主任……擬分三部分寫，各十萬字，在起始記材料。」他還說到寫法，「只能當小說寫不作傳記寫，並且只宜用我熟習體裁寫，難望如近年幾種長篇小說方法寫……現在人樂意要一點浪漫誇張敘述法，我就不會。我也不會如巴金那麼一寫百十萬言。我的文字有一定限制，用心處一般讀者已不大懂了……絕不會如老舍那樣成功，是可以預料的。」（20; 406, 407）

但是，三月上中旬，全國政協組織到武漢參觀大型工業企業和水利樞紐工程，沈從文與百十人同行，參觀了重型機床廠、輕型機床廠、鋼鐵廠、鍋爐廠、丹江口水電站等。回到北京沒幾天，政協會議召開，用去了十多天。六月，又列席了全國文教「群英會」。六月二十五日，沈從文終於有時間坐上了從北京到宣化的鐵路慢車，來到龍煙鋼鐵公司，採訪張鼎和的妻子吳昭毅（四嫂）和長女張小璋（原名張以瑛），邊談話邊記錄，前後十一天。七月下旬到八月中旬，第三次全國文代會舉行，沈從文出席了。一九四九年第一次文代會他不是代表，第二次一九五三年他是以工藝美術界代表的身分參加的；這一次，他的身分是作家，但他自己知道，只不過近於「掛名作家」而已，因為好多年沒有作品了。九月上旬，他再次去宣化採訪，歷時一周。然後他試著寫了一章，題為《死者長已矣，存者且偷生！》。十月上旬，吳昭毅來北京，住在沈從文家裡，繼續談張鼎和一家的事情。十月末，參加政協民族組參觀團，到包頭等地短期參觀鋼鐵工業基地。一年算下來，大概有三個月的時間消耗於各種活動和會議。但就是這樣，到年底，沈從文還是記下了近十萬字的材料。

給沈從文寫作帶來困擾的，不僅是活動和會議占去了時間，當然還有他心理上的顧忌：「近來寫作不比過去，批評來自各方面，要求不一致，又常有變動，怕錯誤似乎是共通心理，這也是好些作家都不再寫小說原因」。（20; 405）

最直接的困擾還不是這些，而是他的身體狀況。這一年中的大部分時間，他都是在高血壓（高壓二百上下）暈頭暈腦中度過的，有些日子降壓靈每天吃六粒，還吃一種安眠藥水，牙齒拔得只剩四顆，「坐到桌子邊三小時以上，頭即不免相當沉重，眼睛也矇矇矓矓，不免有英雄老去之感。」（20; 412）按照沈從文寫小說的方式，「照例又是全個故事老在腦子裡盤旋，一章、一節、一行、一句也反覆在迴旋，只有這麼整體在腦子中活動才會好。……我因為比較笨，照習慣總是『老師上刀梯』一般，全副精力來解決。年紀輕還好辦，到老來，就只有心無力，不易回復當年工作方式，不免望洋興嘆了。」（20; 408）

五十八歲，年齡不算太高，卻實實在在地感受著來自身體內部的衰老。可是，他畢竟不甘心，因為同樣真切的還有一份創造的欲望。他是這樣表達的，向最知心的大哥：「我目前正那麼估想，如能換個比較單一環境，有太陽可曬，有三幾種青菜可吃的地方去，從容不迫寫它一年，抄改個三五次，這作品用十二萬字到十五萬字，可能在完成後給讀者一點兒有分量的印象和知識的。可是向誰去商量找那麼一個地方？空想而已。我的空想似乎即近於是在否認衰老、反抗衰老一種努力。……因為生命中似乎還有一份力量、信心和不易克制的創造欲，以及多年來即已成為習慣的對事物的感觸體會力，生命即近於衰竭，這種種還是存在的。」（20; 482）

一九六一年一月五日，沈從文住進阜外醫院治療高血壓和心臟病，到二月十一日才出院。

二、服裝史計畫的開始

一九六〇年還有一項明確的工作，與寫長篇穿插進行，那就是中國服裝史的編著。這兩個重點突出地顯示出來。

前一年七月，沈從文給大哥信裡提到，「我還希望有機會趁體力來得及時，把服裝史工作打個基礎，好供全國使用。明年可能調二三助手來試試，進行一年，即可見出效果。」（20；331）這是他較早談及服裝史計畫的文字。一九六〇年四月，沈從文為輕工業出版社草擬中國服裝史資料目錄，規劃比較大，預計編印十本書。六月計畫提交討論，文化部同意進行這項工作。到冬季，已經安排了三個人協助進行繪製圖像資料。這是沈從文特別想做的一件事，做起來就非常投入，十二月中旬告訴大哥說：「明年上半年若體力還支持得下去，大致可將服裝史資料搞出個頭緒來。已有三個人在畫，還不壞。估計可繪出三千個不同形象，由商到清代，三千多年一直不落空。將來還可根據部分材料，加上顏色花紋，因為這方面常識也夠用。體力如惡化，即只有待後人來接手了。我希望還要做好幾件事，這只是其中一件！還有絲綢花紋史，工藝圖案史，都要作下去。只要有助手，工作就好辦！因為這十年記在腦子裡還有好一堆東東西西！」（20；477）

沈從文總有時不我待的感覺，他太心急了，想一兩年就做好服裝史資料，沒有預料到其後的過程波折變化，社會的更大動盪埋伏在前面，直到「文革」結束以後還有好幾年，他才能完成這項工作。

這一年似乎雜事較少，但也總不免忙，多半還是因為他自己的熱心。譬如二月為出版方面草擬工藝美術圖錄的出版計畫，以歷代文物為准，兼及近代民間工藝美術品，而且還興致勃勃地憧憬，「一出即三百種」（20; 378）；譬如人民藝術劇院要上演話劇《虎符》，他給劇組講解古代服飾制度和生活習俗，介紹各種形象資料、文物和文獻，供服裝、舞美人員參考。此後幾年，他為很多歷史劇如《蔡文姬》、《關漢卿》、《武則天》等義務提供資料和諮詢服務；十月下旬，他去定陵參加出土衣物綢緞鑒定。這一年發表了《玻璃工藝的歷史探討》（《美術研究》第一期）、《花邊》（《裝飾》總第十一期）。

作家出版社三月出版了《龍鳳藝術》，這是沈從文的文物和工藝史研究論文集，收十五篇文章。沈從文稱之為「近十年惟一收成」（20; 398）。

三、九妹

衰老時時侵蝕，疾病纏身不去，愈來愈成為一個不能不有所考慮的現實了。沈從文想到自己，又想到大哥的身體狀況也是病弱，在一九六〇年五月給沈雲麓的信裡，不知怎麼就寫了這麼一段話——從這一時期的通信來看，似乎是忽然冒出來的一個念頭，沒有「上下文」；其實恐怕不是一時的想法——有些文字下面還特別加了著重號：

舊時代已過去了，新社會一切不同，你身體既不大好，應當把留下我的信清理一下，最好全部燒去，或全寄給我，不必留下，免得麻煩。什麼也沒有留下必要，因為實在沒有用處。我這四十年所有工作，實極不足道，寫的東西也全過了時，再不宜讓年輕人看了，燒掉也比較合理。新寫的小冊子，多是把文物和文獻結合起來談問題的，方法雖比較新，不過學歷史的嫌淺，學藝術的嫌深，還是兩不沾邊，只能說是對搞問題方法還有些見解，別的也無什麼意思的。（20; 418–419）

也就是在一九六〇年前後，沈從文的妹妹沈岳萌（一九一二—一九六〇前後）在沅陵農村普遍的大饑荒中，被饑餓和疾病奪去了生命。沈從文兄弟姐妹九人，二姐十七歲去世，兩個弟弟和一個妹妹幼年夭折，所以沈從文十五歲以後，上面有一個姐姐，一個哥哥，下面有一個弟弟，一個妹妹，感情都非常親密。這個妹妹排行老九，沈家叫她九妹，少沈從文十歲。一九二七年九妹從湘西家鄉出來跟著沈從文生活，直到一九四五年，因患精神分裂症，不得已從昆明由一個鳳凰同鄉護送回大哥住的沅陵。九妹後來嫁給了一個泥水匠，生了一個兒子，在沅水邊一個叫烏宿的寨子生活。「一九五九年和一九六〇年，我們湘西那一帶是餓殍載道。我們縣緊鄰烏宿，在那個時候，全縣六萬人就有一萬八千人非正常死亡（我可是做過縣委機關幹部的，不敢瞎說）。」——湘西人顏家文這樣描述其時的情形——「整日在烏宿河灘上轉悠的九妹，那個當年在北京、上海、青島、昆明生活過的苗條、俊秀的女子，連美女張兆和嫂子也深讚其美麗的小姑，沒有熬過那段日子。沒有飯吃，盡吃野菜，先是浮腫，繼而是瘦弱，和村裡有的人一樣，最後是可憐地一病不起。」「九妹就葬在河灘邊上。」[1]

九妹的命運，如黃永玉所說，也是沈從文捏著的「燒紅」的故事中的一個，像弟弟沈荃被處死後他什麼都沒有說一樣，他仍然沉默，即使對親友也不會喊出灼傷的疼痛；只有從前的好多篇小說，從《爐邊》、《玫瑰與九妹》到《靜》，再到《三個女性》以及《鳳子》等等，為他寵愛的這個妹妹，留下了從孩子到少女到青春時期的嬌美的身影。

四、汪曾祺：「至少還有兩個讀者」

一九六一年初，沈從文住院治療高血壓和心臟病，藥物治療、食物調理之外，還以氣功和站樁相配合；另外，約半年前左臂扭傷一直未好，這次用蠟熱療法——後來證明也沒有多大效果。出院的時候血壓是降下來了，但診斷出的心臟冠狀動脈粥樣硬化，卻未見好，心常隱痛就是由此而起。

1　顏家文：《沈從文與九妹》，《文匯報》「筆會」版，二〇一一年十月二十三日。

但在阜外醫院的三十五天，對沈從文來說，就算得上一段難得清閒的日子了。他讀了一本新譯的《托爾斯泰評傳》，又讀了《安娜小史》和《戰爭與和平》，《戰爭與和平》邊讀邊做了札記；之後又讀高爾基的《我的大學》。

讀托爾斯泰傳又激起了他寫作的衝動：寫一部以家鄉子弟抗日為主題的書——這本來也是他多年前的一個願望。他想好好收集自己家中以及田、劉諸家和陳渠珍等人的材料，於是寫信請求大哥：「盡可能把你能明白的材料為記下來，由祖父起隨日記下些，不拘記多少。我們可以共同完成這個作品，也是對家鄉一種責任。……特別是那些樸質勇敢的兵士！我因為從他們身邊長大，極懂得他們的情緒。過長沙時，還看過得余集合他們出醫院的一隊人一次訓話。記憶永新，動人得很。當時寫《雲廬紀事》就打了個腹稿，以為會寫到廿多萬字的。一擱下來即十多年。現在因讀托的傳記，忽又想到如果體力能許可，寫完鼎和傳記後，第二本書將是這個未完成的故事，有幾個人一定可以在筆下寫成活人的。」（21; 6）

對《安娜．卡列尼娜》，他略有微詞：「寫事，筆明朗，如賽馬，獵鳥，農事收穫，及簡單景物描寫，都很好。至於寫人，寫情感變化，有些過細，不大自然，帶做作處，似深而並不怎麼扎實，乍看好，較仔細看，即覺得不十分好。托自己並不十分滿意，是有道理的。評傳說英譯本將重要議論涉及批評社會制度，思想激烈部分多刪節，因此重點轉成『戀愛悲劇故事』，不大合符本來目的，評得中肯。周譯似即此經過刪節的譯本，所以講到社會問題，對話多含糊。」（21; 14）

對《戰爭與和平》，則推崇備至。他讀的是二十年代即結識的老友董秋斯的譯本，人民文學出版社一九五八年版：「極好，也譯得好。看三冊火焚莫斯科，不過用一章文字寫，卻十分生動。不過從彼爾眼中看去，卻極感人。寫法兵搶劫，也不過用一頁文字，寫槍斃平民，不過五個人，可是卻十分深刻。真是大手筆。寫決定放棄莫斯科的一次軍事會議，卻只從一個六歲女孩眼中看到一個穿軍服的，和一個穿長袍的爭吵，又有趣又生動，真是偉大創造的心！寫戰爭也是文字並不怎麼多，不到二三千字，卻全域開展，景象在目，如千軍萬馬在活動。都值得從事文學的好好學習！」「又在極大事件、偉大人物描寫上，常常作些比擬形容，似乎不甚莊重，可是結果卻生意盎然，充滿生命，轉近自然。」善於學習的可學得很多東西，但是不善於學習的，「只呆記住什麼人評論托或其他的思想意識」、「論斷」，不去學「具體的長處」，是沒有絲毫幫助的。（21; 28, 29）

沈從文是和做《人民文學》編輯的妻子談托爾斯泰的，自然就談到時下的創作：「近於公式的歌劇、話劇及小說」和「在這裡雜誌上看到幾個短篇」，他直接的印象是，「都不好。都不會寫，不會安排故事，不會對話，不會寫人。散文和詩寫到景物時，都不知如何著手，文字不夠用似的，也一點不真實。」他說眼下的新文學「不能給多數人比玩麻雀牌更大一些的快樂」，這是不是因為「新文學和這個多數生活，根本上即並無什麼關係？」這個疑問，其實近於根本性的質問了。「新作品對他們一點都不需要，你們可不曾注意到。……你們可以說並不懂讀者，作者也不懂，批評家寫的文章，和一般讀者且隔得更遠了。許多作品只有準備寫文章和教師要看，和多

數讀者全無關係。這實在是一種值得注意的事情！」（21; 15, 16, 17）

住院期間收到汪曾祺一封信。汪曾祺一九五八年被劃為「右派」，下放到河北張家口農業科學研究所勞動改造，信正是從他勞動的張家口沙嶺子寄來的。沈從文特別喜愛這個西南聯大時期的學生，如今看著他身處逆境，心情可想而知，他寫了一封異常鼓勵的信，語重心長。以前，他曾經用過罵的方法：一九四六年汪曾祺到上海，找不到職業，情緒很壞，甚至想自殺，沈從文從北平寫信把他大罵一頓，說他這樣哭哭啼啼的，真是沒出息。「你手中有一枝筆，怕什麼！」此信不存，卻在汪曾祺記憶裡難以磨滅；他還記得老師同時讓三姐張兆和從蘇州寫了一封長信來安慰。[2]現在，「右派」分子下放勞動，可比當年一時找不到工作要嚴酷得多，沈從文的回信因此也大為費心。他先打了底稿，用鋼筆寫在練習本撕下來的紙上，十二頁，六七千字；從醫院回家後，又用毛筆在竹紙上重寫一次寄出。

沈從文寫道：「擔背得起百多斤洋山芋，消息好得很！……應當好好的活，適應習慣各種不同生活，才像是個現代人！一個人生命的成熟，是要靠不同風晴雨雪照顧的。……熱忱的、素樸的去生活中接受一切，會使生命真正充實堅強起來的。」「我的生命就是在一種普通人不易設想的逆境中生長的。……這生活教育，也就變成自己生命的營養一部分，而且愈來愈豐富。……你如能有機會到新的人群中去滾個幾年，……沒有別的話好說，接受下來吧。高高興興的接受吧。我贊同你！」

他用輕鬆愉快的筆調，描述自己家庭裡的情形：兩個做工人的兒子，每到週末回家，打地鋪，「臥聽柴可夫斯基音樂，談新機床某一輪子的轉數」；家裡還多了個十七歲的女孩子，能歌善舞，性格極好，「是我的侄女，到這裡來已改成女兒。」自己呢，「對於外來干擾，人事得失，則一律用『微笑』招架抵擋！」

沈從文當然要談寫作，從自己談起，目的則是談到汪曾祺，要給他堅持的信心和勇氣：他說自己還幻想「用契訶夫作個假對象，競賽下去，也許還會寫個十來本本的。」不過萬一有什麼人說這是「修正主義」，還是「招架不住」，所以「特別是怕批評家」，「再也受不住什麼殲滅性打擊批判」；「可是我卻依舊還是想勸你在此後生活中，多留下些筆記本，隨手記下些事事物物。我相信，到另外一時，還是十分有用。……你應當在任何情形下永遠不失去工作信心。你懂得如何用筆寫人寫事。你不僅是有這種才能，而且有這種理解。……你應當始終保持用筆的願望和信心！好好把有用生命，使用到能夠延續生命擴大生命有效工作方面去。……完成這個願心！」

「一句話，你能有機會寫，就還是寫下去吧，工作如作得扎實，後來人會感謝你的！」又說，你「至少還有兩個讀者」，就是他這個老師和三姐，「事實上還有永玉！三人為眾，也應當算是有了群眾！」（21; 18–24）

一九六二年汪曾祺回到了北京，在北京京劇團做編劇。這多少讓沈從文覺得欣慰，他在十月

2 汪曾祺：《星斗其文，赤子其人》，《晚翠文談新編》，頁一四七。

給老友程應鏐的信裡說汪曾祺的現狀，「體力健康，精神也好，在《人民文學》前幾期寫了篇小說，大家都承認『好』。值得看看。目下在一個京劇團作事，還在寫，下月可能還有篇更好的發表。本月份《北京文藝》也有一篇。」汪曾祺的點點滴滴，他這個老師都看在眼裡；不僅如此，還忍不住為他這個學生大抱不平：「人太老實了，曾在北京市文聯主席『語言藝術大師』老舍先生手下工作數年，竟像什麼也不會寫過了幾年。長處從未被大師發現過。事實上文字準確有深度，可比一些打哈哈的人物強得多。現在快四十了，他的同學朱德熙已作了北大老教授，李榮已作了科學院老研究員，曾祺呢，才起始被發現。我總覺得對他應抱歉，因為起始是我贊成他寫文章，其次是反右時，可能在我的『落後非落後』說了幾句不得體的話。但是這一切已成『過去』了，現在又凡事重新開始。若世界真還公平，他的文章應當說比幾個大師都還認真而有深度，有思想也有文才！『大器晚成』，古人早已言之。最可愛還是態度，『寵辱不驚』！」（21；245）

五、《抽象的抒情》

沈從文出院之後又經複查，鑒於心臟病等問題難以治癒，歷史博物館讓他上半天班。他下午如果能睡一會兒，人就會感到輕鬆些。但是從五月份他又忙起來，不僅沒有半日休息，還常常是白天連著晚上做事。這樣一來，血壓就又上去了。

一九六一年上半年文化部調集了十幾位教師編寫高等藝術院校工藝美術類教材，有《中國工藝史》、《中國陶瓷史》、《中國漆工藝史》、《中國染織紋樣史》等多種，請沈從文擔任編寫組顧問——這個顧問，其實是事無巨細領頭幹的人。五、六兩個月，他為各教材擬提綱和參考資料草目，還一次又一次地帶領參編人員到故宮和博物館看文物，為年輕教師「初步打個學習遺產的底子，再來進一步為他們幫忙作深入準備。真為他們乾著急！」（21; 59）他自己本來定下來去合肥，為寫作關於張鼎和的長篇進一步搜集材料，編教材的事一來，自然就去不成了。

六月底，中國作家協會安排沈從文去青島休養，他住了一個多月，八月初回到北京。他寫了一篇散文《青島遊記》，很難想像，這麼一個看上去普普統統的題目，他竟然寫了兩萬五千字，超過他多數小說的篇幅。這也透露出他對這座海濱城市的深厚感情，雖然他三十年代初期在這裡生活的時間還不到三年，可是，這個時期卻是那麼珍貴，以至於以後再也不可復得。「我一生讀書消化力最強、工作最勤奮、想像力最豐富、創作力最旺盛，也即是在青島海邊這三年。」（27; 534）他在文中如此敘說。但這篇長文生前未能發表。

他是一個閒不住的人，本來安排他休養，一個意圖就是離開北京可以少攬事，緩解血壓和心臟問題的壓力，但他在青島一面進醫院檢查，一面還為景德鎮陶瓷研究所審校了《中國的陶瓷》書稿，一九六二年又為這本書寫了序言，一九六三年由北京財經出版社出版。

看似平靜的休養期，精神內部卻仍然在進行著不那麼平靜的活動。七月二十三日，張兆和在緊張的工作間隙給沈從文寫了一封信：「先後收到你五六封信，覺得有很多話要說，可一時又說不清楚。關於創作的一些經驗和甘苦，你談的我覺得很對，也正是這次文藝工作會議開了二十天會所要解決的問題。可是對於文藝批評家的態度，以及作為一個社會主義國家的作家對創作所採取的態度，你的一些看法我不敢苟同。我覺得你的看法不夠全面，帶著過多的個人情緒，這些個人情緒妨礙你看到許多值得人歡欣鼓舞的東西，惹不起你不能自已的要想表現我們社會生活的激情。你說你不是寫不出，而是不願寫，被批評家嚇怕了。但是文藝創作不能沒有文藝批評，文藝應當容許批評，也容許反批評。百花齊放百家爭鳴方針正是鼓勵大家多發議論，用各種不同樣式風格表現生活，文化藝術才能發展繁榮。說是人家要批評，我就不寫，這是非常消極的態度。當初為尋求個人出路，你大量留著鼻血還日夜寫作，如今黨那樣關心創作，給作家各方面的幫助鼓勵，安排創作條件，你能寫而不寫，老是為王瑤這樣的所謂批評家而嘀咕不完，我覺得你是對自己沒有正確的估計。至少在創作上已信心不大，因此舉足彷徨無所適從。寫呢？不寫？究竟為什麼感到困難？不能說沒有困難，創作這種複雜的活動，主觀方面，客觀方面原因都有，重要在於能排除困難，從創作實踐中一步步來提高，不寫，空發議論是留不下好作品來的。」信的最後，張兆和抄了土耳其詩人希克梅特的詩《一個死去了的廣島小姑娘》，並說：「我們應當有這樣的詩人和作家（包括你在內）。寫出這樣作品，是人類的驕傲。你說呢？」（21; 76–79）

沒有看到沈從文此前給張兆和的「五六封信」，大概已經不存；也看不到沈從文對這封信的回覆。但是，他寫了一篇《抽象的抒情》，與張兆和的信構成深層的「對話」關係。這篇文章當然未必就是因張兆和的信而寫，所談其實是多年來縈繞於心、反反覆覆思考的，但也可能由張兆和的問題而引發，寫作時間大致在收到信之後的青島休養末期，或者回到北京最初的日子，最終也沒有完稿。張兆和信中提到的文藝工作會議，指的六月中宣部召開的全國文藝工作座談會，討論《關於當前文學藝術工作的意見》即「文藝十條」的草案，一九六二年四月中宣部正式定稿為《文藝八條》。這也是沈從文所談問題的一個背景。

《抽象的抒情》有兩行題記：

> 照我思索，能理解「我」。
> 照我思索，可認識「人」。

開篇即從根本上談文學藝術和生命之間的關係：生命「惟轉化為文字，為形象，為音符，為節奏，可望將生命某一種形式，某一種狀態，凝固下來，形成生命另外一種存在和延續，通過長長的時間，通過遙遙的空間，讓另一時另一地生存的人，彼此生命流注，無有阻隔。文學藝術的可貴在此。文學藝術的形成，本身也可說即充滿了一種生命延長擴大的願望。至少人類數千年來，這種掙扎方式已經成為一種習慣，得到認可。」偉大文學藝術的產生存在，「反映什麼的發展，變化，矛盾，以及無可奈何的毀滅（對這種成熟良好生命毀滅的不屈、感慨或分析）。文學藝術本身也因之不斷的在發展，變化，矛盾和毀滅。但是也必然有人的想像以內或想像以外的新生，也即是藝術家生命願望最基本的希望，或下意識的追求。而且這個影響，並不是特殊的，也是常態的。……有如下事實，可以證明生命流轉如水的可愛處，即在百丈高樓一切現代化的某一間小小房子裡，還有人讀荷馬或莊子，得到極大的快樂，極多的啟發，甚至於不易設想的影響。又或者從古埃及一個小小雕刻品印象，取得他——假定他是一個現代大建築家——所需要的新的建築裝飾的靈感。」——由此可證有些文學藝術的不朽。

問題接著就來了。「文學藝術既然能夠對社會對人發生如此長遠巨大影響，有意識把它拿來、爭奪來，為新的社會觀念服務」，就不可避免。「社會主義制度下對文學藝術的要求」，「十分鮮明，於是也不免嚴肅到不易習慣情形。政治目的雖明確不變，政治形勢、手段卻時時刻刻在變，文學藝術因之創作基本方法和完成手續，也和傳統大有不同，甚至於可說完全不同。」這個不同，是文學藝術及其創作者所遭遇的巨變，沈從文感受到一種根本性的斷裂：

藝術中千百年來的以個體為中心的追求完整、追求永恆的某種創造熱情，某種創造基本動力，某種不大現實的狂妄理想（唯我為主的藝術家情感）被摧毀了。新的代替而來的是一種也極其尊大，也十分自卑的混合情緒，來產生政治目的及政治家興趣能接受的作品。這裡有困難是十分顯明的。矛盾在本身中即存在，不易克服。有時甚至於一個大藝術家，一個大政治家，也無從為力。他要求人必須這麼作，他自己卻不能這麼作，作來也並不能令自己滿意。現實情形即道理他明白，他懂，他肯定承認，從實踐出發的作品可寫不出。在政治行為中，在生活上，在一般工作裡，他完成了他所認識的或信仰的，在寫作上，他有困難處。因此不外兩種情形，他不寫，他胡寫。

在這樣的歷史處境下，「每一個作者寫他的作品時，首先想到的是政治效果，教育效果，道德效果。更重要有時還是某種少數特權人物或多數人『能懂愛聽』的阿諛效果。他樂意這麼做。他完了。他不樂意，也完了。」如果還像過去那樣，「妄想以為能用文字創造經典」，「實在更無根基」。因為「有個奇特現象：有權力的十分畏懼『不同於己』的思想。」社會還沒有進步到「讓一切創造力得到正常的不同的發展和應用」，「讓人不再用個人權力或集體權力壓迫其他不同情感觀念反映方法」。

沈從文說，「事實上如把知識分子見於文字、形於語言的一部分表現，當作一種『抒情』看待，問題就簡單多了。因為其實本質不過是一種抒情。」而目前，「觀念計畫在支配一切，於是有時支配到不必要支配的方面，轉而增加了些麻煩。控制益緊，不免生氣轉促。《淮南子》早即說過，恐怖使人心發狂，《內經》有憂能傷心記載，又曾子有『蓬生麻中，不扶自直，白沙在涅，與之俱黑』語。周初反商政，漢初重黃老，同是歷史家所承認在發展生產力方面努力，而且得到一定成果。時代已不同，人還不大變。……偉大文學藝術影響人，總是引起愛和崇敬感情，決不使人恐懼憂慮。」（16: 527–537）

這篇未完稿「文革」中和其他許多材料一起被查抄，上面留下了專案人員用紅筆劃下的重點線，初次發表於沈從文去世後為紀念他而編輯、湖南文藝出版社一九八九年出版的《長河不盡流》一書中。

六、昧於「大時代」，執迷「小煩瑣」

從青島返回北京後，沈從文重新回到了工藝美術類教材編寫工作的繁忙之中。他和陳之佛是這套書的總審定人，在十一月末又要離京之前，他主要看了漆工藝史和絲綢史的稿子，邊看邊費力改動。

自從改行到文物領域以來，沈從文一直強調文史研究要結合實物，要文獻和文物互證，一九六一年他以平常閱讀注意到的一些細微之處寫了幾篇文章，都發表在《光明日報》上：一篇《從〈不怕鬼的故事〉注談到文獻與文物相結合問題》（六月十八日），兩篇關於《紅樓夢》注釋問題的，《「瓟瓟斝」和「點犀盉」》（八月六日）和《「杏犀盉」質疑》（十一月十二日），還有一篇《從文物來談談古人的鬍子問題》（十月二十一日、二十四日）。最後一篇因王力《邏輯和語言》一文中的說法而引起，也得到了王力的回應，他寫了《關於鬍子的問題——答沈從文先生》（《光明日報》十一月十八日），表示不同意沈從文的意見。

沈從文「斤斤計較」的這些「瑣瑣碎碎」，在那個「大時代」的氛圍之中，顯得格格不入。以《紅樓夢》的注釋為例，從周汝昌多年後的一篇回憶文章中，能夠約略感知沈從文的工作是多麼「隔膜」於時代。人民文學出版社古典部小說組組長周汝昌負責整理《紅樓夢》新版，即後來於一九五七年十月出版的四卷本。領導指示加新注，人選是啟功。「那時已然是對『考證』尤其是『煩瑣考證』批判得十分激烈嚴峻了（以為學術不需要考證，只需要突出政治……），啟先生對此十二分害怕，唯恐挨了批，下筆極度謹慎——表現為：一條注釋儘量字少話活，竭力避免一個『落實』的具體詳實的講解，亦即採取『繁瑣』的另一極端的『策略』，用意甚苦。」「誰知，沈從文先生對這樣注法卻持異議……主張要注這部小說，必須切實詳實解清代的那些實物（皆非虛構），這與啟功先生的用意恰恰相反——而且那時極忌把雪芹之書解釋為『寫實』，那在彼時是最錯誤的『文藝理論』。」一九五五年六月，沈從文寫出近五百條注釋，擬題為《〈紅樓夢〉衣物及當時種種》，「『古典部』領導命我將沈稿送交啟公『參采』。我遵命照辦。啟先生一見，嚇壞了！……拙筆很難『表現』，爾時的形勢氣氛，『當事』者的表情與話語，我這『編輯』的尷尬處境。此處只好來一個『話要簡斷』——事情的結果是：啟先生一字不敢采，我得負責對沈先生『退稿』，這還不打緊，最難的是我還必須在『新版』卷首『交待』，說啟注『參考』了沈著，以『圓』其『場』。但這種『圓』法卻又兩面不討好：啟表示我何嘗『參考』了他的大著？沈謂你們一點兒也不接受我的良言與誠意。」[3] 周汝昌回憶說沈從文的注釋「一字不敢采」，這是誇張了；但直到一九六一年沈從文還寫文章討論一九五七年新版《紅樓夢》注釋的問題，確實是昧於「大時代」的氛圍而執於「小文物」的種種「煩瑣」了。

3 周汝昌：《沈從文詳注〈紅樓夢〉》，《文匯報》「筆會」版，二〇〇〇年八月十五日。

十月大哥大嫂到北京來，住了一個月左右。沈從文曾寫信勸阻大哥前來，大哥卻執意要來看看一家大小的健康。沈從文的身體狀況令他擔心，張兆和也漸漸老弱下來；長子沈龍朱得了胸膜炎，住院之後在家臥床療養；沈朝慧患肺結核，一直低燒不退，常需要打針，不能入學，只得在家裡自己讀書、學畫畫。大哥大嫂來京，住是麻煩，吃也是難題——一九五九年之後北京日益緊張的食品供應，到一九六一年已達極端程度，定量少得可憐。一九五七年四月大哥大嫂曾來北京住了兩個多月，那時候的情形還沒有如此困窘。

七、江西行（一）：「白頭學作詩」

十一月二十七日，沈從文離京，經上海轉往南昌。這是中國作家協會和江西省安排的參觀訪問活動，並提供長時間居住進行創作的條件。沈從文想去把那部素材已經準備充分的長篇再試寫幾章，視情況決定停留時間的長短。實際上此行達三個多月之久，長篇卻沒有動筆，而意外地寫起了古體詩。

或許是因為中宣部打了招呼，包括沈從文在內的九位作家受到江西高規格的接待，這多少讓沈從文有些不安和不適。九個人中他年紀最大，但其他人也許更「配」得上享受特殊待遇——六個人有在「革命聖地」延安、一個人有在太行山區的光榮資歷。他想起他的朋友胡也頻一九三〇年過瑞金參加蘇維埃區域代表大會，如果活到現在，他倒是「配」。顯然沈從文和同行的其他作家——阮章競、蔡天心、江帆、戈壁舟、安旗、華山、周鋼鳴等——不能算是文學上的同道，不過他和他們相處得很愉快，廬山、井岡山、瑞金、贛州結伴而行，或全體或部分人員，倒也熱鬧。「因為詩人多，大家寫詩，我也把四十年前老家當拿出試試，結果似乎比黃炎培老先生詞彙略多，比葉老也活潑有感情些些。」四十年前當兵時，沈從文曾學寫舊詩，沒想到老來又撿回來了。「六十歲重新寫舊詩，而且到井岡山起始，也是一種『大事變』！」（21; 117, 118）

現在從《沈從文全集》第十五卷可以看到這次江西之行的創作：《匡廬詩草》三首，《井岡山詩草》九首，《贛遊詩草》四首，其中的大部分一九六二年春陸續發表在《星火》、《江西日報》、《人民文學》、《南昌晚報》、《光明日報》。最初的幾首剛寫出來時，沈從文難抑興奮，寄給張兆和看，張兆和回饋回來的意見也意外地令人鼓舞——多年來，這可是少有的情形。「各信及古風均收到。詩寫得很不錯，白塵同志覺得驚異，連我也沒想到。編輯部準備發，除《史鏡》篇外，準備全部發表……《資生篇》第二、三首和《花徑》寫得真好，確有些老杜風呢！其他各篇也都不錯。各詩感舊歌今，不落俗套，寫景抒懷，渾然一體，情真意摯，讀了鼓舞人，也給人以藝術享受。」張兆和是敏感的，她從沈從文的寫作中感受到了他這個人情緒上的變化：「全家都為你高興，問題不在目前寫出多少首詩多少篇文，主要的是心胸開擴，情緒飽滿興致高，這對你身體有好處，也是重新拿起筆來寫出更多好文章的開始。」（21; 145, 146）

夫妻二人在通信裡討論詩，之間的共感確實讓沈從文振奮。但也存在分歧，這些分歧看起來不重要，其實耐人尋味。以《資生篇》為例。詩前有小序：「贊江西生產建設成就，兼及山川景物之雄秀壯美。由史起興，共成三章，計五百四十字。」張兆和認為第一章《史鏡》「整個是談歷史，讀來比較乾，和前後各篇以抒懷寫景見長風格調子不同」，傾向於不用；（21; 145）這個意見大概也代表了《人民文學》編輯部的意見。沈從文卻不能接受這樣的看法：「來信說《資生篇》上部得去，那最好不發表。你們不懂前部分正和本題關係密切，和江西目下建設成就有關，如擬用，最好莫刪節（和交響樂一樣）。」（21; 168）《人民文學》最終發表的時候還是做了處理，沒用第一章，把第二、三章作為兩首詩刊出。

沈從文的古體詩是「溫舊歌今」，「詠史」是「溫舊」，可是文學刊物更感興趣的是「歌今」——這當然不僅僅是編輯們個人的趣味使然，而更是時代的興趣和要求。事實上，這麼多年過去之後，我們現在再來讀沈從文的詩作，會明顯感受到「溫舊」寫得更好，而「歌今」的內容，經過時間的淘洗之後，不免露出時代或輕或重斧鑿的痕跡。其實沈從文創作的當時心裡就很清楚，他跟張兆和說過這樣的話：「其中除了三五句用時事，不免近打油，其他似乎還有氣勢、感情，文字也足相副。」（21; 117）這樣就把「用時事」和「其他」分開了，以詩的標準，他心中自有高下的判斷。遺憾的是，「你們不懂」。

《資生篇》第三章《回南昌途中》即使從整篇中拿出來，作為單獨的一首詩，其基本的結構也是「溫舊歌今」：

昔人在征途，歲暮百感生，

江天渺蕭瑟，關河易阻行。
王粲賦登樓，杜甫詠北征，
食宿無所憑，入目盡酸心。
遙遙千載後，若接昔苦辛。

我幸生明時，千里一日程。
周道如砥矢，平穩感經營。
連村呈奇景，遠山列畫屏。
待渡贛江南，江水清且深，
群峰幻青碧，千帆俱嶄新。
倏忽白雲馳，比翼雁南征。
默誦王勃文，入目壯懷增。

還過永豐縣，綠橘萬樹榮，
丹實勤採摘，社社慶功成。
田疇布方罫，牛鵝總成群。
老幼貌怡悅，冬衣各上身。

生聚滋地力，謀國見典型。

白頭學作詩，溫舊實歌今，
無淚濕青衫，才多慕廬陵。
諸事難具陳，筆拙意樸誠，
多謝賢主人，作客愧深情！（15; 259–260）

沈從文詩用五言古體，而不用更普遍的七言形式，對這一點他有自負：「一般人多作七言，易寫難工，境格不高，常借助於三百首調動調動字句而已。我倒『人棄我取』，專寫五言，因為古文底子好些，又記得較多典故，且熟讀漢魏詩，所以舊瓶裝新酒，寫來倒還有意思，和目下一般舊體詩不大同」（21; 173），「筆拙意樸誠」而自有其格。自負之外他也有自知：「但是不是手邊沒有本《詩韻集成》？走韻處恐不少，好在正如簡筆字，可以自我作古，一般要求不高」；另一方面是對能否被理解的擔心，「遺憾的是有些用典使事精彩、準確、有分量處，近人已不大懂了，不免有不上不下情形。」（21; 117, 118）

八、江西行（二）：設想一部生活回憶錄

一九六二年一月五日，農曆十一月二十九，是沈從文的生日。住在南昌的江西賓館，「我一個人在房中過了六十大慶，吃了一個小小橘子。」回想起個人生命的歷史和半個多世紀以來的社會變遷，「若能平鋪直敘寫出來，即當成信來給虎虎等寫回憶錄，也一定將是一大部頭好書。因為內中包括事事物物可真多……若當信札體寫，也許比較容易落筆，正和當年寫自傳，整整三個禮拜脫稿，記得還重抄一次。我或許得試個三幾回看看。事實上只要肯寫，必然會成為一部留得下而且近於『史』的東西。因為全是社會一面，而且再巧沒有，即由極小鄉城到最大都市，所經歷的又正是社會大變動的近五十年。……我得想辦法擠時間，多活幾年，為後來人留下份禮物，讓他們明白廿世紀前半世紀我們是怎麼活下來的。」（21; 143）

這顆創造的心總是不死，一有機會，就又躍躍欲試起來，用沈從文常用的一個詞來說，是「掙扎」。之所以會這樣，是因為生命裡積蓄了太多的東西，在內部活動和孕育，「生命裡總像有種綜合勢力，在作種種掙扎」；是「生命的一種總和」，在要求化為創造的形式。「**只能說是生命的一種總和。包括極小極小性格的形成，和生活經驗的複雜，以及千百種書，萬千種畫，和無數古裡八怪不同的人，不易設想的種種生活，以及生活中所接觸的人事，且用了個六十年揉雜成一體。**」（21; 129, 131）

寫舊詩固然也是一種轉化的方式，但沈從文並沒有因為興奮而以為這種形式無所不能，譬如，普通人「生活在卑微平凡中的哀樂，十分十分熟習，懂得他們的心。因為我事實上懂他們比懂古董還細緻具體。但這份知識，可不能用舊詩來表現了，因為太平凡瑣碎。如好寫，還有好多東西，都必然使人感動！特別是他們的愛惡哀樂的形式，我熟習的可比契訶夫還多好多。但是不是目下文學要求的重點，不好寫，即只有聽之成為過去了。其實說來還應當寫，從這裡才具體的接觸到人。」（21; 135）這才是他的文學的方式、核心和特質，過去是，現在仍然縈繞於心，還想讓它是。

從這裡也可以理解，那個關於張鼎和一家人的長篇，花了那麼多精力準備素材，為什麼卻遲遲不能落筆寫出來。「四哥那個小說……不知用某一方法，」他跟妻子這一次說得比較清楚了，「我對一般方式（如《紅旗譜》、《青春之歌》）不擬採用，應還有更合我本來長處相配合的表現法，但是又受材料的現實性束縛，反而難於下筆。這點為難也近於一種反抗。我不希望用《紅旗譜》那種手法得到成功，可是自己習慣的又不大易和目下要求合拍。」（21; 154–155）

倘若寫生活回憶錄，沈從文設想的是用信札體或者《獵人日記》（他隨身帶著這本他早已熟透於心的書，不斷重讀）、《湘行散記》的手法，這樣寫起來應該會順手——後來，我們當然知道這也是一個沒有實施的計畫。可是當時，這個念頭讓他不斷回想起過去生命的種種，這也是一種「溫舊」；從「溫舊」中總結自己的生命特徵：「一面是『成熟』，一面卻也永遠近於『幼稚天真』。……放在任何情況下，支配自己生命的，不是一般社會習慣，卻是一點『理想』，理想也可以當成庸俗的迂腐的不切實際的打算看待，但究竟還是理想！」「在一個長長時間裡去陶冶、鍛煉，學什麼都習慣於抓得緊緊的，將一切消化，逐漸積累成為個人的力量，永遠在進取中充實自己，豐富自己，也修正自己……到後來，便似乎和一般存在日益不同了。……總像是有一種動力推之向前……支配他的不是當前，恰恰是大量種種過去和一堆未來。……多少有些莎士比亞戲劇中角色傾向。……不管如何，人中間卻確實有這樣一種人。但是也不會太多……」（21; 152, 154）

二月上旬，張兆和從北京來南昌與沈從文會合，一起去了景德鎮和大茅山參觀遊覽。下旬，兩人離開江西，到上海、南京各住了三四天。三月上旬，回到北京。

「這次出行，整一百天，在江西坐汽車即走了五千公里……也可說是一生一次參觀跑路最多的。」（21; 192）

九、人與事

回到北京，就是又回到了日常的忙亂中：工藝美術類各專史初步脫稿部分要看之外，「依舊在不斷攬些雜活，不計酬，不要道謝的雜物。近來正在參加審定五千件藏畫，可以學習許多東西。此外還在為景德鎮研究所改《中國陶瓷稿》，為人藝劇院介紹武則天材料，為另一人介紹繪《文姬歸漢圖》材料，為一搞美術史的介紹玉方面材料，為館中編圖錄提修改意見，……事像老

作不完。」（21: 197）

說這個話是在五月初，此前，三月下旬到四月中旬，參加了政協第三屆全國委員會第三次會議。會議期間，四月十三日晚上，沈從文去看巴金和沙汀，沙汀日記裡有細緻的記載：「他精神、情緒都好，剛一坐下就說：『三姐派我來請你們去吃炸醬麵呢！』隨即問我哪天有興，喜歡喝什麼酒？」兩個人從創作和生活的關係談到批評，談到作家之間的關係。等巴金回到房間已經九點，然後一同去樓下喝酒，喝到十點鐘，又一道乘車去看三姐。「我三年前同巴公去過他們家裡，感覺兩間屋子都小。這晚上感覺得更小了，擠滿了東西。」「回到家裡，一直到上了床，我們仍不停地談著從文和他過去的作品。」更有意思的是兩天後，沙汀日記裡寫了沈從文不在場的一個情景：幾個人的話題是文學批評，「於是我同光年的爭執，也就更加劇烈起來，我以李健吾為例，對當前的批評工作談了自家的意見，並且側面舉了前天夜裡從文的話：『按照批評家的意見，是寫不出東西來的！』這時，文井忽然插嘴：『啊？他敢說這個話？』而他顯然感覺得很高興……」[4]

四月十日，沈家意外地收到了張充和的信。自一九四九年分別，多少年音信未通。沈從文回信，為張充和與傅漢思已經育有二子道賀，卻避談自己這邊的滄桑巨變，而說碰到的老朋友查阜西、朱光潛，「我們都好」，「你們料想不到即是大家都似乎還相當年輕」；二姐做了祖母，三姐即將退休；「近年來好戲好曲子真多」；「北京日來已開玉蘭，中南海邊楊柳如絲，公園中有蘭花也極好。我們一家文娛，主要是古典音樂唱片，一般多蘇聯的。」——那個時代寄往美國的信，除了說這些，還能說什麼？「聞美國有將張萱《搗練圖》用彩色印，如有又不貴，可為找一幅來，我們將複製。」——這倒真是沈從文平日所關心的一類事。信中抄錄了好幾首自己在江西寫的詩。（21; 193–194）

七月中旬，沈從文到大連休養，住了一個多月。這大概是政協安排的，同行的人中有顧頡剛、金嶽霖。在海灘，同伴下水游泳，「我和顧頡剛作『老太太』，在沙上帳幄下談天。」「晚上又是一大車去看晚會，我即宣告休息。這些近代生活正和我們在江西景德鎮看跳舞差不多，永遠和生活習慣隔得遠遠的，總似乎無什麼意義。……看跳舞，可只得到一種與這種種遠隔感。但是到這裡來看『自由市場』，可只得到『淒涼感』，因為什麼物資也沒有……那裡是什麼『市場』？……事實上還是得在各種『近代生活』中討生活，人還像十九世紀的人，所以心情有些離奇感，滾來滾去，可始終不像個近代人。」（21; 225, 227, 228）

老友金岳霖也是一個不能融入到集體娛樂中的人，沈從文給妻子的信裡描述了這樣的情景：「老金只有一個人坐在客廳裡翻撲克牌玩……我還記得清清楚楚他住在叔華家情形，後來搬到北總部胡同情形，和到昆明我們住處餵雞情形。在這裡看他客廳中一個人玩牌（和洋老太婆卜課一樣），我坐攏去問他，他說『無聊』才玩這個。同樣是這兩個字，用到他生活裡，我才明白這兩個字的分量。的確是有一點兒分量！人都說他『怪』，神氣的確怪，但事實上和他一熟，將承認

4 沙汀：《沙汀日記選（一九六二年四－五月）》，《新文學史料》一九八八年第二期。

他是個最近人情的人了……老金的『寂寞』真是有點兒×，聽說不久已可搬家，新住處將有四間房子可住，正是希望原來廚子回來管家，一個人不結婚到了老年，實在是相當慘，特別是到這麼一種過渡社會情形裡，所學的一行也沒有充分得用機會，另外許多長處，年輕人都學不來了。趣味廣博，知識廣博，如和卅歲以下的年輕人生活多有些接觸，照理都可以使得卅歲以下的年輕一代生活活得更扎實豐富，但卻沒有機會這麼接近年輕人了。等他搬新家後，我們全家福帶上張之佩去作一次客吧。」（21; 234–235）

在大連，還有一次和文學同行的不期而遇。農村題材短篇小說創作座談會——即當代文學史上著名的「大連會議」——在這裡開了半個月，由作協黨組書記邵荃麟主持。大連市委請吃飯，把兩撥人安排到了一起。「我和趙樹理、周立波、侯金鏡等一桌。茅盾、周揚也在此。……邵說，你來參加吧，但不正式邀可不好去。……趙樹理喝了不少白酒，還未唱戲，可能回到住房就唱起來了。」（21; 230）邵荃麟的邀請或許只不過是順口說說而已，沈從文當然不會不知趣到真去參加座談會的地步；但比起一九四八年的聲色俱厲——「大地主大資產階級的幫兇和幫閒」，「直接作為反動統治的代言人」[5]，客氣一下已經是很大的差別了。當然，此一時彼一時。趙樹理回房間後唱沒唱戲不知道，後來人知道的是，他在這次會議上對農村形勢的長篇發言[6]，直陳現實，振聾發聵，有人說是中國文壇在「文革」前夜淒美的「天鵝絕唱」。過了還不到兩年，「大連會議」和「中間人物論」受到嚴厲批判，邵荃麟作為主要當事人倒楣挨整，罪行不斷升級，更於「文革」中被捕，一九七一年病死獄中。

因為大連休養，錯過了文化部的座談會，沈從文回到北京後立即給文化部黨委寫信，結合他在政協的提案，就文物工作向傳統學習、古為今用問題提了四點建議：一、攝製一些教學和生產用工藝美術電影；二、試印十七八世紀的彩瓷、絲繡、漆器、雕玉、竹雕、扇面、地毯等專題性圖錄，為當前生產改進作參考；三、幫助青年教師補課進修，分別情形和需要，到故宮等條件較好大博物館參觀學習；四、舉辦專題文物到各地作針對性短期展出。（21; 236–241）

高血壓和心臟病使得沈從文有時不能去博物館上班，即便如此，從一九六〇年開始的服裝史資料的工作還在持續，好在有幾個助手可以在他指導下繪製圖像。讓他特別苦惱的是沒有資料可以放在手邊，他常幻想，要是有三萬張圖片會如何如何便利，「目下所有雜知識全得靠記憶，塞到一個三斤六兩重的腦子裡……人一完事，一切即隨同完事」；「還有經常是一家四人得擠在一個房間裡過夜，求夜裡睡得安定一些可不容易辦。半夜醒後待開燈看看書，又會妨礙早上六點多些即得出城上工人的睡眠。心臟已有了毛病。在這麼一種生活方式下，我還在打量如何加強學習，好來回答楊貴妃或王昭君蔡文姬等等材料問題，真有點像是一個人用力拔自己頭髮，以為可望舉起自己身體一樣，傻得可笑。」他小心翼翼地問老朋友陳翔鶴，「不知道熟人中能有什麼

5 本刊同人（邵荃麟執筆）：《對於當前文藝運動的意見——檢討、批判和今後的方向》，《大眾文藝叢刊》第一輯，香港生活書店，一九四八年三月。

6 趙樹理：《在大連「農村題材短篇小說創作座談會」上的發言》，《趙樹理文集》第四卷，一七一〇–一七二二頁，北京：工人出版社，一九八〇年。

辦法，讓我能從什麼方面得到一兩間房子沒有？只要在目前住處附近，即自己每月出一筆租錢也成。只要有個地方稍微可鬆動一下，我就等於已經把自己拔到空中了。」（21; 280–281）

十、隔世

北京出版的《中國文學》英文版，一九六二年二月號刊登了沈從文的《魚的藝術》一文之後，又在十、十一月號上刊出戴乃迭翻譯的《邊城》；日本平凡社出版的《中國現代文學選集》，第六卷有松枝茂夫翻譯的《丈夫》，第十九卷「詩·民謠集」有今村與志雄翻譯的《你就像鹿一樣》。而此前，法國巴黎《法國與亞洲》一九六一年第十七卷第一百七十期刊出大衛·吉德（David Kidd）翻譯的《雨後》。這些舊作的外文譯介，沒讓沈從文多麼高興，反而更加強了他揮之不去的隔世之感。給程應鏐的信裡，他說：「最近英文的《中國文學》譯出的《邊城》，只聽說譯文還好。又看日譯的兩種選本，聽人說譯的也好，選的也好。事實上十分離奇，這好像已和我並無什麼關係。不僅因為我不懂英文日文，即中文本子，我間或看看，也像不會是我寫的，和我沒有什麼關係的。」他談到自己居然寫起了舊詩，因為是誠摯的老友，他可以說出自己複雜的感受：「打油作品竟有人賞識，也是幸運。但是認真到用全生命以赴的工作，卻毫無結果，近於敗北，實不可解。」（21; 243, 244）別人未必感覺得到，他自己內心裡卻不得不領受著——這是一種什麼樣的痛苦諷刺。

「人已居然活過六十歲，真正是如寫《邊城》時說的老船夫，凡是『命裡』應分得到的種種，都得到了。一生好辛苦的戰鬥！」（21; 243）

沈從文當時並未得知，一九六一年，耶魯大學出版社出版了夏志清的《中國現代小說史》。在這部一出版就受到關注、其後影響持續長久的英文著作裡，夏志清於第八章專章討論沈從文的作品，不吝贊詞。學英美文學出身的夏志清，常常把沈從文和重要的英語大作家並列比較，如：「沈從文的田園氣息，在道德意義上講，其對現代人處境之關注，是與華茲華斯、葉芝和福克納等西方作家一樣迫切的。」談到沈從文筆下的蕭蕭和福克納小說《八月之光》被誘姦的利娜・格洛夫，「兩人人格之完整，卻絲毫未受侵害。由此看來，沈從文與福克納對人性這方面的純真，感到相同的興趣（並且常以社會上各種荒謬的或殘忍的道德標準來考驗它），不會是一件偶然的事。」即使是沈從文短篇中並非最上等級的《夜》，故事裡的那個老人也令夏志清印象深刻，認為他「代表了人類真理高貴的一面：他不動聲色，接受了人類的苦難，其所表現出的端莊與尊嚴，實在叫人敬佩。相較之下，葉芝因自己老態龍鍾而表現出來的憤懣之情，以及海明威短篇小說《一個乾淨明亮的地方》中那個患了『空虛感失眠症』的老頭子，都顯得渺小了。」夏志清還觀察到，沈從文對中國「革命青年」的態度，「頗像英國批評家兼詩人馬修・阿諾德對浪漫詩人的評價一樣：他們的熱心和勇氣都夠了，可是懂的卻不多。」——我所以要特別挑出夏志清把沈從文與西方作家相參照的意見，是因為，在沈從文文學寫作的生涯中，他心裡藏著這樣一個宏願，或者叫野心：他要使自己的文學，特別是短篇小說，達到與世界作家比肩而毫無遜色的程度。不得不放棄文學之後的漫長歲月裡，這樣的宏願還會時常縈回，讓他為中斷了這一願望的充分實現而耿耿於懷。

夏志清認為，造成沈從文在中國文學上重要地位的，「是他豐富的想像力和對藝術的摯誠。」他讚歎《靜》這個短篇，說：「除沈從文外，三十年代的中國作家，再沒有別人能在相同的篇幅內，寫出一篇如此富有象徵意味、如此感情豐富的小說來。」專章之外，在第十四章，夏志清又對抗戰時期的《長河》高度評價，「《長河》暴露了農民對於政府的原始恐懼……單就發揮道家這一深厚的人生智慧上，《長河》已經超越了作者最早期的另一本小說《邊城》……《長河》也超越大多數現代中國一般的鄉土作品，它們充其量只是表現了憂傷和暴力，缺乏可以相提並論的嚴肅『視景』。」夏志清最後還提到了一九五七年人民文學出版社的小說選集。[7]

夏志清在注釋中說到馬逢華的文章《懷念沈從文教授》。馬逢華是西南聯大時期沈從文的學生朋友，他在一九五三年寫了這篇文章，內容是沈從文一九四九年後的遭遇。此文一九五七年二月發表於臺北《自由中國》半月刊第十六卷第三期；若干年之後，臺北《傳記文學》一九六三年一月號轉載，香港《當代文藝》一九六七年十二月號又轉載。這沒有什麼奇怪，大陸之外關心沈從文的人能夠得到的資訊極其有限，這篇文章提供了時代轉折那幾年沈從文的一些情形。一九六二年八月，華盛頓大學的施友忠在英國舉行的「中共文學討論會」上提出報告，後把其中的一部分以《搖旗吶喊者和逃避主義者：老一輩的中國作家》為題，發表於倫敦《中國季刊》一九六三年春季號。論文參考了馬逢華的文章，並且討論到沈從文的舊體詩和他從事文物研究的選擇，這大概是西方學術界最早討論到一九四九年以後的沈從文。

7 夏志清：《中國現代小說史》，上海：復旦大學出版社，二〇〇五年，頁一三四、一四二、一四五、一四六、一四九、二三七。

第九章
大動盪前：「臨深履薄，深懷憂懼」

一、「一行行看下去，一字字改下去」

一九六三年三月，沈從文寫散文《過節與觀燈》，篇幅不短，發表在四月的《人民文學》上。五月，為三年前去世的林宰平的《北雲文集》作跋。林宰平在二十年代沈從文初到北京時即給予鼓勵和幫助，沈從文感念甚深，他的跋語把感情隱藏在簡潔、樸厚的文字中，未有一句直接道及私人交誼。他還寫了一篇《我國古代人怎麼穿衣打扮》，收在中國青年出版社出版的《中國歷史常識》第五冊中。

館裡館外的工作照舊忙亂而且永遠也忙不完，他自願擔當「文化服務社問事處幹部」的名分，「什麼人要什麼時，即為從記憶中擠出來」——因為無從保留資料、圖片，「一切全靠記憶」。（21; 303）比較緊迫的一件事是工藝美術系列教材的審讀。六月十八日，沈從文和七個人同上西山看稿子，用去大約四十天。住的地方是香山飯店，正是一九二五到一九二六年間沈從文生活無著，經林宰平和梁啟超介紹，來熊希齡創辦的香山慈幼院擔任圖書管理員的地方。現在的房間，似乎由過去的校舍改造而來。「四十年前我在這裡住的小房子，至今還未坍圮，有人住下。只是校中到處是荒草，住在這裡的人大致也多不知熊希齡是誰了。歷史變化之大，真是不可設想。」（21; 332）

他在家信裡描述了工作的情形：「近來我經常是十二點還不能睡。吃藥不甚靈，早上三點醒來，再睡睡，到五點就起床了。五點到八點空氣最好，黃鸝也叫得格外清脆好聽。這一段時間工作效率非常高，能敵整天有餘。總是在兩株大松樹下去看四十萬言稿子，一行行看下去，一字字改下去。」本來這一套書的主審是沈從文和陳之佛兩個人，陳之佛去年辭世，沈從文自然承擔得更多更重。譬如說最厚的一部稿子是《中國工藝美術史》，一塊來看稿的幾個人看到一半就看不下去，乾脆就讓沈從文一個人看。「因為稿子分量重，內容雜，邊看邊增改用力大，睡得又少，前幾天鼻子流了點血，心臟也總是隱痛，不大好辦。」「我已看過三次，這是第四回，仔細增改，也易接觸問題。」雖然異常辛苦，但他心裡還是欣慰，「書用的材料多，寫得還不壞，若文化部同意付印，將是中國第一部《工藝美術史》，我這十年學的雜項在這裡有了用處，因此多為費點心也應該。前後不過兩年，居然有此成績，比起文學史、美術史前後積累四十多年經驗，至今還只能到目前水準，這本書的完成，就可以說實在很不錯了。」（21; 333-335）經過四次審改，沈從文為這部書稿補充的文字約占三分之一。

從香山回到城裡後，出這套書的人民美術出版社不斷把將出的書稿送給沈從文審，稿子的麻煩他不怕，還要考慮稿子之外的事，這就有些彆扭。譬如一本《圖案基礎》，沈從文認真寫出一些意見，卻特意囑咐出版社編輯把他的意見另抄一份，「作為你們編輯部一點建議……總之不必說是我的意見，免得編者感到掃興。因為編者是國內唯一專家，自尊心強，自信心高，好意協助不一定需要（有時或胡亂恭維一陣，倒反而能起鼓舞作用）。」（21; 340）

還有特別生氣的時候。有一本書稿作者強不知為知，自矜發明，不肯修改不說，還把別人所提的意見、建議附於說明文上，加以批駁，理由又沒有根據。沈從文給編輯寫了一封壓不住火氣的信，說：「他的工作方法和工作態度，和我們有相當距離，彼此無共同點可得。這麼夾纏下去，了無意義，費力不討好。即此打住，還是時候。」「回想一下經過，還是出於『熱心誤用』，不免變成『自找麻煩』。但是也由此增加了點常識，下不為例。……把說明上凡是我們意見刪去……」（21; 355, 358）

家鄉有人來信請教「寫作問題」——這些年來，倒也碰到過幾次這樣好意請教的人——真是讓沈從文覺得為難：「新的寫作方法」，他自知沒有發言權；他自己的老方法已經「過時」，唯恐「毒害」別人。所以常常只能簡單回覆。不過這樣的事情確實刺激他去思考、去對照，並會把所想到的跟親近的人說一說。八月給大哥的一封信裡，他的思考就說得清楚而明瞭：自己寫作，「當時只以為文學是個能獨立存在的東西（十九世紀看法），不怕用半個世紀努力，也得搞好它，和世界上最優秀作品可以比肩。因此寫過卅本書後，還只算是未滿師的習作，用一個極普通勞動者工作態度接受各種考驗，這麼下去，任何技術上困難似乎都自然而然可望逐漸克服。可是實在太辛苦了一點。而且結果並不好，時代一變，一切努力不免付之東流。反而不如另外有些聰明懂事人，只把寫作當個過渡工具，不太費力，從人事交際上多用點心，到如今卻得到雙豐收！」更顯著的對比是，「做一個現代作家，真正是幸福！……大家寫什麼你也寫，文字比較順，過不多久即可有出路。……過去我們寫作，以藝術風格見獨創性，題材也不一般化為正確目的，現在搞寫作，主題卻不忌諱雷同，措辭也不宜有什麼特別處，用大家已成習慣的話語，寫大家懂的事情，去讚美人民努力得來的成果，便自然可以得到成功！」（21; 344–345）

二、「無聊」及其轉向

入秋後，政協組織了一次到南方的活動，沈從文和三十多位人大、政協代表委員十月十九日到達廣州，住廣州迎賓館。他們先後參觀了黃花崗、紅花崗、中山堂、農民講習所、外貿展銷、從化溫泉、佛山等。二十八日那天，沈從文和同住的蔣兆和到關山月家裡大吃了一頓廣式菜，關山月和黎雄才二人合作為兩個人各畫一張畫，給沈從文的一張，古松藤蘿下麵空空的一人騎馬前行。沈從文喜歡這個意境，在心裡默做詩一首，後面四句是：「桓桓萬夫雄，鄙薄泰山封，駿奔千里足，攬轡吾欲東。」因沒有人知道他會寫字，所以沒有題寫出來。（21; 377）

這一批人後來分兩撥，沈從文等老弱的五個，經衡陽短暫停留，三十一日到了桂林，住榕城飯店。從桂林到陽朔，行在灕江上，山水奇秀，讓沈從文做了好幾首詩。其中把豬也寫進詩裡，「船上花豬睡容美」，詩情畫意中有豬的酣睡，令人稱奇。[1]這一組詩編為《郁林詩草》，收入

《沈從文全集》第十五卷。

十一月八日，沈從文到了長沙，住湖南賓館。看了幾個湘繡和瓷器廠之外，博物館看文物花了幾天時間：「外室看了內室看，樓上看了樓頂看，只差不曾爬進墳裡去看。但已近於這樣子作了。因為每天必從一具高及一丈的大型西漢棺槨前走過，上樓時，又必須從兩具完完整整戰國貴族骸骨邊前通過。而到得庫藏室時，便簡直如被由商到明三千年無數座古墳包圍了。看了好多有用東西，對於總的認識是十分有益的。有幾點過去推測，全被新接觸的出土古物證實了。」（21; 394）

天寒地凍在房間裡不能外出時，也不能做什麼事，便覺得「無聊」。「無聊」，這對沈從文來說可真是難得的體會。在北京時總覺得時間不夠用，現在卻盼著黃昏快點來臨。一切似乎都被寒氣凍結住了，「無聊」中的思維卻活躍起來，他想像有兩個古人一定也曾經歷類似的「無聊」：

> 使人回想起二千年前，同樣的陰沉沉天氣，賈誼以三十來歲的盛年，作為長沙王師傅，在郊外楚國廢毀的祠堂廟宇間徘徊瞻眺，低低諷詠楚辭，聽蕭蕭風聲，吹送本地人舉行祭祀歌舞娛神節目中遠遠送來的笙竽歌呼聲。生當明時而去帝鄉萬里，陰雨中迎接黃昏，回到他的

---

1 參見荒蕪：《沈從文先生的詩》，《沈從文印象》，孫冰編，頁八〇－八五。

長沙王傅所住小屋中時，他的無聊應當是一種什麼情景！再想想屈原……就在這種霧雨沉沉秋冬間，終於被放逐出國，收拾行李，搭上一葉小舟，直放常德，轉赴沅水上游。坐的也許正像我卅年前上行那種小小「桃源劃子」……船在兩岸綠霧蒼茫中行進，想到國家的種種，聽到看到岸上的祝神歌呼和火燎，他覺得好無聊！

思接千古，倘若只為找兩個人陪他一起「無聊」，那也不是沈從文了。他的思緒馬上轉向另一層：「我如再深入些些，把兩人本傳來作些理會，在這個情形中的必然和當然，以及在那個歷史環境中的必然和當然，小媽媽，一定會寫得出兩個極其出色的新的屈賈故事！我懂得到在這個氣候下背景形成的調子應當是什麼，加上從二人身世和文章中去簡練揣摩，寫出來一定會情感充沛，有聲有色。不會像陳老寫《嵇康》那麼帶刻板做作氣。」——《嵇康》指的老朋友陳翔鶴在一九六二年第十期《人民文學》發表的《廣陵散》——他又想到了寫作！

接著，「無聊」就被轉換成了「寂寞」，而「寂寞」能生長東西，是他早就申論過的，所以他設想：「把我放到一個陌生地方去，如像沅陵或別的家鄉大河邊一個單獨住處，去住三個月，由於寂寞，我會寫得出好多好多這種動人東西！……我懂得如何即可感人！在三五千字造成一種人事畫面，總會從改來改去作得完完整整的，骨肉靈魂一應俱全的！這是一種天賦或官能上的敏感，也是一種長時期堅強固持的客觀反覆學習。兩者的結合，卻又和『寂寞』關係異常密切。釀酒也得一定溫度，而且安靜不擾亂，才逐漸成熟！」

他說東陽火腿從規格出發統一製作後，味道變了，舊作法產生的獨特風味沒有了。小說呢，現在也有差不多統一規格的新方法；在特定條件下，從「寂寞」裡生長，是他的老方法。

然後他抱怨了幾句妻子：「小媽媽，這就是我說的你能『看小說』，可不大懂『寫小說』的原因。你什麼都好，就是不懂寫好小說除人事外還要什麼作料，以及使用作料混合作料的過程，火候、溫度、時間、環境……寫批評的人事實上且更加無知。」「你很懂得我的好處，和懂火腿或別的一樣，懂的是『成品』。至於成品是怎麼來的，作料如何選擇配備，實在不大懂，不好懂。寫作中實在大有辛酸！」

「不知是否真有此種可能，即有意把自己和一切隔絕起來一定時期，試試能否恢復我的寫作能力。」（21; 390–394）——沒有這種可能了：十四日回到了北京，按照慣例，參觀活動結束後接著就是政協會。他在第三屆全國委員會第四次會議上提交了六個提案，當然都是與文物工作有關的。

三、《中國古代服飾資料》

一九六三年冬季，周恩來總理有一次會見文化部領導時談起，他陪同國賓看戲，發現歷史題材的戲裝很亂，和歷史情況不符合；還說自己出訪，見到很多國家有服裝博物館，有服裝史，中國還沒有。周恩來問中國有沒有人在研究，能不能編印一本歷代服裝圖錄，可以作為送給國賓的禮物。在場的文化部副部長齊燕銘回答說，沈從文在研究中國服裝史。

至此，沈從文從一九六〇年開始實施的服裝史研究計畫出現了重大轉折。此前，文化部經文物局，要求彙報這一項工作的進展情況，齊燕銘在看過歷史博物館遞交的工作簡報後，於一九六三年八月七日致函文物局局長王冶秋，希望各方配合讓沈從文把多年研究所得貢獻出來。

十二月，文化部黨組會議正式傳達周恩來總理指示，歷史博物館隨後建立起以副館長陳喬負責的領導協調體制，調配美術組陳大章、李之檀、范曾等人給沈從文做助手，按照沈從文提供的圖像和實物資料加以摹繪，另有其他相關人員配合工作。書名擬定為《中國古代服飾資料》，編寫工作從一九六四年初全面展開。按照時間進度，要趕在十月前出版，向國慶十五周年「獻禮」。

如此特別的重視，卻讓沈從文添了些隱憂，這樣的隱憂不能跟別人說，只好向大哥吐露一點：「我的構思基本方法，和一般人又不大同，這些稿又照例得層層送上去，由館長到部裡，且可能還得到中宣部，得遷就他人的意思，說些和本書真正無關的話。或照別人意思，寫出一些似是而非的習慣話，反而把真正研究心得大量刪去。這都是相當費力而不討好的事情。」雖然心裡有這樣的想法，但總的來說他更感到欣慰，欣慰的是原本只能保留在他「個人頭腦」中的東西，終於可以「轉成為公共的知識」。（21; 419）

工作極端緊張，承受著高血壓和心臟病困擾的沈從文每天要寫幾千字，適當引申文獻，綜合分析比證，做出簡潔的說明。他習慣用毛筆，為省去磨墨的時間，就蘸著藍鋼筆水寫稿。到四月三十日，隋唐五代部分圖文初稿完成，王冶秋先送康生、後送文化部副部長徐平羽審查；文物局正副局長、還有文物專家，各提出審查意見。編寫小組隨後進行討論和修改。此後的稿件也都經過審查。五月，全書圖版的臨摹繪圖工作完成。六月六日，歷史博物館和中國財經出版社聯席會議研究出版問題。七月四日，全部文稿和圖版交付出版社，文字約二十萬，正圖二百幅。

還在編撰工作結束之前，有關領導就請康生題了書名，請郭沫若作序。郭沫若寫了兩百多個字，文末注明的時間是六月二十五日。

七月一日，沈從文寫了「題記」。

完成了這件大事，沈從文七月下旬到大連休養，隨身帶了三十萬字工藝美術類教材的書稿審改，又接續上了因為編纂服飾資料而擱置的工作。

九月，《中國古代服飾資料》付印在即，沈從文寫了一篇簡單的「後記」，署名歷史博物館；編寫小組召開最後一次工作會議，討論「後記」。參與此書工作李之檀記得這次會議：「當時社會上正在討論毛澤東主席關於『帝王將相、才子佳人統治舞臺』的批評意見，所以在這次會上也有人提出圖版可否按身分等級排列的問題，以突出勞動人民形象在書中的地位，並指出當時《中國通史陳列》中的帝王將相都已做了修改，編書不能不注意中國問題。」[2]也就是說，要按新的政治要求，對全部書稿進行修改。已經完成打樣、只等著印刷的這部書，就這樣出乎意料地

2 李之檀：《沈從文先生在歷史博物館》，《永遠的從文——沈從文百年誕辰國際學術國論壇文集》，頁六六七。此文集沒有正式出版，由吉首大學沈從文研究所等單位編，向成國等主編，二〇〇二年印製。

突然中斷了出版。

說是出乎意料和突然，只不過是就這一件事而言；如果稍微看看當時政治形勢的變化，其實也會覺得這樣的結果幾乎難以避免。六月二十七日，毛澤東在《中央宣傳部關於全國文聯和所屬各協會整風情況報告》的草稿上，作了關於文學藝術的第二個批示[3]；七月二日，中宣部召開文聯各協會及文化部負責人會議，貫徹批示，再次開展整風。與此同時，現代戲——把「帝王將相」、「才子佳人」驅逐出舞臺的革命文藝——「樣板」化的意識形態工程，大幕正轟轟烈烈地拉開：從六月五日到七月三十一日，文化部舉辦的全國京劇現代戲觀摩大會在北京舉行，演出了《紅燈記》、《蘆蕩火種》等三十多個劇碼，江青七月在演出人員座談會上做了一個著名的講話。江青的講話雖然是三年後才冠以《談京劇革命》的題目在《紅旗》雜誌發表，「樣板戲」的說法也是三年後才正式確立，但黑雲壓城，風雨欲來，大動盪的先兆已然清清楚楚了。

年末，在參加政協第四屆全國委員會第一次會議前兩天，沈從文寫信給大哥說眼下形勢：「鄉下『四清』，城市『五反』或『社會主義革命』『文化運動』都在分別作試點進行，有的教育單位已到初步激烈情形，照趨勢說又像有過去反右情形，明日發展，一時還難明白。」（21：432）

四、「臨深履薄，深懷憂懼」

一九六五年一月，陳翔鶴（一九〇一－一九六九）的歷史小說《陶淵明寫〈挽歌〉》和《廣陵散》受到激烈批判：《文藝報》第二期發表顏默《為誰寫挽歌》，《文學評論》第一期刊出余冠英《一篇有害的小說——〈陶淵明寫挽歌〉》。陳翔鶴不僅是沈從文二十年代早期即結交的老友，一九五四年從四川調北京以後又常相往來，並且在他擔任主編的《光明日報・文學遺產》副刊上發表了沈從文多篇文章。

對陳翔鶴和他的朋友們來說是件大事的批判，對於一九六五年來說卻只不過是個小小的開頭：接下來，新編昆劇《李慧娘》、電影《林家鋪子》、戲劇《上海屋簷下》、電影《不夜城》等一一被當作「毒草」揪了出來。到十一月十日，最重要的批判終於出籠：姚文元在《文匯報》發表了《評新編歷史劇〈海瑞罷官〉》。

二月和三月，沈從文接連給巴金去了兩封信。這兩封信《沈從文全集》未收，是二〇一三年才整理出來發表的，和他給巴金的其他信一起刊登在《收穫》雜誌第一期上。二月二十四日的信

3　毛澤東：《對中宣部關於全國文聯和各協會整風情況的報告的批語》，《建國以來毛澤東文稿》第十一冊，北京：中央文獻出版社，一九九六年，頁九一－九三。

很長，說到不少事情：《英雄兒女》（根據巴金小說《團圓》改編的電影）前後看了三次，覺得導演對於戰事處理還不大真實，「不讓戰場上見有中國死去兵士」；「女孩子和哥哥相見一場，看相片時，也不大像兄妹情形，卻近於小情人。女孩子唱歌，歌詞不大諧調。不過總的說來還是很好的，我們一家人通覺得好！」自己搞的服飾資料，「將又成夭折廢品」；聽說上海舊書店賣五四以來著作，「望蘊珍有便時，為我注注意，若可以買得商務及開明版《湘西》、《湘行散記》各一二本，和初版《邊城》二本、《月下小景》（現代），及良友版《從文習作選》，為我買一下」，「想就這些本子作點注解說明，將來留給孩子們看看，也可以多知道些事情。」

但這封信的重點卻不是這些事情，而是汪曾祺的工作。汪曾祺改編《蘆蕩火種》大獲成功，沈從文也高興，但他總覺得汪曾祺應該「趁精力旺盛筆下感覺敏銳時」去寫短篇小說。「聽說近年山西年輕作家多有模仿趙樹理趨勢，河南作家又以能仿李准為方向，湖南則周立波筆調成為年輕作家學習對象，此外都不大懂，也不好學。這麼下去，哪能夠有希望突破這幾位大作家所立下標準，得到更大成就？照目前學習方法，外來的既不好學，學來也不抵用，五四以來的又不受鼓勵閱讀，僅只學趙、李、周諸公，求文藝上有些新光彩，恐怕不容易。從大處看，我倒覺得若有機會讓曾祺各處走動幾年，寫幾十個短篇，把旺盛精力用到些新的短篇試驗上去，對國家為經濟……若繼續束縛在一個戲團裡，把全部生活放到看戲中，實在不很經濟。」沈從文在汪曾祺不知道的情形下，去托老朋友巴金，有機會「為安排他今後工作」出點力，他自知自己沒有這種影響力，卻操心「如何充分發展」汪曾祺的長處。「曾祺今年也四十多了，使用他也要及時！在劇團中恐難於完全發揮他的長處！」

三月八日，沈從文再次致信巴金，這才明白自己的操心是一廂情願：「涉及汪曾祺事，昨聞已經和趙燕俠等廿人去四川重慶渣滓洞體驗生活，準備編寫『紅岩』新京劇。這一二月後即來滬演出。這種光榮任務，當然十分有意義。而且聽說他十分高興就新戲革命中貢獻出終生精力。組織既重視此工作，他本人又能和團體中來自五湖四海的人生活打成一片，工作中尚可充分發揮所長，所以我前信中說的希望他改寫短篇小說，真是愚腐主觀見解，十分可笑！」信末感歎：「我們用過去習慣眼光來看現在小說，希望現在小說能如過去情形啟發讀者，是我們太落後的觀念。我的落伍真是太可怕了。」[4]

張兆和四月份和同事到上海的南滙、青浦等地調查農民故事會活動情況，前後約一個月。這個調查當然與毛澤東對文學藝術的第一個批示有關：中宣部文藝處編印的《文藝情況彙報》登載了一份柯慶施抓曲藝工作的材料，材料說，上海市委抓評彈的長篇新書目建設，抓故事員在市郊大講革命故事；毛澤東一九六三年十二月十二日在材料上作了批語。[5] 張兆和調查活動結束後，五月和昆山親家的母親同車到京，親家的母親是來照顧臨產的外孫女張之佩。沈虎雛和張之佩前年結的婚，兩人在同一個工廠工作。沈家添了一個叫小紅紅的女嬰，做了奶奶的張兆和卻在九月

4　沈從文：《沈從文書簡》，《收穫》二〇一三年第一期。

5　毛澤東：《關於文藝工作的批語》，《建國以來毛澤東文稿》第十冊，北京：中央文獻出版社，一九九六年，頁四三六－四三七。

中旬被派往京郊順義農村，參加「四清」——清政治、清經濟、清組織、清思想的農村社會主義教育運動，什麼時候能回來也不知道，工作緊張，氣氛也緊張，她匆匆忙忙給沈從文寫簡短回信，末了囑咐，家裡不同的人給她寫信，「最好裝在一個信封裡寄來，已經有人說我『家信頻繁』，雖屬笑話，也應注意。」（21; 483）

沈從文所在的政協小組，「一星期三次學習，思想改造為主」。歷史博物館決定對《中國古代服飾資料》進行修改，安排另外兩個人去做，得刪除一部分，增加一部分，「事實上還是得我動手，才能掌握輕重分寸。工作可以作的還相當多，而真正得力的助手卻無人，真是無可如何。」（21; 449, 450）「真正應和了莊子說的『勞我以生』，殊不知如何來『佚我以老』，或許來不及佚我以老，即將忽然要『息我以死』了。可惋惜的還是學了許多，事作不完，不應當草草報廢！」（21; 456）

五月四日，給程應鏐寫信說到眼前的事：「這裡北大史學系副主任週一良正在率領師生於海澱區掏糞，一定要這麼作才算是思想進步，我目前就還理解不夠。我可能實在已落後到一個程度，總依舊認為目前明明白白編的通史不過關，涉及勞動人民創造世界，務虛說似乎頭頭是道，一具體，究竟生產上創造些什麼，藝術上又有些什麼成就，卻不知道，即知道也並不落實，近於人云亦云。一個五十多歲的專家，不針對本業，改正學習方法和學習態度，來填補研究上的空白點，突破目前空疏處，來寫寫既有嶄新觀點，也有嶄新內容的通史或論文，使億萬人得到啟發並更正確一些明白國家過去，完成本門責任，卻避重就輕，滿足於形式上職業平等，把相當困難的

專業上的『深入』和『全面』，諉給未來一代，也不能說是識大體，而又能『堅持真理』！」（21; 454）

他自己要消耗剩餘的生命到本業上，卻那麼舉步維艱。八月二十日，他給館長龍潛寫了一封短信：

龍館長：

我身體已不大抵事。主要毛病是心臟冠狀動脈硬化，四肢和頭部供血不足。局部頭痛轉成定型。讀書一會兒即感疲倦。記憶力和文字組織力，都顯明在逐漸衰退中。手足無力，走路時舉步易失確定性。白天讀小字書眼目易模糊，頭部沉重，得躺躺，躺下也並未即減去頭部壓力。晚上睡醒，頭部常發木……。種種徵象，多證明和心臟機能衰退供血不良問題有關。求好轉似已無可希望。只是如能保管比較得法，或可以稍延緩自然的進展，不至於突起惡化，或中風癱瘓，或發生更糟事故。照近一月趨勢看來，一切似還照自然規律在慢慢進展中，無可奈何。

目前《服裝資料》稿，已照你所說及王主任意見，將應加的由大章等分別繪出加上，文字部分也照各方面意見應改的改，能刪的刪，待大章等將新圖繪出後，我再用一星期時間仔細排定秩序，使文圖相互關係不致錯亂，即可上交審核。初步工作，九月內總可告一段落。完結後再看看館中需要，安排工作，或整理綢緞，或先將部中上次約全國工藝美術教師分別執

> 筆編寫幾部工藝史稿，和絲綢、漆、瓷專題教材，由我審定待印稿件，為搶時間一一看畢。工作作完，再說休息。是否能較好的完成這個任務，一切也只是盡力為之。我曾於上月給劉白羽部長寫了個信，談到這幾部稿子，如何看，如何改，工作效率會比較好些的意見。是否有必要這麼作，將看部中對於這些教材要求而定。（我的點點常識，若用得上，自然應努力作去，若用不上，也只好交由後來高明去作，總之心已用到！）
>
> 我希望能有機會到一中醫療養所住十天半月試試，看看有無轉機，也只是「死馬當成活馬醫」一種打算。（21; 462-463）

九月十八日，沈從文致函北京市副市長王昆侖，提請採取措施搶救上方山廟裡所存一萬七千冊明正統《大藏經》。他建議成立各方面人員構成的工作組，而他自己專看裝裱經面和包袱錦材料，記錄品種花色。明錦是他從事文物研究一開始就關注的，過了這麼多年，也沒有多少同道。得知有這麼些錦緞材料在深山中飽蠹魚銷蝕，他自是心痛。

形勢卻愈來愈不是關心什麼花花朵朵、綢子緞子的時候，九月二十五日，他在給妻子的信中說：「我這兩天聽了二報告，一政協傳達，一文化部新部長（館中傳達）……同是要政治掛帥，定工農兵方向。」館裡要設政治部，已有三人來蹲點。可他還老是坐在桌前改服飾資料的書稿，「十八萬字盡日在腦中旋轉，相當沉重。」這是一種無望的努力，他心裡其實明白結果會怎樣，但就是不甘心，不肯放棄。「只怕遇到批評家，從圖像，從文字，都必然可挑出百十處錯，也無從辯解。不得已最後複印將說明全刪去，亦復可能。因為圖省事，並且亦真正省得麻煩也。最擔心的是我自己，只有我自己明白內中得失。」「想來擔心怕人。只能盡力之所及作去，不求有功，但願無過，能無過，就很不錯了。」（21; 480–482）到年底，稿子還在趕改，不過，「我已早把出版理想放棄，只老擔心將來出亂子……」「科學院社會科學各部門，正在大舉討論吳晗關於海瑞戲劇和姚文元、戚本禹文章，就趨勢言，將比談『中間人物』和《早春二月》人數還廣泛。……我近來搞的一行，……也極容易成為『厚古薄今』。」（21; 505, 506）

十一月中下旬，政協「開門學習」，沈從文跟隨活動參觀了京郊的南韓繼地方農業、焦戶莊地道戰遺跡、石景山鋼鐵廠。參觀地道戰遺跡時，他注意到，「同行的多歷史人物，計有溥儀皇帝，和蔣名下大小帶兵官二十來位。（我試為估計了下，大致管過一百五十萬左右大兵！」

景德鎮陶瓷十一月來京展覽，沈從文給報紙寫了兩篇介紹短文。此外，這一年沒有發表別的文章。而且此後十四年，他也沒有發表任何文章。

這一年收到日本漢學家松枝茂夫來信，這位從三十年代起即翻譯沈從文作品的研究者，打算翻譯他的「全集」。沈從文一直沒有答覆，也無從答覆。至於紐約出的一本中國文學選（A Treasury of Chinese Literature: *A New Prose Anthology Including Fiction and Drama*, New York: Appleton-Century-Crofts,1965）收了《龍朱》，那更是何其遙遠世界裡的事情，與眼下的處境比起來，簡直不值一提——當然，可能的情況是，沈從文根本不知道。

沈從文給程應鏐的信裡說：「照理到了這個年紀，應活得稍稍從容點，卻經常在『鬥爭』呼

聲來復中如臨深履薄，深懷憂懼，不知如何是好。」（21; 490）

下部

一九六六—一九八八

第十章
大字報、檢查交代、抄家、批判會

一、大字報

一九六六年在惶恐不安中到來了。沈從文像那個時期的普通人一樣經受著變化的劇烈震盪，大概也像普通人一樣有「準備不足」之感。二月十日他給程應鏐的信中說到，「北大歷史、哲學系已分出，改為『半農半讀』制度，二月已在十三陵山村中開學上課，且決定不再回頭。五十來歲教授均已同去，留下的惟六十以上向達等若干人而已。變化之大，師生精神上似均有『準備不足』感。此等變化不知是否僅限於北大，還是不久即將向全國高等院校推行？」（22; 3）

此信剛剛寄出，追加一信，因為恐怕信封名字寫錯，「甚矣吾衰，頭腦之不得用，一至於此！」又談時政，「學校方面（文史部門教師）大致多集中於《海瑞罷官》與半工半讀改制及教改三問題。政協與各民主黨派，無黨派直屬學習組則學反修、反帝檔。事實上大家知道國際的問題極其少，但談來談去，認識上亦不易真正有何提高。惟共同學習的隊伍，卻極有其意義。前數年中計有馬寅初、黃琪翔、鄭洞國、李書城（黃興之參謀長）等十多人，近年則有梁漱溟、向達、王芸生、鄒秉文、翁獨健、吳世昌、還有巨贊法師及一基督教首腦等廿多人，有些近於卅年老友，有些又永遠將極陌生，不僅政治認識差距大，生活習慣差距且更大。」（22; 5–6）這些人裡面，「近似同行」只有翁獨健、向達二位。五月，再次致信程應鏐，「這幾月報刊對吳晗批評日益深入，範圍之廣，火力之集中，均為解放以來第一回出現。」（22; 12）

五月中共中央政治局擴大會議通過了開展「文化革命」的《「五・一六「通知》，六月一日《人民日報》發表社論《橫掃一切牛鬼蛇神》，運動迅速席捲全國。沈從文雖然不能完全明白時勢劇烈變動背後的政治運作，對自己的命運，卻也清清楚楚。五月，給老友邵洵美信裡說，「半年來日讀報刊，新事新聞日多，更不免驚心動魄，並時懷如履薄冰惶恐感。在此『文化大革命』動盪中，成浮沫沉滓，意中事也。」（22; 16）即使在一九四九年的翻天覆地中，沈從文也沒有把「浮沫沉滓」這樣的詞用到自己身上。當然，此類用詞是時代衝突極端化的產物，可是他也的確被這樣的時勢壓迫出如此強烈的感覺，七月給大哥的信裡，他重複使用了同樣的詞語：「我等已完全成為過時沉渣、浮漚，十分輕微渺小之至，小不謹慎，即成碎粉。」他甚至囑咐大哥不要隨意花錢，「我們或許有一天會兩手空著回到家鄉的。……現在快到七十歲，若真的回來，大致即將作終久計矣。」（22; 20）

張兆和從順義農村的「四清」工作中回到了北京，沈從文卻在六月中旬被集中到北京西郊的社會主義學院，入文化部系統集訓班學習；下旬次子一家離京，沈虎雛、張之佩隨企業內遷「三線」，兩個人帶著一歲多一點的沈紅，趕赴四川自貢長征機床廠。

七月，沈從文又被調回博物館參加學習。等待著他的，首先是大字報。現在無法復原當時的大字報內容了，但沈從文看過後，無從抑制強烈的憤怒，當即奮筆反駁，從這篇保留下來的文稿（《表態之一——一張大字報稿》），約略可以推知大字報造成的氛圍，以及加在他身上的部分「罪狀」：

……回來後，看過三半天大字報，才明白館中文化大革命運動，在中央派來的工作組正確領導下，已搞得熱火朝天。像我這麼一個微不足道的人，諸同志好意來幫助我思想改造，就為特辟專欄，寫了幾十張大字報，列舉了幾百條嚴重錯誤，我應當表示深深的感謝。因為首先想到的是，一切批評總在治病救人。我若真是牛鬼蛇神，自然是應當加以掃除的。

但自然也感到十分痛苦，巨大震動，因為揭發我最多的是范曾，到我家前後不會過十次，有幾回還是和他愛人同來的。過去老話說，十大罪狀已夠致人於死地，范曾一下子竟寫出幾百條，若果主要目的，是使我在群眾中威風掃地，可以說是完全作到了。……

我只舉一個例就夠了，即范曾揭發我對群眾最有煽動性的一事，說是丁玲、蕭乾、黃苗子等，是我家中經常座上客，來即奏爵士音樂，儼然是一個小型裴多菲俱樂部。這未免太抬舉了我。事實上丁玲已去東北八九年，且從來不到過我家中。客人也十分稀少，除了三兩家親戚，根本就少和人往來。來的次數最多大致便是范曾夫婦，向我借書主要也只有你夫婦。你怎麼知道丁玲常來我家中？這究竟是怎麼回事？別的我就不提了。即使如此，我還是對范曾同志十分感謝，因為他教育了我，懂事一點，什麼是『損人利己』。可說是收穫之一。至於其他同志對我的種種揭發批評，我在此再一次表示誠懇的感謝。……我們在一處共事，雖說相處已十多年，表面相熟，事實上並不相熟。……

……同時也讓像我們這種從舊社會來的臭知識分子，假專家，假里手，把靈魂深處一切髒、醜、臭東西，全部挖出來，得到更徹底的改造。在這個大革命時代，個人實在十分渺小，實在不足道！……（27; 171-172）

寫揭發批判沈從文大字報的不止一個，有「諸同志」，形成規模；但讓沈從文特別受傷害的，是范曾。多年之後，范曾在自述裡說：「沈從文先生對青年人愛護極了，對我的作品也很欣賞，不過我一生對不起他的地方便是在『文化大革命』中，他作為『反動權威』被揪出之後，我也曾給他寫過大字報。」[1] 一九九八年十月《讀書》雜誌刊出陳徒手《午門城下的沈從文》後，范曾發表《憂思難忘說沈老》，為陳徒手文中涉及他的部分辯解。辯解不止是大字報的問題，還有後來如何對待沈從文的事，且留到後面再說。范曾述及沈從文對他的「知遇之恩」，可以讓我們明白在諸多的揭發批判中，為什麼范曾的大字報讓沈從文格外痛苦。

一九六二年，范曾在中央美院畫完畢業創作《文姬歸漢》後，送給郭沫若看。郭沫若題了一首五言古風，發表於《光明日報》。「郭老題《文姬歸漢》沒有給我帶來好運，系主任Y君勃然大怒，黨委書記C君於全校大會點名批評，帽子是極端的個人主義，逐名逐利。」此時正是畢業分配之際，范曾給沈從文寫了一封信，「表示願意到歷史博物館工作。沈先生收到信後立即為我辦理手續，偶遇阻遏，先生則表示即使公家拿不出薪金，他願本人給我每月發工資。沈先生對我的知遇之恩，使我沒齒難忘。而他明知郭老十分欣賞我的作品，卻不計個人與郭老的宿怨，同樣垂愛於我，這也更可見沈先生的處世原則，他的確是思賢若渴的。」[2]范曾所說的「偶遇阻遏」，其實並非輕易可以解決，自一九五五年起就在歷史博物館美術組工作的李之檀了解這件事的經過：「根據沈先生的要求，館人事科派人去中央美術學院聯繫。當時中央美術學院國畫系主任葉淺予先生認為，范曾有個人名利思想，不同意將范曾分配到中國歷史博物館工作，並建議分配給同時畢業的其他同學，並保證能滿足歷史博物館的工作需要和工作品質要求。當時的館領導為了尊重沈先生的意見，由館黨委書記副館長高嵐親自到中央美術學院進行多次交涉，中央美術學院領導才同意將范曾和邊寶華同時分配到歷史博物館工作，和館裡美術組其他同志一起，從事中國古代服飾形象材料的臨摹繪圖。」[3]在《中國古代服飾資料》的繪圖工作中，范曾確實投入了極大精力，發揮了才華，他畫得快而好，幾個人中他繪製的圖稿數量最多。

個人的恩怨只不過是大動亂的小插曲而已；更需要沈從文應對的，是嚴酷的時代壓力，從方方面面，向著這個老人，鋪排而來。

1　范曾：《我的自述》，《范曾自述》，北京：文化藝術出版社，二〇一〇年，頁二一四。

2　范曾：《憂思難忘說沈老》，《范曾自述》，頁二六〇。

3　李之檀：《沈從文先生在歷史博物館》，《永遠的從文——沈從文百年誕辰國際學術論壇文集》，頁六六五。

二、檢查交代

「文革」初期，沈從文就作為反動學術權威受到衝擊，隨後成立「沈從文專案組」，清查沈從文的罪行：歷史罪行和新的罪過。依據郭沫若《斥反動文藝》中的斷語，他的歷史問題被定為「反共老手」；解放以來在歷史博物館工作，還犯有許多新的嚴重過錯。自然，他需要不斷地答辯、檢查、交代。從一九六六年七月到一九六八年十二月，他就做過六十多次檢查。僅以一九六六年七、八兩個月為例，《沈從文全集》第二十七卷編入的此類文稿有：《表態之一——一張大字報稿》、《表態之二》、《回答》、《關於服飾資料問題》、《上交家中破瓷器的報告》、《我為什麼強調資料工作》、《大連會議事情》、《我為什麼研究雜文物》、《我為什麼搞文物制度》、《關於減薪事感想》、《勞動感想》、《我的檢查》。從秋天到年末，寫的交代材料還有：《文學創作方面檢查》、《我到北京怎麼生活怎麼學習》、《我到上海後的工作和生活》，屬於過去的歷史問題。《全集》為避重複只選編二十篇文字材料，沒有編入和已失的材料數量應該不少，以未收入《全集》的一份一九六六年冬天分章寫的檢查稿為例，首頁注明共一百頁，總篇幅估計達四萬字。

《我的檢查》是八月寫的，交代解放以來的罪過，第一部分關於「對外放毒」，第二部分談對「文革」的認識，第三部分檢討「思想上的反動性」。第一部分最具體，摘要如下：

一、關於對外服務的放毒作用，幾年來歷史戲的演出方面計有：

郭沫若的《屈原》、《虎符》、《蔡文姬》、《武則天》；

曹禺的《膽劍篇》；

田漢的《關漢卿》、《文成公主》；

孔尚任的《桃花扇》（電影拍攝來談過材料）。

二、十多年來，對高等院校歷史文物教學資料室的建立，經我協助過的，計有：

1.長春人民大學歷史教學資料室；

2.山東大學歷史系教學資料室；

3.上海華東師範學院歷史資料室；

4.吉林藝術師範學校美術史教學資料室；

5.南京美術學院教學參考資料；

6.浙江美術學院工藝系教學參考資料；

7.北京中央工藝美術學院陶瓷（有很多是我送的）和其教學資料；

8.中央音樂研究所陳列室古代樂舞繪畫部分資料。

三、關於協助生產絲綢方面，計有：

1.南京雲錦研究所；

2.蘇州宋錦生產合作工廠；

3.東北柞蠶絲綢廠，及北京印染廠等等。

四、提供不健康婦女病態形象供生產上應用的，計有：

1.北京市絹製人形生產合作社；

2.北京市工藝研究所象牙雕玉部門。

這種種，都證明我是個封建文化的熱心推廣者，是個藝術上思想上的保皇派，越學得多，懂得多，犯下的罪行就越大。一切努力影響，只是想拉住青年往後瞧，走回頭路。而不是照主席指示的向前看，迎著毛澤東思想光輝紅太陽，創造社會主義所需要的東西。

……我的用意雖重在「古為今用」，但影響卻很不好，我的錯誤是明明白白的。（27：200–203）

如果不是他被迫檢討，一一羅列相關的劇組、單位、部門，恐怕真沒有人能搞清楚他的雜文物研究做過多少分文不取的義務服務。不過，「對外放毒」還只是罪過的一個方面，其他很多方面的問題，就不是這麼簡單羅列就可以交代過去的。

三、抄家

沈從文被安排每天打掃館裡的廁所，有時候也做些拔草之類的輕微勞動。館裡宣布，從八月起扣發工資，按家中每人十二元計發生活費，他每個月可以領取三十六元。

八月二十五日起，沈從文家接連被抄三次。此後的兩年，不知道什麼時候就會被查抄。到一九六八年八月，共被抄家八次。

抄家，運動開始後風行全國的「革命恐怖」，可以隨意用在一切牛鬼蛇神身上。沈從文家被抄沒有什麼意外，稍出意外的是，第一次抄家的隊伍不是來自歷史博物館，而是從北京工學院來的工人造反派。沈從文的大兒子沈龍朱自打成「右派」後，就一直在學校工廠裡做鉗工，家裡被抄先是由他這個「摘帽右派」而起。紅衛兵押著他回去抄家，主要是想搜出點房契、地契之類的東西。他們當然搜不出這些根本沒有的東西，卻看到了很多書和唱片，就認為書和唱片有問題，特別是唱片，應該是沈從文收藏的「黃色唱片」。為了證明確實是他們以為的「黃色唱片」，這些不懂英文的紅衛兵專門派人回學校請了一位英文教師，看過之後沒有發現什麼問題，但唱片還是被全部拿走了。挑頭去抄家的是沈龍朱的一個姓馬的同事，他把沈家人排成一排，聽他訓話。最後，紅衛兵們逼著沈家專門騰出一個房間，把書都塞進去，封存起來。

說到唱片，這裡不妨簡單補敘一下沈從文和西洋古典音樂的關係。沈從文無從接受音樂教育，就是泛泛的音樂常識，怕也說不出多少來；可是，沈從文和音樂的關係卻超乎尋常地深切，音樂於他，不是一般所說的欣賞物件，而直接化為了他生命中的力量，甚至常常是當他的精神處於困頓、出現危機時能夠給他以救助的力量。就憑他每每幾乎是本能地向音樂求救這一點，足以說明「深切」是如何之「深」，如何之「切」了。

四十年代在昆明寫作《綠魘》、《燭虛》、《潛淵》諸篇什時，是沈從文陷入對生命的抽象思考和具體感受之間的泥淖裡苦苦掙扎、難以自拔的日子。這時節的沈從文一遍又一遍地想起音樂，以《綠魘》第三部分「灰」為例，三次談到音樂，每一次幾乎都是祈求。「給我一點點好的音樂，巴哈或莫札克，只要給我一點點，就已夠了。我要休息在這個樂曲作成的情境中，不過一會兒，再讓它帶回到人間來……來尋覓，來探索，來從這個那個剪取可望重新生長好種芽。……」後來，他又對溫柔體貼的主婦說：「我需要一點音樂，來洗洗我這個腦子，也休息休息它。普通人用腳走路，我用的是腦子。我覺得很累。音樂不僅能恢復我的精力，還可縛住我的幻想，比家庭中的你和孩子重要！」文章最後，又說，「音樂對於我的效果，或者正是不讓我的心在生活上凝固，卻容許在一組聲音上，保留我被捉住以前的自由！」（12; 151, 155, 156）

一九四九年在精神從崩潰中恢復的過程中，音樂又一次顯示出它在沈從文生命中的療救力量。九月二十日給張兆和的信，可以看作是沈從文對這一「非常時期」的自我總結，信開頭就說：「你和巴金昨天說的話，在這時（半夜裡）從一片音樂聲中重新浸到我生命裡，它起了作用。……音樂　明了我。說這個，也只有你明白而且相信的！」沈從文說到「十分離奇情形」，即真理、明知和善意的語言、壓迫和冷漠，都不能完全征服自己，「可是真正弱點是一和好音樂對面，我即得完全投降認輸。它是唯一用過程來說教，而不以是非說教的改造人的工程師。一到音樂中，我就十分善良，完全和孩子們一樣，整個變了。我似乎是從無數回無數種音樂中支援了自己，改造了自己，而又在當前從一個長長樂曲中新生了的。」又說，「十餘年來我即和你提到音樂對我施行的教育極離奇，你明白，你理解。明白和理解的還只是一小部分，可不知更深意義，即提示我的單純，統一我複雜矛盾而歸於單純，謐靜而回復本性。忘我而又得回一個更近於本來的我。」（19; 54, 55, 56）

這樣一種「極離奇」的深切關係，顯然不是靠通常的修習就能建立起來的。如果說還有一樣東西也佔據了如音樂般重要的意義，也和沈從文的生命建立了一種「極離奇」的深切關係，那就是水。讀過《湘行散記》和《湘行書簡》的人，自然感受得到水對於沈從文意味著什麼。幾乎可以說，水成就了大半個沈從文，如果沒有水，就真沒有沈從文了。水是自然的，在沈從文那裡，它也是人文的。而在沈從文的生命裡，音樂如水，是人文的，也是自然的。音樂和水的「同質性」——譬如，流動不居；既具體可感，又極端抽象；等等——是靠生命的吸納和感悟來證明的。如果能夠理解水與沈從文的關係，音樂與沈從文的關係也大致可以理解。一九五六年十月十三日，沈從文在濟南廣智院早晨起來聽到鋼琴聲，他在當天給張兆和的信中寫道：「琴聲愈來愈急促，我慢慢的和一九三三年冬天坐了小船到辰河中游時一樣，感染到一種不可言說的氣氛，或一種別的什麼東西。生命似乎在澄清。」（20; 29）幾乎不用說，「澄清」既是水對於生命的作用，也是音樂對於生命的作用。

《燭虛》裡說，「表現一抽象美麗印象，文字不如繪畫，繪畫不如數學，數學似乎又不如音樂。」（12; 25）這些話聽起來並不新鮮，許多人都會說，正因為如此，許多時候我們聽到的只是空話，而沈從文說的是他生命中的事情。

家裡有台上海牌收音機，在兒子的印象裡，沈從文只要打開，聽的總是交響樂。五十年代初，沈從文分期付款買了捷克電唱機，兩個孩子由此開始買唱片。「唱片其實都是我和弟弟買的，是捷克、德國進口的，很好的三十三轉的唱片。因為父親也喜歡，我們兄弟每個人每月拿出工資的十幾塊、七八塊買張密紋唱片，多半是交響樂、小提琴協奏曲、鋼琴協奏曲……」[4]這些唱片到被抄走的時候，大概積累了七、八十張。

歷史博物館的造反派沒有想到，自己單位的「反動派」，反而被別的單位的紅衛兵占了抄家的先機，於是也立即組織起來，接連抄了幾次沈從文的家，把認為有問題的書籍、文稿、書信等，搬到前院的一個空房間，在沈從文在場的情況下，將其封存。後來封存的書籍、文稿等交給群眾組織大聯委的「沈從文專案組」，供整理沈從文的罪行材料用。

造反派認為，沈家不能住三間房，強行逼迫騰出兩間，分給工人住。同住東堂子胡同的鄰居李之檀記得，「這位工人便搬進了沈先生原住的靠東邊的兩間房子，將房內的書籍、雜物及部分傢俱搬出，堆放在院子裡和臺階上。沈先生看到他家的硬木傢俱被放在院裡東屋的房檐下，風吹雨淋，很可惜，便勸說鄰居各家可以搬走使用。這樣沈先生的房子，便只剩下了西頭的一間臥室，屋後的小過道也沒有了。堆在院中的書，則沒辦法解決，只好由表侄黃永玉的夫人張梅溪作主，七分錢一公斤賣了廢品。」[5]

沈從文當作女兒收養的沈朝慧被登出了戶口，受脅迫離開北京回原籍鳳凰，後來就在各地的親戚間流徙，有一段時間到長春住在大姑媽家。

藏書盡失，兒女四散，一間小屋子，只剩下兩個老人。

四、批判會

九月十五日，歷史博物館批判沈從文，沈從文獲准記錄。從這份當場的原始紀錄裡，大致可以想見其時的情形：

A：不老實。即如此情況。發言寫出來照念。談到老了即下不了鄉，三四十歲就差不多。本身是反動的，本質上是反黨的。上歲數即不革命了嗎？本質即反黨的。活到老學到

4 沈龍朱口述，見劉紅慶：《沈從文家事》，頁一六六。

5 李之檀：《沈從文先生在歷史博物館》，《永遠的從文——沈從文百年誕辰國際學術論壇文集》，頁六六八。

老，學一輩子〔毛主席〕著作。是老狐狸又滑又奸。群眾〔稱〕你為反共老手，一輩子，今天還一邊學一邊反。勞動也這樣不老實。並不要求多，還是臭專家架子。不是勞動問題，還是臭架子。一向是周揚和齊燕銘〔做〕後臺。還是特權思想，放毒，反攻，辦不到。放一輩子毒，說寫不了。作家寫不了材料，是不想不敢暴露罪行。

B：應狠狠批判，對於運動不認識。是專政物件。幾個月來□□。集訓班第一次。建館時人人大家日夜幹，你無專責。學習時來請你，你來過幾次？全國找上這種幹部那有這種人？考慮一下。運動一來，是反共老手。在政協，也放黑話，〔對〕向達說，不為配助手。王冶秋說小心沈從文，一不×即寫信〔給〕周揚。說生命有限，即威脅人。已成人民專政物件。勞動總事事照顧，必反工。擦桌子也不乾淨。吃過多少人民的飯，做了什麼事。

C：解放以前是保守。這幾天學習，還是反黨的。主席說凡是……即反黨。不是保守問題。根深蒂固的反黨。幹什麼也〔幹〕不了。可見平常在家什麼也〔做〕不好。拔草也不好，純粹是大寄生蟲。如這樣反黨寄生蟲，死了還好些。

A：宿舍多客人，不關門。怕，即心中有鬼（沾胡適問題，所以怕）。

D：社會主義睡大覺，檢查了自己沒有。保了你，三禮拜學習，才明白。三禮拜講了多少黑話。有五十年文藝。還說是舊民主主義時代的人。今天不老實，即無出路，只有死路一條。現在打〔倒的〕當權派即為維護你而犯過錯。五九年以後，反毛即多黑話。

瞧不起毛主席，本來早應打倒。反共積極。在北大搞什麼。解放前夕，和陳雪屏有關係。送×××小說看，腐蝕青年。把你捧上了天，眼中只有陳喬。後來只寫齊燕銘派下來。這幾年在政協遊遊逛逛，吃好住好。幹了些什麼？以歷博專家，帶青年逛景山。不想贖罪，滑不過去。不要想還有誰保護你。勞動也是，要增加一點勞動。從今天起看著你寫。不交待。

A：不上班，不是剝削來的？

A：寫大字報空洞，開現場會。

A：不自量，評主席著作。還放反動黑話。沒有東西，只扣帽子。反對工農作品，好大膽。

A：是對主席思想反對。

D：范曾寫過一首詩，頌揚備至。

A：在館比天都高。（22; 21–23）

國慶日轉眼就要到了，沈從文和一批受衝擊的人被集中起來在機關內住，不許回家，並宣布了幾項規定。沈從文記錄如下：

1. 五號晚上回去。

2. 上午學十六條報紙等，下午寫材料。
3. 離開屋子得請假。
4. 不亂說亂動。
5. 屋中一切東西不要動。（22; 24）

《中國古代服飾資料》被認定為歌頌「帝王將相」、「才子佳人」的毒草，當然要批判；但只批判沈從文不足以表現徹底的革命激情，揪出「黑後臺」進行批鬥對紅衛兵來說才更刺激。晚年沈從文在一次座談會上還說起過這件事：「我一生特別抱歉，支援我的齊燕銘先生，特別把他綁起來到我們歷史博物館的小禮堂大罵了一天。那麼他呢，曉得我——從紅衛兵小將中間有知道我身體的人，曉得我心臟有病，他就讓我陪批鬥，綁到隔壁房子裡聽，整整地罵了他一天。罵的人都不知道所以然，因為大多數人都沒有看過這本書，大多數人也看不懂這本書，因為它寫的專門問題呀，你怎麼看得懂。……所以就亂罵了，罵了一整天，上、下午，七個多鐘頭，才把他放走了。」[6]

歷史真是諷刺：一九四四年，楊紹萱、齊燕銘執筆的新編歷史劇《逼上梁山》被視為延安「舊劇革命」的先聲，毛澤東給他們的信裡說：「歷史是人民創造的，但在舊戲舞臺上（在一切離開人民的舊文學舊藝術上），人民卻成了渣滓，由老爺太太少爺小姐統治著舞臺，這種歷史的顛倒，現在由你們再顛倒過來，恢復了歷史的面目，從此舊劇開了新生面，所以值得慶賀。」[7]

但是到一九六三年，齊燕銘所在的文化部卻成了毛澤東重點批評的部門之一，十一月，毛澤東以他特殊的語言風格，說文化部如不改變，就改名為「帝王將相部」、「才子佳人部」，或者「外國死人部。」[8]一九六六年《紅旗》第九期重新發表毛澤東《在延安文藝座談會上的講話》，加按語《無產階級文化大革命的指南針》，按語中首次公開披露了毛澤東一九六三年和一九六四年對文藝問題的兩個「批示」的具體內容。擔任文化部副部長的齊燕銘，愈來愈明確地被視為走向了他延安時期「舊劇革命」立場的「反面」，「文革」開始，自然逃脫不了被揪鬥的厄運。

對於沈從文來說，諷刺還更深一層：「帝王將相」、「才子佳人」主要指的是歷史題材的戲劇，歷史博物館的造反派「創造發明」地把《中國古代服飾資料》也當成這種危害的毒草，哪裡能懂得，沈從文苦心研究的物質文化史及物質文化中的服飾一脈，要講的恰恰是普通人民創造的物質、創造的文化和歷史。在隔壁小屋子裡通過喇叭聽批鬥的他，在為牽連齊燕銘而深感不安的同時，也為這個巨大的反諷感到更深的悲哀。

沈從文的遭遇，在那個「史無前例」的動亂開始的年月，還不是最悲慘的。八月中旬，他的老朋友巴金，在剛參加完亞非作家緊急會議之後，也被隔離關進「牛棚」；老舍，在北京市文聯

6 沈從文：《自己來支配自己的命運——在〈湘江文藝〉座談會上的講話》，《沈從文晚年口述》，王亞蓉編，西安：陝西師範大學出版社，二〇〇三年，頁四九-五〇。

7 毛澤東：《看了〈逼上梁山〉以後寫給延安平劇院的信》，《人民戲劇》一九五〇年創刊號。

8 薄一波：《若干重大決策與事件的回顧》下卷，北京：中共中央黨校出版社，一九九三年，頁一二二六。

八月二十三日的批鬥中，被掄著皮帶的紅衛兵打得頭破血流，第二天投太平湖自殺，沒有人說得清他投湖的具體時間；九月三日，傅雷和他的夫人朱梅馥，在上海家中一同上吊自盡；同一天晚上，陳夢家，沈從文相識幾十年的朋友，在北京家裡自縊而死。據粗略統計，僅八月下旬到九月底的大約四十天時間裡，僅北京市就有一千七百多人被打死，三萬三千六百多戶被抄家，八萬四千多名所謂「五類分子」被趕出北京。[9] 沈從文家被抄了，女兒被趕走了，畢竟他人活著——倖存者將承受源源不斷的凌辱和苦難而活下去。

9 王年一：《「文化大革命」第一階段述評》，《黨史研究資料》一九八四年第十期。

第十一章
「連根拔除」前的日子

一、家人各有其難

沈朝慧被迫離開北京，在各地的親戚間輾轉流徙，讓沈從文痛心不已。在想不出任何辦法的境況下，他致信江青，希望能准許女兒回到身邊，為他的文物研究做點輔助繪圖一類的事情。信大約是一九六七年初寫的，他在一九六八年寫的一份申訴材料《我為什麼始終不離開博物館》裡引述道：「為了補過贖罪，我在博物館工作已十多年，搞綜合文物研究。別的工作再求深入，受體力限制，已不會有什麼成就。惟對錦緞研究，擬恢復三幾百種健康活潑可供再生產參考取法的圖樣，留著我女孩作助手，不要公家一文錢，或者在不甚費事情形下，即可完成。」（27: 253）這當然是病急亂投醫，得不到回覆、沒有結果是一定的。直到一九六八年二月沈朝慧與中央美院教師劉煥章結婚之後，仍然要擔驚受怕，因為失去了戶口，隨時可能被清查趕出北京。

沈從文所以會給江青寫信，是因為他在青島教書時，江青在學校圖書館做中文編目，一度想在寫作上尋求出路，向沈從文請教過，旁聽過他的課。時過境遷，人事大變，江青不理睬沈從文的請求沒有什麼意外；讓人想不到的是，一九七二年八月，江青向美國記者維特克（Roxane Witke）講述自己的生平經歷，竟然說自己是沈從文的「學生」，還說沈從文對她非常友好，他的妹妹「沈楚之」經常邀請她到家裡去，她的文學才華給沈從文留下了深刻印象，為了提高她的寫作水準，沈從文讓她每週寫一篇小說，等等。[1]一九七六年十二月，外甥田紀倫把維特克寫的江青傳記《紅都女皇》中涉及沈從文的文字抄錄給他，他在摘錄的文字下寫了一段話，最後幾句是：「記者既在山東住過，且據近人在美出版談及我的專著中說及我曾在青島大學教過書，江又曾在那裡作過小職員，所以問及關係，這妖婆因之真真假假胡說一通。」（14; 492）

一九六七年五月，沈虎雛來北京出差，住了大約四個月。兩個老人能看到兒子，欣慰自不待言。兒子說到一家人在自貢的經歷，其中有讓沈從文對兒媳大為感動的事，他立即給張之佩寫信，言語鄭重：「虎虎來到後，過兩天即回來看看，我們高興可想而知。內中說到的故事經過種種，說你當虎虎等在會上被宣布為『反革命』時，你竟能堅持不曾下淚，我們對你感到欽佩，能堅持真理，有信心，也有勇氣承擔不幸；特別是想到虎虎等被捉去以後，你帶著紅紅過那廿天，是不容易的事！是應當向你表示欽敬以外深深感謝的。」（22; 43）

《人民文學》自一九六六年五月停刊，中國作家協會在一九六七年三月創辦了《文學戰報》，張兆和「每星期必下廠校對，星期五到星期天則上街賣報」（22; 44），她「還是有各種業務性的忙，擠在大卡車，去北大、清華看大字報，一去即半天，搖搖晃晃一二小時，總不免會要腰疼一二天。」（22; 36）

家裡來往的朋友很少，朋友們也大多自身難保。譬如老友朱光潛，「世嘉父親經常在萬人會上鬥批，還不在乎」，這種心態讓沈從文自愧不如，他說自己經過二十來人的小會一嚷之後，「即永遠感到恐怖」（22; 79）。時常走動的不過幾家親戚，如張兆和二姐張允和一家，形勢不緊張、有空閒的時候，兩對老人十天半月會見見面。沈從文的連襟周耀平，筆名周有光，語言文字學家，任職於文字改革委員會，「文革」一來自然也要挨整，一九六七年發現有慢性肝病，需要長時間休養才可望好轉；他也像沈從文一樣，算「專家權威」，問題沒有「當權派」嚴重，但仍然必須經受「鬥、批、改」的折騰。周有光博學，沈從文謔稱他為「周百科」，他聽說，「新華書店除主席著作，另外只有卅幾十種小書可買，內中居然還有百科作的文字改革，大致是當技術書看待而保存下來。」（22; 59）可是沈從文自己，「運動一來，工具書一處理，稿件卡片一毀失，近廿年為新社會十分耐煩熱心搞的準備工作，卻在短短幾天中，就毀去了。當時曾一再向人說，不要毀，這是國家財產，再花多錢，或派人學十年八年，不可能趕上的。話聽不進去，還是散失了。除了保存在腦子中一些線索綱目，具體材料，差不多全完了。除了我自己，沒有一個人明白，毀的正是照主席《實踐論》方法從十萬八萬文物中積累而來的！」（22; 86）

可憐這個老人的苦心：專案組在查抄的手稿中找出一篇他一九六五年寫的研究論文《獅子在中國藝術上的應用及其發展》，看不懂，就勒令他交待這是什麼性質的文章；沈從文在專案組編

1 見 Roxane Witke，Comrade Chiang Ch'ing (Boston: Little, Brown & Company,1977), p.62, 188.

號簽條上寫了這樣的話：「這個問題有用 盼望莫毀去」。[2]

二、「總得要個非黨對立面」

沈虎雛撰《沈從文年表簡編》一九六七年這一年寫得比較簡括：「全年在寫檢查、打掃廁所、集中學習、盼望『解放』和想念孫女中度過。」[3]「文革」初期階段的狂暴過去之後，這一年沈從文災難中的生活相對平靜。「原本聽說除黨內當權派，外即知分是主要打擊對象」；但在中央高層諸多大人物被揪出來之後，連「三家村」中吳晗也成了小角色，「教授專家權威相形之下，自然更不足道了。所以到分別鬥批改時，或不至於去年那麼興奮」。另一方面，沈從文觀察到，「大家都相當疲累了」。（22; 31）十月，沈從文給沈虎雛的信裡說到一些熟人的近況，「文化部門的文化秀才，凡和三家村、閻王殿無多聯繫的一般專家權威，多在逐漸解放中，例如文學所的李健吾，卞之琳，北大林蓉的父親林庚，都已得到解放。且聞俞平伯和馮至，也在解放討論中。」（22; 61）「三家村」一開始指的是共用筆名吳南星在北京市委機關刊物《前線》上寫《三家村札記》的吳晗、馬南邨（鄧拓）、廖沫沙，「文革」中常常轉用來指原北京市委；「閻王殿」指原中宣部——毛澤東在一九六六年三月說，中宣部是「閻王殿」，要「打倒閻王，解放小鬼」。沈從文自忖與這樣的領導機關沒有關係，覺得自己也可能會從「黑幫」中「解放」出來。不過，具體到歷史博物館的情況，「解放」的可能性就很小了。歷史博物館被監管的有五個人，其中正副館長三個、主任一個，是「黨內當權派」，還有一個「專家權威」，就是沈從文。沈從文心裡明白，「總得要個非黨對立面，好教育青年，所以應放一時不會放。」（22; 66）

十月，兩個造反派監管五個「黑幫」分子組成「毛澤東思想學習小組」，計畫學習兩個月，通過檢查和批評之後，可望得到「解放」。但學了一個月忽然又停頓下來，因為十一月初，「無產階級專政下繼續革命」的理論大張旗鼓地提出之後，隨即全國掀起了「清理階級隊伍」的運動，清查叛徒、特務、走資派以及沒有改造好的地、反、壞、右分子。這樣一來，「解放」就更無望了。

「解放」或者「不解放」，對沈從文來說，其實已經不是一件大不了的事情了。「不解放」就是這個樣子，「解放」了又能怎麼樣？該怎麼活著，還得怎麼活下去。十二月二十五日，沈從文給沈虎雛、張之佩的信裡說到他和張兆和的生活，「大哥經常買了些新唱片回來，也有用民歌配語錄作得很好的。一般我和媽媽晚上聽兩三張，搭一張老肖、老悲的。」（22; 83）

這就是沈從文，沒被「解放」的一個老人，一九六七年的夜晚，他還要聽蕭邦和貝多芬。

2 《獅子在中國藝術上的應用及其發展》編者注，《沈從文全集》第二十八卷，頁二三二。

3 沈虎雛：《沈從文年表簡編》，《沈從文全集》附卷，頁六三。

三、「白日驚沙迷眼前」

一九六八年的日子又難過起來。

三月中旬又被抄家，八月還來查抄。一個小家前前後後抄了八次，實在抄無可抄了，以後再也沒有抄過。抄家未必能夠發現新的罪證，但給沈從文心理上的傷害是深重的，儘管他表現得足夠冷靜。在三月的抄家之後，他給沈虎雛寫信，雖然隻字未提抄家，但精神上的緊張症候顯然與這樣的事情有關：「不大健全神經，一到失眠，即不免會有些錯覺產生（近於神經分裂症的前期徵兆）。有時上街見生人即害怕，小孩子在院中叫嚷也感到害怕，甚至於媽媽說話也害怕。心裡空虛軟弱之至。也希望天氣轉暖，會隨同好轉。生活過於枯寂，可能大有關係。近一二月來，除了梅溪隔日來為打打針，只曉平表哥隔星期或來看看，別的熟人均少見到了。因為各人都忙著學習。我隔二三天才上一次街，辦辦吃的。」（22; 123–124）

張梅溪為沈從文注射碘劑，從去年十月就開始了，一直持續到一九六九年他下放湖北離開北京為止，為的是軟化血管和溶解心血管沉積物。沈從文的高血壓和心臟病有愈來愈嚴重的趨勢，九月份，他甚至覺得，身體即便能維持一陣，「也怕還是過不了明年」（22; 137）。

五月給沈虎雛的信裡說：「家中生活，也起了些應有變化。存款全已上繳，我從六月起，只能領一點生活費數目恐只一二十元，這是極其合理的事。家中主要得靠媽媽那點收入了，所以生

活極端簡化是必要的。」（22; 135）

形勢千變萬化，武鬥、派系、「大聯合」、「三結合」、「鬥批改」，等等等等，「日報刊載的有關文運事件，有部分又已經看不懂。」「無從估計明天。因為全域似只中央文革懂。」（22; 114, 113）在時局不定的茫然中，個人想做的事也不能做，枯寂苦痛中也就格外牽掛遠在自貢的兒子一家，為兒子擔心，想念孫女，於是寫了很多信，還多次提醒兒子一周寫一封信說說他們的生活，寫寫孫女的情況讓疲於工作的奶奶放鬆、高興一下。五月他還寫了幾首詩，或懷念昆明鄉下自然風物，或議論國際政治時事，還有一首自省亦復自嘲的《箴「我」》：

思想陳腐腦筋舊，
閉門思過改造難。
臨池長懷春冰戒，
舉足難忘八節灘。
南國風物纏夢寐，
白日驚沙迷眼前。
鬥「私」忘「我」除「怕」字，
反覆勤讀老三篇。（15; 330）

沈從文看不懂大局，卻注意到一些現象，比如，從三月初許廣平去世之後，「用『作家』名分在外賓中出面的，似乎只剩下一個郭沫若。就只那麼一個人。」（22; 115）這一年遭迫害致死的作家倒可以列一長串名字：彭柏山、司馬文森、海默、楊朔、麗尼、李廣田、田漢，轉過年來還有陳翔鶴、吳晗……對比起來，沈從文有時會說，「館中對我也夠好了。」（22; 93）

海外卻有傳言，把沈從文也列於了死者名單。六月九日，臺灣《中央日報》刊出署名「井心」的文章，說沈從文被迫害致死。梁實秋見到這個消息，寫《憶沈從文》一文悼念，但當時並未發表；一九七四年臺北志文出版社出版梁實秋的《看雲集》，才收了這篇文章，文末加了一九七三年在西雅圖補寫的一個說明：「此文寫過，又不敢相信報紙的消息，故未發表。讀聶華苓女士作《沈從文評傳》（英文本，一九七二年紐約Twayne Publishers出版），果然好像從文尚在人間。人的生死可以隨便傳來傳去，真是人間何世！」[4]

八月，沈從文寫申辯材料《用常識破傳統迷信》。國慶日期間，照例被集中到博物館住宿。

十二月，首都工人、解放軍毛澤東思想宣傳隊進駐歷史博物館，把全館人員集中到館裡睡地鋪，進行揭發批判，除了館裡的領導，沈從文、史樹青等被作為反動學術權威，也劃歸牛鬼蛇神的「牛棚」。紅衛兵封存的資料，由大聯委全部移交給工軍宣隊，但專案組依然進行工作。「工軍宣隊還拿了沈先生的小說《邊城》，要專案調查小組研究如何組織批判，但小說《邊城》根本找不出可批判的問題。對沈先生的批鬥會，開過一次，是和批鬥副館長任行健、韓壽萱、陳列部主任王鏡如一起開的，共用一個上午的時間。」[5] 副館長陳喬回憶過這個時期的生活：「我跟沈從文都住進牛棚裡，一個屋子住好幾個人，先是審查批鬥，每個人掛一個黑牌子，彎腰低頭。然後學毛選，參加勞動，搞衛生。他在那種境地中還總想讀一點書，考慮他的編著計畫。我勸他注意休息，他說：『不讀書，生活沒樂趣，活得無意義。』……沈先生也在會上表態，那段情緒不是很正常，有時哭鼻子。他怕在路上突然病倒出意外，在身上帶了一個注明單位、住址的卡片。」[6]

就是在十二月，他寫了一份很長的申訴材料，題為《我為什麼始終不離開歷史博物館》。這是一份理解沈從文從事文物研究的重要文件，其中不僅敘述了他十八年來的特殊經歷和遭遇，更試圖說明他選擇文物研究的事業性抱負，說明他個人實踐的研究方法，說明他對自己工作意義的堅信。很顯然，他孤獨的努力和追求，從來就沒有得到過充分的理解。材料寫到末尾，他一直壓抑著的憤怒和不平，化為傷感，無法不多少流露出一些來：

> 人老了，要求簡單十分，吃幾頓飯軟和一點，能在晚上睡五六小時的覺，不至於在失眠中弄得頭腦昏亂沉重，白天不至於忽然受意外衝擊，血壓高時頭不至於過分感覺沉重，心臟痛不過於劇烈，次數少些，就很好很好了。至於有許多預期為國家為本館可望進行、可望完成

4 梁實秋：《憶沈從文》，《梁實秋文集》，楊訊文主編，廈門：鷺江出版社，二〇〇二年，第三卷，頁四一八-四一九。
5 李之檀：《沈從文先生在歷史博物館》，《永遠的從文——沈從文百年誕辰國際學術論壇文集》，頁六六八。
6 陳徒手：《午門城下的沈從文》，《人有病 天知否》，頁三六。

的工作，事實上大致多出於個人主觀願望，不大會得到社會客觀需要所許可，因為社會變化太大，這三年來我和這個空前劇烈變化的社會完全隔絕，什麼也不懂了。即館中事，我也什麼都不懂了。（27; 255）

這一年，澳大利亞悉尼大學的安東尼・普林斯（Anthony J. Prince）完成論文《沈從文的生活與著作》，並獲博士學位。這是最早研究沈從文的博士論文。此前，美國哥倫比亞大學一九六六年Lillian Chen Ming Chu的碩士論文，介紹並部分翻譯了《長河》。

四、「解放」

一九六九年春，沈從文寫申訴材料《陳述檢討到或不到處》；四月，按專案組指定，寫交待材料《外調出版總署編圖錄經過》：「大約是一九五六年左右，在人民大學教書蘇聯教授尼幾希諾夫來館參觀陳列，館中派我作說明。每天只參觀二三櫥櫃，詢問得極詳細。前後約看卅天才完畢。……後來不久，就調我去出版總署，參加《中國歷史文物圖譜》工作。……聽金燦然說，系由蘇聯教授尼幾希諾夫建議，就歷博陳列編一圖錄，專供蘇聯中學歷史教員和史學系大學生看。」此書名稱未確定，有時也叫《中國歷史圖譜》，工作開始的時間應是一九五五年，沈從文是編委之一，並分工作文物說明。但因各編委意見不一，特別是有人「對歷史提法要求高」——

要求引證馬列經典論述的隱晦說法，「動不動就和金、和我發生爭執，」「反右」時工作停頓。後來又改組編委，但工作還是難以統一順利進行，「這圖錄大致只能中途擱下。」（27; 265–266）

六月，沈從文寫了獲得「解放」前的最後一份檢查。這份材料以《最後檢查》為題收入《沈從文全集》第二十七卷，在沈從文歷來所有檢查稿中，這一份最接近於當時通行的「格式」，而他以往的檢查，「形式」上都不怎麼像檢查，更不要說內容。

檢查先寫「最高指示」，抄了四段語錄：「毛主席教導我們說」，「毛主席又教導我們說」；

抬頭稱呼是：「首都工人和人民解放軍毛澤東思想宣傳隊各位領導，歷史博物館大聯委和革命戰士」；

下面是四個部分：一、「我的簡歷」；二、「我在廿年文學創作中所犯的過錯或罪行」；三、「我近廿年在文物工作中所犯的過錯或罪行」；四、「經過三年學習，對我過去錯誤或罪行的分析認識，和此後努力方向」；

最後，分三行寫三個「萬歲」口號：「文化大革命勝利萬歲！」「中國共產黨萬歲！」「偉大領袖毛主席萬歲，萬萬歲！」（27; 267–280）

今天看來如此荒誕怪異的形式，「文革」中卻成為人人不得不遵守的「金科玉律」。曾經被稱為「文體家」的沈從文，垂暮之年終於也在逼迫之下實踐了一次這樣的「文體」。

沈從文六月裡獲得了「解放」。「在一個團結會上宣布的，手續似乎比所有熟人簡單許多。主要原因，可能是近四十年裡，前廿年並未依靠過國民黨，而後廿年又未依附閻王殿。所以運動中大風雨，如巴金等三五萬人電視大鬥爭批判，如老舍等另一形式鬥爭均未經過。若三五百人一沖我早死了……」（22; 162）「我的定案過程特別簡單，主要只說『寫了六七十本黃色小說，編過反動《戰國策》刊物，思想反動。但在政治問題上並未發現什麼。（是思想認識世界觀未得到根本改造，是人民內部矛盾。）』……從此以後若在什麼檔提及歷史，大致就有稱為『反動黃色小說家』可能。」（22; 158）

得到這樣一個「結論」，是應該慶幸的吧？老友徐盈和子岡夫婦的兒子徐城北從新疆建設兵團寫信來請教寫短篇，沈從文潑了冷水：「這工作我認為最好是不要希望過大，免得將來失望。以我為例，那麼踏踏實實學了三十年，結果卻是完全失敗。」（22; 159）內弟張宗和，貴陽師範學院歷史系教授，寫信告訴擅長書法的沈從文說自己在寫字，沈從文用了幾乎是嚴厲的語氣勸誡：「寫字是毫無意義的消極行為，你怎麼經過那麼大社會變化，還不明白自己宜如何自處？」（22; 164）

五、告別

八月，小孫女紅紅跟著母親張之佩從自貢來北京探親，住了一個月，讓兩個老人高興和熱鬧了一陣。但緊接著九月初，就得到通知，張兆和月內將下放湖北咸寧「五七幹校」。這對沈從文是很大的打擊。這一分別，「是否還能見到，即不得而知了。」他給張宗和寫信說，「長日心痛，心臟硬化、脹大、勞損，行動有時已感困難，稍不小心，報廢將是一二十分鐘事。月來事實上是在惡化中。……是否能過今年，即毫無把握。……三姐一走，我的狼狽可想而知。」（22; 163）張兆和是九月二十六日下午與作協同事一起走的，沈從文的血壓高和心臟病已經不允許他到車站送行，當晚沈龍朱留在家裡陪他住，沈從文為這一天寫簡短日記，說大兒子「特別請假一天，似數年來第一次請事假。」（22; 171）

國慶日到了，沈從文過得倒還不錯。「二號二姊邀去看看百科，吃吃魚，三號梅溪邀去吃了一頓，小尖鼻處又送了點鴨子來，所以這四五天，不辦什麼，也就過節了。」（22; 172）同院裡的兩個大媽有些擔心會忽然出事故，囑咐沈龍朱多回來照料照料，本來只在週末回家的沈龍朱現在要多跑幾個來回。

不知道是不是來日無多的緊迫感驅使，這幾年除了去單位就很少出門上街的沈從文，大冬天裡，竟然在一周內拖著多病的身體，去看望了三個老人：

「一是董秋斯，三年運動中無問題，近忽聞和幾個老同學事有些牽纏，在受審查中不免更見衰老。」（22; 174）董秋斯比沈從文大三歲，沈從文二十年代初剛到北京，兩人就相識，友誼延續終生。沈家保存了一封董秋斯一九二四年寫給沈從文的一封信，信中說：「你會喝酒不？我們應當齊入酒之宇宙。十天以後，放了寒假，我打算備個小東，請你喝兩碗白乾，慢慢的一同商量個活著的道理。」後來他們就在燕大宿舍裡聊了三天三夜。沈從文見了董秋斯夫婦，說：「這是我最後一次來看你們了。」[7]兩個多月後，十二月三十一日，董秋斯去世。

「二是田老師，十多年未去看過他，去看看，才知唯一年近八十老師母在家，過的真是風燭殘年日子，田老師已去醫院許久（我估計或早已故去），無音息。」（22; 174）田老師是沈從文小學時的老師田名瑜，字個石，南社詩人，書法家。一九六二年沈從文作《題〈寄廡圖〉後》，敘述和老師的因緣：上學時沈從文是個頑童，「惟對個石先生」，既有些害怕，又感到「別具一種吸引力量，因之印象甚深，上課時堂上格外安靜，從不搗亂，在當時實稀有少見。……解放後，機緣湊巧，同寓北京，先生任職中央文史館，居住北海靜心齋內，始得常相過從。」（15; 423-425）田名瑜一九八二年逝世於甘肅。

「三即林師母，還精神甚好。」（22; 174）林師母即林宰平夫人沈兆芝。

這種看望其實多是告別的意思，向與自己過去生命中種種密切關聯的人事經驗告別。接下來的一周，他跑的地方就是醫院了。十月十三日，他寫信告訴張兆和：「我血壓不大穩定，一度破紀錄到二百四十。因此三天中跑了三個醫院，有的折騰到五小時，經過心電、透視等等檢查，都肯定心臟肥大損傷（或說豐滿），供血情況不良。只能休息，防止進一步發展。能保現狀就是好事。一時或不會心肌梗塞（已回到二百一十）。去和工宣隊長商量，還是同意醫院建議，讓我再休息二星期看。」（22; 177）

國際形勢的日趨緊張，與「美帝」、「蘇修」的對峙鬥爭，使得這一時期出現了全民「備戰」的氣氛，全國大中城市大挖防空洞和防空壕，北京疏散和下放的人愈來愈多，以致連捆紮行李的草繩都很難買。十月二十五日，周有光來沈從文家，連襟倆吃了頓晚飯。他是來道別的：雖然患有青光眼、腎病、尿血，他還是要被下放，遠去寧夏賀蘭山口的平羅。十一月三日，周有光離開北京。

六、「連根拔除」

歷史博物館和革命博物館於九月三十日合併，稱中國革命歷史博物館，並成立革命委員會。十一月一日，專案組一個軍代表將抄家時沒收審查的部分物品還給沈從文，計有：私人照片、文物研究手稿、工作記事本。其中文物研究手稿量最大，包括《服飾資料》改正稿，「感謝專案組為分門別類，編定號碼，一包一包整理得清清楚楚……負責人之一問我，『你怎麼寫了那麼多？』我笑笑。……但是一看面前大包小包文稿，我卻發了愁。」他發愁的是這些自己二十年工作積累的東西，恐怕不可能整理出來給後來者用了。「還有大量卡片卻毀去了，有些材料是我自己感到無意義而毀去的。」（22; 200–202）

他還被告知，不發還的材料，包括書信、自存文學作品樣書、文學手稿等，將由館中「代為

7 董之林：《我心目中的父親與沈叔叔》，《鍾山》二〇〇三年第五期。

消毒」。「至於信件、作品，一律由館中處理，我同意，不說什麼。本想把英、日譯文本還我留個紀念，也不說了。……這一處理，也可說把日前還妄想寫得出新型短篇的希望，連根拔除。」（22; 202）

當時的情景，沈從文多年後回憶起來還歷歷在目：「一個軍管會的『文化幹部』，廿一二白白臉小夥子，卻裝模作樣把我叫去，說是『一切黃色作品，代為消毒。無害的，你自己拿走！』見我沉默不語，便做成嚴肅神氣說：『你以為我沒有文化嗎？不服嗎？』這倒真是我從來還不考慮到一個問題。……他大致誤認為我是什麼高知，才這麼缺少自信，因此我忙說：『你比我高明多了，政治水準、思想水準都是大家有目共睹的。我還算不得白專，卅年前寫了這些黃色有毒東西，多虧得一一指出，你處理那會有錯？』我趕忙把還我的一份破書亂稿，塞到預先準備的一個麻布口袋裡，拖拖跌跌下了樓。既提不上公共汽車，因此約費了二小時，才拖到了我那個值得紀念的小住處……」（26; 234–235）

退還的照片，沈從文「擬貼三個薄本子，分給大弟小弟，留一份。」他還從退還的筆記本中，找到一本張兆和一九二六年寫的雜記，他跟妻子說，「我和大弟看過後，以為極有意思。因為這是差不多半世紀以前，流行了郭沫若譯《少年維特之煩惱》前後事。……記事中文學味十足，且多客觀描寫，不知為什麼，後來（一直到最近信中）反而把這份長處全消失了。」（22; 202）清理文稿時，他又發現張兆和四十年前收藏的小洋娃畫片四五種，「我已轉寄之佩，託『紅紅保管』。她一定和你當時一樣看得十分珍重，不會遺失的。」

（22; 218）

照片、畫片有所託容易，自己這個人如何處置，卻是個絕大的難題。本來像他這樣的「老、弱、病、殘」，有傳言說可以不動，十一月二日他給張兆和的信裡還說，「我盲目估計，今冬我或不至在匆促中上路。」（22; 202）沒過幾天館革委會就來問他的意見了。他真是手足無措。最理想的是爭取留下，生活上有大兒子可以依靠，有限的精力還可以把雜文物研究搞一點是一點。去外地則只好到自貢投靠二兒子，但地方派系鬥爭還在持續，未必去得成。或者乾脆不考慮生活去成都，因為他多年來一直想著研究蜀錦，或可為蜀錦改良起點作用。實在不行就去咸寧，那裡氣候的濕和熱，明顯不利於高血壓心臟病，他恐怕難以適應。

十一月十七日，博物館召開老、弱、病職工下幹校動員會，十八日決定十八人限月底離京，去咸寧。二十日，沈從文告訴張兆和這一消息，「時間如此匆促，心不免亂些。」「兩夜未睡，心中不免有些難過」（22; 232, 233）。

家裡一下子亂到不能再亂，張允和來看他，不明白為什麼亂到無處下腳，他說：「我就要下放啦！我在理東西。」張允和要走的時候沈從文叫住了她，「他從鼓鼓囊囊的口袋裡掏出一封皺頭皺腦的信，又像哭又像笑對我說：『這是三姐（他也尊稱我三妹為三姐）給我第一封信。』他把信舉起來，面色十分羞澀而溫柔。我說：『我能看看嗎？』沈二哥把信放下來，又像給我又像不給我，把信放在胸前溫一下並沒有給我，又把信塞在口袋裡，這手抓緊了信再也不出來了。我想，我真傻，怎麼看人家的情書呢，我正望著他好笑，忽然沈二哥說：『三姐的第一封信——第一封。』說著就吸溜吸溜哭起來……」[8]

沈龍朱、沈朝慧、劉煥章等幾個人給他整理行李，按通知要求一切能帶走的全帶走，飲食用具全帶，必帶，因為到了那裡買不起，也買不到。更因為，此次一走，不能再做回來的打算，戶口隨之遷走，也即「連根拔除」的意思——「大致將老死新地」（22; 234）。二十六日，沈從文寫信給張兆和：「這是廿六下午八時，房中情形你不易設想。因為托運破爛大小十八件……」（22; 236）

沈從文做了最壞的打算，和沈龍朱深談兩夜，把自己一生種種，詳細如實告訴了兒子。

二十八日，革命歷史博物館開會歡送下放職工；三十日，沈從文由請了幾天假的大兒子陪著登上了火車，前往湖北咸寧文化部「五七幹校」。動員會的時候要下放的十八家，到歡送會前就剩了五家；等沈從文上了車，才發現，其實只有三家。

車上座位已經為人坐滿，沈從文和兒子只能坐在車廂地面上，一路顛簸而行。

8 張允和：《從第一封信到第一封信》，《水——張家十姐弟的故事》，張允和、張兆和等著，合肥：安徽文藝出版社，二〇〇九年，頁一七〇。

沈從文、張兆和一九三四年春攝於達園。

第十二章
湖北幹校：遷移無定中「麻醉」痛苦、抵抗愚蠢

一、四五二高地

沈從文和另外兩戶老弱病職工到達咸甯幹校接待站之後，才得知「榜上無名」，這裡根本就不知道要接收他們。但戶口都遷出了北京，想回也回不去了。「於歲暮嚴冬雨雪霏微中，進退失據，只能蹲在毫無遮蔽的空坪中，折騰了約四個小時，等待發落。逼近黃昏，才用『既來則安』為理由，得到特許，搭最後那輛運行李卡車，去了二十五里外，借住屬於故宮博物院一個暫時空著的宿舍中，解決了食宿問題。」（27; 451）

臨時棲身之處叫四五二高地，是幹校的中心，匆匆造起來的建築，有大會堂和校部，文化部、故宮、圖書館等單位的宿舍在這裡。作息時間統一，「早六點半聽軍號起床，九點半熄燈，早上學習一點鐘，晚上讀報一點鐘」。沈從文因為是借住的，一時也沒有什麼任務分派，「白天我去大湖堤邊拾乾葦引火，或在大路旁推土機經過處拾乾竹根，供同住引火用。」離四五二高地約五、六里外，是幹校的「向陽區」，文聯、作協系統和商務、中華等出版單位集中於此，工作

是搞基建，張兆和在連隊的挖沙子組，勞動強度大，時間也緊張，只能瞅空來看看沈從文，徒步來回十多里，停留時間不過幾十分鐘。沈從文「不敢獨自去她那邊，因為前不久在路上昏倒過一次，醫生也說以『少活動為是』。」（22; 238）

一九七〇年元旦前後，沈從文被安排看守菜園。十餘年之後他為《中國古代服飾研究》寫後記，敘述了這一短暫時期的生活；但書印行時他把後記做了大幅壓縮，刪去的大量文字裡，就有下面一段：

因為人已年近七十，心臟病早嚴重到隨時可出問題程度，雨雪中山路極滑，看牛放羊都無資格，就讓我帶個小小板凳，去後山坡看守菜園，專職是驅趕前村趁隙來偷菜吃的大小豬。手腳凍得發木時，就到附近工具棚乾草堆上躺一會會，活活血脈，避避風寒。夜裡吃過飯後，就和同住的三個老工人，在一個煤油燈黃黯黯光影下輪流讀報，明白全國「形勢大好」。使我覺得最有意思，還是熟習宋瓷的老姚，先來半年，已成了一個捕蛇專家。房中各處都是長達二米的蛇皮，且有意把它作成種種生活姿態，沿牆附壁，十分生動。另一收集文物字畫老賈，卻利用湖邊路坎細小竹枝，編成許多籮筐筐匣，精美程度，都超過市場上賓館中展出的工藝品甚多。對我說來，倒真像是六十年前老軍務回營歸隊，絲毫不感到什麼委曲生疏，反而學習了不少新知識。我明白，這是在國內正在進行的一種離奇「教育」。有百十萬學有專長的高級知識分子，各在相似或更困難情形下，享受這種特別待遇，度過每一天。

內中既還有參加長征老革命，也還有各部副部長，或什麼委員，以及各種雄心勃勃姚登山式「革命英雄」，一過了時，就「一鍋端」共同來到這地方受新的「教育」。想起這正是「亞細亞式」迫害狂歷史傳統模式的重演，進一步理解《阮籍傳》中「有憂生之嗟」含意，個人倒反而更十分渺小，覺得「渾渾噩噩隨遇而安」為合理省事了。來到這地方生產勞動，名為「改造」，改造什麼？向軍管領導詢問，也說不明白。一面學習「老三篇」，不少人還能開口背誦如流。但問及內中有一條說到「老弱病殘不下放」是什麼意思時，我這年近七十，血壓經常已二百過頭的老病號，學習班長既兼作醫生，且明白是由於「心臟動脈粥樣硬化」而起，卻相當幽默的回答我：「既來之，則安之，不妨事。」……如此這般過了一個新年。（27；451－452）

二、遷移雙溪

一九七〇年二月十四日，沈從文正在菜秧地值班，有個人來通知他，限兩小時內遷移住處，到雙溪區另作安排。他匆匆忙忙趕回宿舍，行李已經被搬到了大卡車上。張兆和在五里外大湖邊勞動，沈從文想趕去告訴一聲，已經來不及。幸虧故宮的老賈，趕去報信，等張兆和趕到，「說不到十句話，只告知去處名叫雙溪，離這五十里多點點」，就被催上了車。

「在車中我想到古代充軍似乎比較從容，以蘇東坡謫海南，還能在贛州和當時陽孝本遊八境台，飲酒賦詩。後移黃州，也能邀來客兩次游赤壁，寫成著名於世前後《赤壁賦》，和大江東去的浪淘沙曲子。」（27; 452-453）

三個老弱病，連同家屬共六人，十一點到了雙溪目的地，兩個多月前那夢魘般的經歷又重覆出現了：這邊指揮部事先根本不知道他們要來。到現在就非常清楚了，他們這幾個沒有多大勞動力的人，實質上被看成「麻煩」，那邊硬「推」給了這邊。吃過午飯，十連連長和負責這裡的領導商量了一個小時後，接收了他們，找了個地方讓他們暫時安頓：行李放在指揮部的倉庫裡，人住到區革委會樓上一間大的空房，稻草堆中攤開被蓋，三家中間用草席臨時隔開。吃飯到附近採煤連大廚房吃大鍋飯。

這一番折騰，讓沈從文的血壓高到二百三十到二百五十，低壓一百三十，有幾次輕微發昏經歷。同行組長張同志建議他住院，醫院也同意，但沈從文考慮到住院後每天還得到區裡大廚房取飯、取水，這對他來說也是不小的困難，就拖延著沒有立即去。二十日他寫信給張兆和：「張同志怕我突然出事故，曾說過是否調你來好些？同是工作，這裡也有的是雜活可做。你也可以把考慮到和你的打量告給我。我想到的是你和五連同志共事已十多年，『千生不如一熟』，……大家明白你體力受年齡限制，分派工作，即能比較實事求是。這裡大家陌生，工作若一律拉平，你怕擔負不下。所以我還主觀的想，與其讓你來一陌生群眾中為難，還不如再過半年下去，到你們可分配房子時，我作為你家屬，請求來向陽，同分苦樂，好一些。」他已經考慮過自己「萬一忽然完事」之後的事了：「到時要大弟或小弟同來收拾一下殘局。小弟有了治家五年經驗，並且有個家，明白什麼需要就拿走，用不著的，就分散給同事中較困難的。你能留在五連，我相信同志們對你一定會能照顧，生活得上好。若另一時退休，請求過虎虎處，也一定好辦。因為那雖屬三線，事實上他許多同事在京家屬，還是向那邊疏散，並無別的地方可去的。」（22; 249–250）

二十五日，他信裡告訴張兆和，這裡醫生勸他去作細緻檢查，「因為過去心電圖表示左心室肥大，這次右心室似乎也不大好。心臟向左移位，益顯明。」「我就醫事，已得這裡醫院證明，另寫一報告，上高地指揮部，還未得到批准。也許只能在咸寧縣裡檢查，或住院。也許不批准。」（22; 252, 253）

二十八日，三戶再次遷移，搬到了約一里外小山坡上的一所小學校裡。沈從文住一間房，屋頂漏雨，房中潮濕。「因無電燈，又捨不得用清油和洋燭（買不到燈），只好從六點到明早七點，在黑中悶坐癡睡度過。也是一種鍛煉。對我說來，可能也有好處。一日三頓，早上用一餅度過（加點糖水），中上去打飯，或多取二兩，或一饅頭，晚上即不再出門，泡泡水飯，用豆豉醬和一個雞蛋（鹽水煮，不限量）對付。」（22; 264）幾天過後，移過來幾把條凳椅子，糊好門窗縫隙，張同志又用漿糊瓶給做了個簡易油燈，住處就初步像個「家」了。每天去一里外大廚房取飯打水，對沈從文來說是過「小關」，因此一瓶開水就用得很節省，有時臉也就不洗了；夜晚黑燈瞎火走大半里上廁所，就更是負擔。四月二日給張兆和信中描述了這麼一個情形：「昨晚上模範茅房，半路得上下一二尺高坎，兩腳半，失了一腳，來個仰天翻倒，幸好是帶點『溜』的姿勢，只是後半身在泥漿中蘸了一下罷了。若作『馬打滾』，就未免狼狽。怕的是『雷兼雨』或

『雨中雷』，走一里路不大穩。」（22; 283）

四月初，北京一路帶來的那些大小行李，從區革委會倉庫全部搬進了住處。過了些日子，沈朝慧寄來一個小煤油爐，這可大有用處：陳飯剩菜能夠熱一熱了；還能燒水，天晴從水塘裡提桶水，天雨從屋簷下接些水。

四月十八日，沈雲麓在家鄉病逝。沈從文最後的信和新寫的詩寄到時，大哥已經入土三日，就在墳前焚燒了。

三、文化史與詩

困於重病，不能做事，對沈從文來說是很痛苦的，他常常說人生百年長勤，可是這種情境之下，他又能做什麼呢？枯寂長日，他又拾起了舊體詩。這似乎是他找到的唯一還能做的事。他說「寫詩只在百十字中琢磨，頭腦負擔輕，甚至於有時還可收『簡化頭腦』效果。」（22; 281）他寫幹校生活，寫日常見聞，寫政治時事，今天讀來，會覺得大多不怎麼好，特別是其中的時代色彩，有時不免顯得刺眼；不過，也正是這些合乎時代形勢的詩句，起到了「簡化頭腦」的效果——順著潮流說話和表達，頭腦的負擔就不會過重。那麼，從這些詩來看，能不能得出結論說，沈從文被「改造」好了？沈從文放棄自己的思想和表達了？問題還有另外一面，即「簡化頭腦」的體會，也只有一貫堅持自己的思想和表達形式、頭腦負擔過重的人，才更能敏感得到。沈從文確實試圖「簡化」一下自己的頭腦，但沈從文還是那個沈從文，要「簡化」也不容易。這一時期的詩裡有一首《自檢》，題記「二月廿七雙溪 陰雨在零度下」，全詩如下：

身是「乾坤一腐儒」，
略聞大道身轉虛。
七十白髮如絲素，
卅載獨戰真大愚。
行莫離群錯較少，
手難釋卷人易癡。
「獨木橋」廢何足惜！
「陽關道」直行若飛。
「捕虎逐鹿臣老矣」，
「坐策國事」實無知。
屈賈文章失光彩，
連句陰雨眼模糊。
試從實踐證真理，
深愧「乾坤一腐儒」！（15; 349–350）

看起來從頭到尾都是對自己的否定，但說自己是「腐儒」，說自己「愚」、「癡」，說自己走的「獨木橋」現在被「廢」了沒有什麼可惜，如此等等，不過是自嘲——深重、悲哀的自嘲。

四月二十四日，中國第一顆人造地球衛星發射成功，消息從收音機傳來後不久，附近村子裡就響起了鑼鼓聲。沈從文有感於創造力量的驚人成就，五月寫了一首《紅衛星上天》，五言，一千一百多字。單看標題容易把它誤會成時事詩，其實重點在敘述一個民族文化的發展。六月十八日他抄了一份寄給張兆和，說「用紅衛星上天消息，引起歷史聯想，從作曲法得到一點啟發，當作史詩加以處理的。」「等於把館中一萬六千米陳列，壓縮到千字中，處理得還有層次條理，能把握大處。從群眾要求說，可能深了些。因為用千把字來概括百萬年中華民族的發展，在發展中的艱巨和複雜鬥爭，求文字用得有分寸，又能通俗，不可免容易顧此失彼。」一九七二年他又把這首長詩抄贈程應鏐，說這「等於一個『說明員』的考卷，是否及格，心中有數，不必待新學台來決定也。」（15; 366, 367）

對沈從文來說，這首詩的寫作開啟了一個試探性的方向：以舊體詩的形式來展現歷史文化的發展。也就是說，這一類的詩，不僅是被壓抑的文學創作才能的轉化形式，同時也是被迫中斷的歷史文化史研究的變體和替代形式——用沈從文自己的話來說，即博物館「說明員」的「考卷」。沈從文對這一類詩的寫作投入了極大的熱情和精力，幹校時期寫出了《讀秦本紀》、《文字書法發展——社會影響和工藝、藝術相互關係試探》、《商代勞動文化中「來源」及影響試探——就武官村大墓陳列》、《西周及東周——上層文化之形成》、《書少虞劍》等，以詩寫史，為「文」亦為「學」。

以《文字書法發展》為例，五言，長達近八百句，附有大量注釋文字，可視為一部文字、書法簡史，其中涉及的不少問題存在爭議性。這首詩初成於一九七〇年十月，後來不斷修改補充，章草行草部分又曾改寫為《敘書法進展》而單獨成篇。詩初稿後有跋語：「鄉居獨處，因常用八分錢毛筆，就一破碟蘸墨汁作書。適為一鄰居小醫生偶爾見到，以為所用『文房四寶』如此馬虎，那宜寫字？事實上在他人不易設想情形下，採用這個辦法，作為他日過考『說明員』準備，試寫文化史詩已到十多首。因此啟發，復試就『文房四寶』各自歷史和文字發展歷史，及彼此相互關係，概括成五言詩一首。……有關字體及紙墨筆硯種種，平時並無研究，只是就接觸到的實物知識，和通史陳列所得常識而言。正因為一切從『常識』出發，和專家的專門知識，必不盡相同。對個人實極其有意義。……特別是在目前環境，無一本書可得情形下，凡事全憑回憶，不許臨時翻書，欲作『齊人』，亦無可逃，仍能湊合完篇，值得紀念。」（15; 393）

因《文字書法發展》長詩，沈從文和下放幹校的中山大學教授、書法家、古文字學家馬國權，交流、討論起文字、書法的學術問題，兩人書信往還不斷，從一九七一年一月到五月，沈從文長信達十封。其中說到一個笑話：幾十年前沈從文給一個熟人書章草長條貼壁間，為劉半農所見，「執意肯定為明人書，後方悉系弟戲作，大笑一陣而散。」（22; 463）

四、請求和答覆，暴雨襲擊下的屋子

迫於環境無從繼續的雜文物研究，以舊體詩闡發文化史的形式得到略微的「補償」；這種「補償」顯然是不夠的，它非但不能全部轉化研究的願望，反而使得這種願望愈發強烈。與此同時，沈從文卻從博物館下放到咸寧的第二批職工口中，得知自己已經被劃為「編餘」人員。一九七〇年六月十八日，他寫信給張兆和說：「……間接得知已是『編餘』人員。這是下來前並不明白，到後也不知道的。」這讓他很受挫傷；然而，「我即或已成編餘人員，總不免還妄想近廿年學的種種，還有機會應用得上。」他相信自己二十年來積累的東西，「還對館中有用，對改陳有用，對文化史的編寫，工藝史和其他幾種專史教材統統有用。」（22; 312, 313, 314）他把帶來的文稿取出來一一重看，總覺得這些東西應該整理成各個專題，留下來給後人；他還打算把二十萬字的服飾資料文稿再重新抄寫整理一份，但天時不時下雨，屋子到處漏，得用大大小小的盆子承接，他擔心雨水損毀了稿件，就完全憑記憶把想到的修改補充處，用簽條記下來備忘。

七月中旬，急切希望恢復文物工作的心情，促使沈從文給博物館革委會委員王鏡如寫了一封信；二十日，又給另一位革委會委員高嵐寫了一封約一萬字的長信，幾天後又改成略短的第二稿。他深感來日無多，在幹校什麼也不能幹，這樣「消極的坐以待斃，不是辦法」，因此提出：「我要求極小，只是讓我回到那個二丈見方原住處，把約六七十萬字材料親手重抄出來，配上應有的圖像，上交國家，再死去，也心安理得！」（22; 335）這兩封信他都是讓沈龍朱看過之後轉寄，沈龍朱轉寄了第一封信之後，還專門去和王鏡如談了一次，談話的結果使沈龍朱覺得第二封信沒有必要再轉寄，就自己留存下來。沈龍朱向沈從文轉告了談話的意思，其中最主要的是：幹校組織和北京館內沒有直接領導關係，除非真正工作急需的人，才能申請調回；目前博物館還是主要在搞運動，「改陳」根本沒有提到日程上來；而沈從文自以為有重要價值的文稿材料，革委會領導勸告，「你的那幾份資料，希望你自己能一分為二來看待，那是『還沒有經過批判的』，不能把它們全看成是『方法全新的』『唯物的』。要正確對待群眾，正確對待自己。」[1]

這樣的答覆給沈從文的打擊可想而知。其實這本應該是預料之中的事，只是沈從文盼望工作的願望太過迫切，他念念不忘二十年心血所寄的研究材料，反反覆覆嘮叨它們的價值和意義，卻忘了那是前不久被查抄了去又發還的，是「還沒有經過批判的」。

潮濕的屋子發霉，如同霉窖；夏季一來，太陽曝曬，又如蒸籠，房間裡氣溫會高達四十度。八月四日，沈從文給張兆和寫了封短信，信文前面加了一句話：「不論如何，務必來看看我。不宜遲疑。」（22; 350）倘若不是身體堅持不了，他斷不會說這樣的話。十五日，張兆和請假，早上搭車到咸寧縣城，下午從縣城搭車來雙溪，照料了沈從文十天，她自己也借此從長期體力透支的勞動中得到短暫的休息。張兆和二十五日返回，半路上遇到大雷雨，受阻在咸寧縣城，

1 沈龍朱：《覆沈從文》（1970026），《沈從文全集》第二十二卷，頁三四五－三四六。

二十八日才回到向陽區連隊。

暴雨來襲，沈從文住處積水，要用盆從房中往外倒。屋子裡的地面還沒有乾，九月四日，大雨又來了。「房中如落傾盆大雨，一切全濕了，比桃源狼狽得多！張同志父女同為搶救也無辦法。……地下簡直成了河。倒了近廿盆水還不抵事，後來雨稍緩，又掃了十多盆水，柳同志父女也來了，幾個人為搬了六七十塊磚縱橫鋪在泥地上，才能走路。這些磚看來將在屋中過年了。」（22; 358）過了十幾天，「第三次災難性暴風雷雨襲擊，數第三次格外猛，而且正當半夜四點左右，幸好即早把一切蓋上，但是由上而下不太緊張，自牆根入浸水不免過急，不到半小時一盆，我總計倒了不止四十大盆，你能想像，應當是種什麼情景！如不搶救，水早已把全房灌滿，還影響到張家！直到今天十二點還未止，忙得我精疲力盡。獨自還搬了數十塊大小磚頭，把全房搭成一通道，還整天不能脫去膠鞋，在泥中料理伙食。」（22; 375）第二天沈從文寫詩《讀賈誼傳》，又寫了一則日記：「九月十八日，陰雨襲人，房中反潮，行動如在泥濘中。時有蟋蟀青蛙竄入，各不相妨，七十歲得此奇學習機會，亦人生難得樂事。」（22; 379）

五、「改業」之思、重病住院、申請

風雨泥濘中，沈從文詩興不減反增，似乎有些難以理解；其實這和殘酷的現實有關：給博物館革委會領導寫信得到那樣的答覆之後，沈從文不能不正視這樣的現實，即回到北京繼續研究文

一九六九年十二月，沈從文下放湖北咸寧「五七幹校」，先期下放的張兆和，趕到沈從文借宿的四五二高地看望。 沈龍朱 攝

物的希望幾乎是沒有的。他不甘心坐以待斃，就只能再次「改業」了。

九月十日，他給張兆和信中說：「我若已不可能再有機會恢復文物研究工作，只能從新環境條件出發，作點準備，較好使用七十以後有限生命，拿起筆來繼續習作下去，亦意中事，並且也會在新路上走一段，作出點成績。只是不宜在成敗上計得失。因為比較說來，是明明白白不可能作到如過去寫短篇，近廿年搞文物那麼顯著突出的。不過對人影響雖不大，『自得其樂』必較多，何況還可望在這一格式中得到些較新紀錄？等於在一老式車床上產生新裝備！真正所謂『古為今用』！所以也不妨寄託一點假想，即將來人就體裁談新詩到舉例時，還會有一天在新選本中、新教材中，要提到，給以適當合理估價！」（22; 368）

九月十六日他寫了一首《老馬》，此後不斷修改，到農曆十月改題為《喜新晴》。寫詩期間，他生活的一般情景是，「日間執雨傘在室中來回走動工作，晚上則床下一片蛙鳴，與窗外田蛙相呼應，間以身長二米之錦紋蛇咯咯鳴聲，共同形成一生少經的嶄新環境。」（15; 453-454）這首詩可視為他舊體詩的代表性作品之一，連同跋語照抄如下：

朔風摧枯草，歲暮客心生。
老驥伏櫪下，千里思絕塵。
本非馳驅具，難期裝備新。
只因骨格異，俗謂喜離群。

真堪托生死，杜詩寄意深。
間作騰驤夢，偶爾一嘶鳴，
萬馬齊喑久，聞聲轉相驚！
楓槭啾啾語，時久將亂群。
天時忽晴朗，藍穹卷白雲。
佳節逾重陽，高空氣象清，
不懷遲暮歎，還喜長庚明。
親舊遠分離，天涯共此星！
獨輪車雖小，不倒永向前！

一九七〇年十月。久病新瘥，於微陽下散步，稍有客心。值七十生日，得二兒虎雛川中來信，知腎病已略有好轉。雲六、真一二兄故去已經月矣。半世紀中，一切學習，多由無到有，總得二兄全面支持鼓勵，始能取得尺寸進展。真一兄對於舊詩鑒賞力特高，凡繁詞贅語，及詞不達意易致誤解處，均能為一一指出得失，免觸時忌。死者長已，生者實宜百年長勤，有以自勉也。後用十字作結，用慰存亡諸親友。從文於湖北雙溪丘陵高處。（15; 448–449）

雲六即沈雲麓；真一是田真逸，沈從文的姐夫，他欣賞沈從文的詩，但勸他不要再寫了，以免惹禍。《讀秦本紀》跋語有記：「真一兄臨死前信中說：『此詩甚好，但因此宜擱筆。』寄意深厚，語重心長，誠可念也。」（15; 372）

九月下旬沈從文把《讀秦本紀》也抄了一份給張兆和，抄寫的時候，「附近不遠爆破炮聲連響三次後，土石紛紛下落，已把屋頂開了大小天窗數處」，「還擔心再來，頭上且頂了個坐墊」；「抄到『鐘鼓上聞天』和『直上於青雲』時，望到房頂那幾個大小天窗真好笑。世界上那會有人想得到我是在什麼具體情形下寫這些詩！」他跟妻子說，在文學創作、文物研究之後，他現在做的是第三次新的試驗，雖然已經不可能如前兩次那麼出色，但還一定搞得像個樣子，他要用五言的形式，在「縮短文、白，新、舊差距」的方向上努力，「說是『五言的尾聲』，多少像是有點悲愴感。但事實大致也就是這樣了。」（22; 385－390）

張兆和，沈龍朱，還有幾位親友，都擔心沈從文寫詩可能帶來意外的災難，沈從文考慮過後決定接受他們的勸告，後來雖然斷斷續續仍有試作，但到底心裡多了一種深憂，熱忱還是控制了下來。

國慶日期間，張兆和來雙溪探望，住了三天。四日，附近採煤礦來了四位故宮熟人，加上同住的老張，幫助沈從文整修住房，房外挖了排水溝，房內用土墊高，又推一車乾草填塞房上通風漏雨處。十一日，家鄉來了一個人看望沈從文，談起來才知道是表弟聶清的女兒聶巧珍，聶清抗戰中犧牲，遺下的孤女成了童養媳，沈從文聽她訴說生活經歷，聯想起自己一生的掙扎，愧歎自己對家鄉年輕人幫助太少。

天氣冷了起來，心梗痛、頭悶重也隨之而來。十一月十三日夜間，沈從文腹痛劇烈，雙溪衛生院初步診斷為結腸炎，治療幾天後仍不見好轉；十九日搭便車到咸寧縣人民醫院，診斷為腎結石，因心臟病久，年齡過老，不宜動手術，所以服中藥治療。張兆和趕來照料。七天後仍認為是高血壓心臟病，轉內科。其實是腎結石、高血壓、心臟病併發症。二十一日，沈從文致信幹校二十三連領導，說明了自己的病情，並請轉陳校部領導；十二月十一日，沈從文再次致信二十三連領導，申請准許回京治病。但沒有得到答覆。住院四十天之後，沈從文回到雙溪。年底他寫了一首《雙溪大雪》，感慨老來飄零，憂懼驚心。

回來後的沈從文生活自理已經十分困難，住院治療病暫時緩解了病情卻並沒有好轉，「心臟間歇梗痛，從不止息。」一九七一年一月十七日，沈從文第三次致信二十三連領導，請求「允許我暫時回北京治療」，「我雖已迫近風燭殘年，如能使病情稍有好轉，尚希望到另一時，還可能將近二十年所學文物點滴零碎常識，對於本館今後改陳工作，能稍盡綿薄貢獻……」（22; 417）隨信附有縣醫院診斷書、住院單據。但是，仍然沒有答覆。

二月八日，沈從文致函幹校校部領導，重申回京治病請求。收信人批示「請二大隊研究提出報告校部」（22; 429），但此後再無下文。

六、貧農大院的小房間和紙上的六十個展櫃

因為學校要復課，沈從文的住處又將遷移。但移到哪裡去，又成了問題。曾經開玩笑似地找了個前有大牛棚、左有大豬圈、旁邊有公共茅房、臭氣熏天、上見天光的房間，被沈從文堅決拒絕。反覆周折之後，三月初，被安置到雙溪村裡一個貧農大院，借住一個小房間。沈從文在這裡住了近半年，與農民、住戶、孩子之間，建立了親密友善的感情。

三月三十日，沈從文寫信給張兆和說，「房子一經住定，一切即無所謂了。」他坐在床上，寫出了萬言《關於馬的應用歷史發展》初稿，「一切全憑記憶，大幾百匹，甚至於過千匹馬的形象，在頭腦中跑來跑去，且能識別他們的時代、性能和特徵，和相關文化史百十種問題。真是奇怪！平時也並不如何特別注意留心，怎麼學來的？自己也說不出。」此外還寫了一篇《獅子如何在中國落腳生根》，「文革」前沈從文寫過關於獅子藝術的文章，此時也是僅憑記憶另寫此文。「要來的終得接受，應做的還是得爭時間做下去。盡人事去謹慎處理，終能出現些奇蹟。」（22; 464, 466）

五月一日，沈龍朱和新婚妻子馬永暐來咸寧探親，先到沈從文處住了四天，又到張兆和處住了四天。沈從文對妻子說：「大弟等來雙溪，我極高興。也可說近十年來最高興事，你定必有同感！」（22; 485）沈龍朱大學沒畢業就被劃為「右派」，婚姻受影響，多年來成了壓在一家人心裡的大問題；如今三十七歲，終於結婚成家。沈從文和張兆和心裡的高興，真是難以言表。

不知道是什麼機緣觸發，沈從文這段時間偷偷起草以黃永玉家世為內容的小說，寫了個引子，題為《來的是誰？》。這個作品在構思裡應該是一個很長篇幅的東西，因為光是開篇的引子，就寫了八千字。雖然只是個引子，故事情節卻一波三折，人物來去更是撲朔迷離，引人好奇，是相對完整的篇章。文後有跋語：「一九七一年六月一日，完成第一章引子，第四次重抄完畢於雙溪見方一丈斗室中，時大雷雨過後，房中地面如洗。……」[2]

黃永玉一九六九年冬與中央美院一些教工下放河北磁縣軍墾農場勞動，一九七一年六月收到沈從文塞在牛皮紙小信封裡的小說，「情調哀淒，且富有幻想神話意味。勞動歸來，晚上睡在被窩裡思索老人在那種地方、那個時候、那種條件，忽然正爾八經用蠅頭行草寫起那麼從容的小說來？石頭記開篇也是從仙禪打頭的，何況解放以後，他從未如此這般地方式的動過腦子。」他想不出為什麼表叔寫起了這個，只能猜測，「孤寂的身心在情感上不免回憶中求得慰藉，那最深邃的，從未發掘過的兒時的寶藏油然浮出水面，這東西既大有可寫，且不犯言涉，所以一口氣寫了八千多字。」[3]——寫黃永玉的家世，也即是寫沈從文的外祖父一家幾代，所以黃永玉才會說沈

2 沈從文《來的是誰？》，首次披露於劉一友所寫以黃永玉為「主角」的著作《文星街大哥》，桂林：漓江出版社，二〇〇七年，三-一七頁；引文見該書十七頁。

3 黃永玉給劉一友的信，《文星街大哥》，一頁。關於《來的是誰？》，黃永玉在一九八〇年發表的《太陽下的風景》裡提到有這麼一篇「楔子」，但直到二〇〇七年，這篇作品才從塵封中公開面世。原因是，黃永玉從農場回京後，把這篇作品交給黃苗子看，「以後向他要還，總說：『好像沒有這回事……』」；「沒料到過了三十多年，九十三歲高齡的黃苗子志在千里之餘從書堆裡找出了這封文章。」見同信，《文星街大哥》，頁二-三。

從文是如此這般地「地方式」動腦子、發掘「兒時的寶藏」。[4]

天氣熱了起來，沈從文在小房間裡就很難受了。這個貧農大院住了二十五六個人，雞、豬、狗、羊，約六十隻；有一個天井，變成了漚肥池，正對著沈從文小房間的窗戶，豬飼料是酸的，坐在房間中如坐「酸菜罈子」中；天三日晴三日雨，「床下已霉，且生長了點綠毛白毛，房中似更濕滑了些。我也多少有點像《聊齋》中人物，所以聞《聊齋》解禁，絲毫不奇怪。」（22；507）——還有心思解嘲，可見心情並不算太壞。《聊齋》解禁，指的是傳聞說，近期將要解禁二十八種舊書，有《水滸》、《三國》、《紅樓夢》、《聊齋》等。

沈從文本來打算寫一系列文物專題文章，後來感到這樣寫「內容還是深了些，大了些，說明員和搞陳列的同志消化不了」；再加上全憑記憶，相當吃力；至於引書，只能記大略出處，無從查核原書全文。所以他改變了一下方式，就博物館的八千平方米陳列，一個一個展櫃去寫。他做了那麼多年解說員，博物館的陳列早已爛熟於心，「陳列內容宜去什麼，加什麼，如何說明它們在『勞動文化史』中的位置，及相互關係，一個櫃子一個場面的想去，寫去。工作似乎比較省事，也切實多了。……每一事少則一頁，多到十頁為止」。

酷暑之中，揮汗如雨，他卻覺得，「到這時節，才真正享受了過去幾十年學無專門『雜學』的好處。特別是難於設想的記憶力的運用，及聯想的運用，所得到的便利處。估想即在比目前更糟的環境下，我大致還將是從容不迫，超額完成自己安排下的任務的。也真近於奇蹟，學它時，只是仔細認真，卻並沒料想到還能分門別類記下來，在『超孤寂』七十歲時，能一一自自然然不太費事的寫出來，且肯定還十分有用的！什麼熟人生人來到房中時，都異口同聲說到『好濕，好悶！』只看到我桌上滿是亂稿，完全想不到我是在就八千平方米陳列，上萬件文物，用我的特別辦法在開刀，真作到『廢寢忘餐』！世界上這麼進行小說寫作，是一點不希奇的。至於這麼搞新的文物學工作，實在太不可思議了。就一般說，是不可能的。」

沈從文右手指關節炎嚴重，甚至影響到右臂轉動不自然，寫字時關節疼痛，他也想到「有可能會忽然一天即失去作用，結束了五十年下筆不知自休的勞動。」——「但不必發愁，」因為，「還學會了用左手寫字」！（22; 520, 521, 522）

到八月份，他已經完成了六十個展櫃的文稿。此外，還寫了一些專題小文章的初稿，如《談輦輿》等。

七、丹江

幹校決定讓沈從文和張兆和一起遷到丹江，那裡有文化部安置處。張兆和先去丹江做了點兒準備，八月四日到雙溪和沈從文安排行李，十一日兩人坐機關的卡車到咸寧中轉站，直到二十日下午才坐上火車，到達武昌後再換車去丹江。二十一日中午到了丹江。

4 對這篇作品的嘗試闡釋，參見劉一友《孤寂中的思親奏鳴》，《文星街大哥》，頁十八－三七。

文化部安置處是為老弱病人員而設的，在一個採石場的荒山溝裡，大約有五百間房子，住下五百多人。沈從文和張兆和初來被安排分住，過了些日子才調到一處。他們住的一間房子，窗後靠山，十分清靜，屋裡東西無塵土，桌子櫃子乾乾淨淨，張兆和十分滿意，「以為幾十年住處，或數這裡最好。」（22; 546）

張兆和的勞動，比起在咸寧時要輕不少，但雜事多，學習輔導、幫廚賣飯、修豬圈、搬沙運土、開小會，等等，基本上從早忙到晚。她還是蔬菜班班長，要管理菜地。沈從文因病免除勞動，但要參加學習，「因頭昏重，地勢高缺氧，心臟供血不良，除學習即躺下。」（22; 547）他很少出門，「一出門，看到的總是手拄拐杖行動蹣跚的老朋友，和一個傷兵醫院差不多。這些人日常還參加種菜、種樹、搬石頭任務。……《靜靜的頓河》譯者金人先生，就是我和家中人到達後第二天故去的。……我平時已不大便於行動，間或拄個拐杖看病取藥，總常常見雪峰獨自在附近菜地裡澆糞，滿頭白髮，如漢代磚刻中老農一樣。」（27; 455-456）

這裡的生活條件似乎好了一點，至少房間是乾爽的，但沈從文的身體卻很糟糕。血壓經常升到二百四十，心臟長日隱痛，這都算老毛病了；手腳關節炎逐漸升級，折磨得厲害，寫字愈來愈不靈便。他滿心裝著一大堆雜文物，卻沒法展開工作，能做的事，一是繼續把服飾資料的修改補充想法，寫成簽條備忘，像在雙溪時那樣；二是琢磨修改雙溪時寫的幾首詩，冬天新寫一首文化史詩《戰國時代》；三是寫些文物小文章，如《鼓的形象在文物中的反應》、《唐宋以來絲綢彩色加工》、《鋁帶問題》等。

冬季的某天，他在一張十六×九釐米的小紙片寫了篇雜記《從針刺麻醉中得到一點啟發》，沉痛之極。大意是說，他把自己沉浸到那些雜文物問題裡面，類似於針刺麻醉，是用轉移忘我的方式，來解決病痛帶來的種種壓力和痛苦。「世有解人，或能不以頭腦發昏胡言譫語見誚。世無解人，亦已焉哉。」半個世紀以來的工作，「凡事多近於沙上建屋，隨潮必毀，毀後又複重建，仍難免毀去。」當此「改造」機會，「總還是對於四舊中的罎罎罐罐，花花朵朵，桌子板凳，刀刀槍槍……像是有責任待盡，真是愚不可及。這些問題，即或還有些意義，也應分是『考古專家』、『史學權威』、『學部委員』等等責任範圍，絕不是作說明員的所宜妄參末議。我則為了減去這個二四〇給我的具體壓力，一切從說明員常識出發，還癡心妄想，以為這些點滴常識的連類並舉筆記，或許在另一時能代替學習《實踐論》《矛盾論》的考卷，得到『說明員及格』的證明，盡可能早些回到陳列室原有那個位子上去。」（27; 385–386）

十二月下旬，他在一封信裡說到目前設想，希望能請假回京治病，「用一月時間，換一副假牙，買些工具書，並就新出土文物展學個十天半月。……兩年來，似乎所有的人都可以短期回去，或被調回去，或因病回去，不少人小病也回去了，唯我例外。請求的信一般也不批、不覆，卻在我轉丹江時退還，也很奇怪。……我就不可免有在沉默中日益愚蠢趨勢。因為不讓我用其所長，把學習心得和具體工作結合，取得應有進展。卻留在這裡，學習『發言』。……現在卻無一可建議或請求處，真急人！」「我老老實實的說，人家多不懂，照大家那麼說，又始終不會。這麼熬下去，日益愚蠢是必然的結果……」（22; 577–578）

十二月，沈虎雛來丹江探望父母，住了幾天。

一九七二年一月，沈從文寫《有代表性之案形》短文，完成了近萬字資料性文稿《樂舞雜伎與戲劇》。

二月初，因為聽說回京要總理批准，他致函周恩來，要求回京工作。

二月上旬，這個七十歲的老人，終於獲准回京治病。張兆和陪同他，安排了他的治療和生活後，於三月十六日返回丹江。此後，沈從文以不斷向幹校續假的形式留在北京，為的是能夠持續地把全部精力投入到文物研究工作中。

沈從文在湖北五七幹校前後共兩年多，這一時期，他過去的作品在國外仍有研究和翻譯：赫美麗（Martine Vallette-Hémery）翻譯的《新與舊》出現在法國巴黎漢學研究所一九七〇年出版的《從文學革命到革命文學：中文小說1918–1942》一書中；日本河出書房新社一九七〇年出版的《現代中國文學》第五卷有松枝茂夫翻譯的《邊城》、《丈夫》、《夫婦》、《會明》，一九七一年出版的第十二卷有岩佐氏健翻譯的《昆明冬景》；威廉·麥克唐納（William L. MacDonald）以《沈從文小說中的人物和主題》為題，一九七〇年完成了美國華盛頓大學的博士論文，一九七一年他翻譯的《邊城及其他》由美國伊利諾斯大學出版社出版，收《邊城》、《靜》、《阿金》、《黑夜》四篇小說；美國哥倫比亞大學出版社一九七一年出版了夏志清、劉紹銘編的《二十世紀中國短篇小說》，收入葉維廉與夏志清合譯的《白日》和《靜》。夏志清的

《中國現代小說史》一九七一年由耶魯大學出版社出版了增訂本。

第十三章
「還得好好活在人間」

一、「不升天，不下地，還得好好活在人間」

回到北京的沈從文首先面臨的是房子問題。東堂子胡同的三間房，一九六六年被姓張的工人占去兩間；剩下的這一間，下放期間又被姓王的主任借用來給兒子睡覺。沈從文回來後，王家孩子不住了，東西卻還不肯搬走。四月下旬沈從文給張兆和信裡說到這樣的情形：「大弟去王家商量『是否能移移床』時，王太太和大孩子明知我在床邊工作十分吃力，還說『待向館中交涉』，即床上報紙，也不肯要孩子搬走。大弟反而十分不好意思，回來說：『大致是已看死，非要這間房子不可意思！』我笑笑，『好，被逐出以前，還是工作吧。到時再說。』」（23; 49–50）

工作，主要是《中國古代服飾資料》的修改。國家文物局局長王冶秋說，這本書還是要出版。但以什麼樣的形式出版，卻很費躊躇。沈從文提出，可以先印圖像，這樣就能較快出書；他寫的二十多萬字的說明文稿，可以另印、緩印、甚至棄而不印。不過，他希望能把說明列印十來份，「即不宜印，館中留份材料，還是有用處。因為廿萬字不會全是胡說，毫無是處！」（23;

27）博物館領導後來決定，要沈從文把文稿壓縮到五萬字。

沈從文就在橫可走三步、縱可走六七步的房間中鋪開了材料、文稿、圖錄、卡片，床上地下，攤得到處都是。博物館革委會五月上旬來人協商，說為照顧他，要他搬到黃化門的一間住處。沈從文說：「若真的照顧我，那就讓我原住的空一間出來，豈不省事？」來人說當時占他的房子，「是紅衛兵時事，不是革委會時事。」協商無結果，即告結束。沈從文不肯搬，有幾個原因：一是住在這裡離醫院近，離館裡近；二是沈朝慧、張梅溪住在附近，她們隔個一兩天來看看他，送點吃的，洗洗衣服，幫助照料一下生活；三，「說是照顧來調整調整住處，而事實上即讓出給×家」（23; 74, 75），這讓沈從文在情緒上很難接受；四，從下放到回來，兩年多一點的時間裡沈從文被迫搬了六次家，他實在恐懼和厭惡這樣驚魂不定的遷移。

沈從文一個人住，吃飯簡單對付，倒也沒有多大困難。「承李大媽每天必來問問。送了塊豆腐，吃了四頓。又送了點用香油拌好的芫荽、芹菜，可吃四天，也極得用。」（23; 15）他還得意地告訴張兆和，他在屋簷下近於露天的小廚房「發明」了一種廚藝：「我則新發明五幾天燉一次瘦雞，或去骨蹄膀，加點腐乳或咖喱，擱成凍子。煮點麵，加一分錢菠菜，挖幾勺肉並凍子入麵中一搞，就成功了。方法省便，吃來也極合式，洗碗且十分方便。大致入夏以前將繼續下去。」（23; 55）有人回丹江，他甚至「托捎帶了點點自作的菜」給張兆和，還說「萬一生了點綠毛，也不妨事，加加熱即成。」（23; 64）歷史學家王忠來請他去家裡吃了頓飯，他驚歎「辦了足八個盤碗，雞、魚、皮蛋之外還有大蟹（幾幾乎是十多年前才吃過的）。」（23; 50）

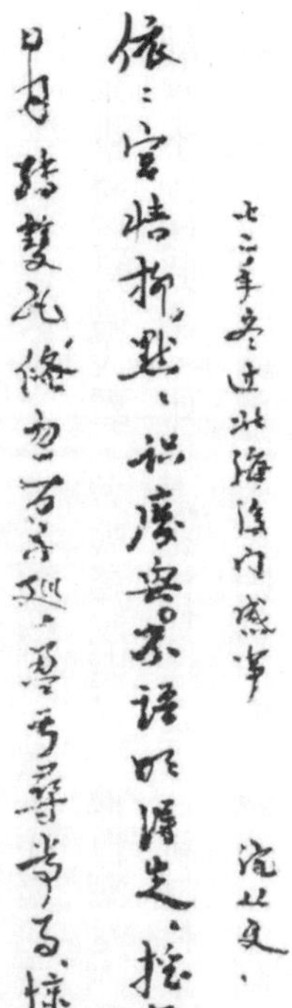

一九七二年從湖北幹校回北京後攝，左為回京後所寫一首詩的手稿。

除了伏案工作，沈從文還有一項活動，就是頻繁地去看出土文物展，回來一兩個月，就看了十幾次。不少時候是陪人看，做義務說明員，他自嘲是「職業病」；更重要的是他自己要看，提起來就抑制不住地興奮，如給張兆和寫信說：「新材料太多，如新發現的戰國大鏡子上彩色人物畫，十分生動完整。又西漢的一個陶器上的人物畫，生動活潑，旁邊還加點樹木，簡直有點像我畫的，好笑之至，如不告人是漢代，或者還以為至多是明人畫的。還見到份錯金銀車器，……又還有個木雕戰國尺來大的透空屏風，……」眼見新文物，他的反應完全不像是跟文物打了那麼多年交道的老人，卻像是一個新人，驚歎不已，而且帶著強烈的去認識的熱情和緊迫感：「總之，許許多多都不敢相信！可是事實就這麼在全國普遍出土，過去知識全落後了！所以我還得盡可能多學若干天……」（23; 47–48）

考古所的王孖五月剛從長沙馬王堆漢墓發掘現場回京，就收到了沈從文的信，請他來住處談談。夏天，沈從文寫短文《讀長沙馬王堆一號漢墓發掘簡報》；又應《文物》雜誌邀約，寫《長沙西漢墓出土漆器和絲綢衣物》，這是他「文革」以來的第一篇論文，寫的時候就隱約感覺未必會用，因為他這樣的人是否能夠「露面」，還是個問題；這一期間他還寫了另一篇論文《關於長沙西漢墓出土絲織物問題》。這三篇文章，都沒有發表，也是意料之中的事。

「文革」風暴初起時，藏書以一公斤七分半賣掉，現在沈從文又陸陸續續買回一些，多為文物研究所需要的工具書、資料文獻和文物圖錄，幸虧有個中國書店內部服務處，還能買到一些舊書。

「不升天，不下地，還得好好活在人間，把近廿年所學雜藝，盡可能一一作去。外來的折騰，雖難避免，總不會影響到工作進程的。」（23; 162–163）

二、「還有人記得我們啊！」

從下放地回來的人漸漸多起來。沈從文的連襟周有光從寧夏回來了，熟人中俞平伯、錢鍾書、吳世昌、何其芳等從河南回來了。王忠講俞平伯在幹校的笑話：「平伯在鄉下一天搓草繩一尺二寸，工夫之細可知。帶了大小枕頭一箱，計二十八個，還有中空容耳的。開了大家的眼」（23; 50–51）。回來之後的工作，多無從做起。周有光譯書，本來要他翻譯板門店的材料，後來覺得已經過時，就擱下了；倒是冰心等翻譯的尼克森的材料，已經內部印行，爭相傳觀，沈從文遇見吳文藻，吳文藻說自己也只得到一部。（23; 101）

沈從文想念老朋友巴金。他從親友處打聽到，巴金滿頭白髮還在上海郊區種菜。六月十五日他給張兆和的信裡說：「寶達因來信說，巴金還在鄉下。聽另外人說，不大像是短期能回去再搞什麼。因為上海張、姚、周均是筆桿子，有一位功勳即建立在批巴上，說的不一定是事實，但格格不入大致是能想像得到的。」（23; 156）

前一天，六月十四日，他一得到陳蘊珍（蕭珊）的地址，就寫了一封信。信裡簡述了自己一家八年來的經歷和目前的情況，提到了蕭乾夫婦、曹禺、卞詩人（之琳）、李健吾等等，還問起王道乾和當年躲在巴金家沙發後面的王道乾那個小女孩，又特意描畫了陳蘊珍年輕時代的朋友汪曾祺：「曾祺在這裡成了名人，頭髮也開始花白了，上次來已初步見出發福的首長樣子，我已不易認識。後來看到腰邊帆布挎包，才覺悟不是『首長』。」（23; 147–151）

巴金晚年多篇文章說起沈從文的這封信，如《隨想錄》裡的《懷念均正兄》，如《再思錄》裡的《懷念從文》。《懷念從文》中敘述道，他從奉賢「五七幹校」被揪回上海批鬥，一位年輕的姑娘來對他說，從文很想知道他是否住在原處。「我只答了一句：我仍住在原處，她就走了。回到幹校，過了一些日子，我又遇見她，她說從文把我的位址遺失了，要我寫一個交給她轉去。我不敢背著工宣隊『進行串聯』，我怕得很。考慮了好幾天，我才把寫好的地址交給她。……我並不希望從文來信。但是出乎我的意外，他很快就寄了信來，我回家休假，蕭珊已經病倒，得到北京寄來的長信，她拿著五張信紙反覆地看，含著眼淚地說：『還有人記得我們啊！』這對她是多大的安慰！」晚年的巴金感念妻子入院前收到的最後一封信，感念老友給妻子最後的日子帶來的溫暖，同時也為自己缺乏勇氣而內疚：「他還是像在三十年代那樣關心我。可是我沒有寄去片紙隻字的回答。蕭珊患了不治之症，不到兩個月便離開人世。我還是審查物件，沒有通信自由，甚至不敢去信通知蕭珊病逝。」[83]

——事實上，巴金當時或許不知道，重病中的陳蘊珍深為感動，自己給沈從文回了信。沈從文還把信轉寄到丹江給張兆和看。回信日期是六月二十八日，現存陳蘊珍書信中最後一封：「收到你的信，全家都很興奮，相傳閱讀。」陳蘊珍簡單地告訴了家裡的情況：老巴做「菜農」已經二年，女兒結了婚，兒子去安徽插隊落戶，還有自己：「我生的也不知是什麼病，四十餘天體溫有時高至三十九度，至今尚未查出病因。……別的以後再談。」[2]

三、「令人痛苦」

這一時期沈從文書信中常常出現「令人痛苦」、「憂心忡忡」的詞語，令他痛苦和憂心的，是這個社會滿目瘡痍、精神茫然失措的現狀。他觀察到，「一些有約束力又有鼓舞性的抽象名辭，經過八年的動盪，已經失去原有作用」（23; 165）「一般人在近八年動盪所得教育中，心情多消沉，對本業無責任感，或多或少都近於用一個沉默等待態度混下去。知分精神面貌更明顯。誰也不明白明天事。一般都灰溜溜的，無所適從的，盡這麼過下去……總的沉默形成的一種空氣，是令人深深憂心的。」（23; 286）青少年們不讀書不做事，成天在街頭打鬧，「一個國家有八年中大中小不上學，情形是驚人的」（23; 60）；聽說大專院校要招生了，工農兵保送推薦，「路線正確，常識水準過低」，大學也只能當「補習班」辦，「師生同感痛苦」（23; 186）。書店裝點櫥窗的新書只有章士釗的《柳文指要》、郭沫若的《李白與杜甫》、精裝金印

1 巴金：《懷念從文》，《沈從文印象》孫冰編，頁十八。
2 蕭珊：《致沈從文》，《蕭珊文存》，上海人民出版社，二〇〇九年，頁二〇一。

的《紅色娘子軍》等；「全國近八億人，至今無一文學刊物，無一藝術刊物，無一文、史、哲研究刊物……『無知』與『混』似在受鼓勵。」（23; 256）

痛心疾首的事多著呢。一九六五年九月沈從文曾致函北京市副市長王昆侖，建議對周口店附近上方山所藏全部經卷作全面清理和保護，後來有部分經卷調存故宮。回到北京後，他聽一學藝術的說，大約在六八年左右，他眼見大量到上方山的遊人，逛山洞無照明材料，「因而取用廟中收藏那幾萬件明（或以前）藏經燃火，成堆的焚燒，或好事好玩的隨便撕去帶走。還有大量在泥潭中。這是我目下知道收藏明刻用錦緞作封面最豐富、最有研究價值及再生產價值的一份材料……至少有兩萬冊……聽到這消息，我覺得已無可為力了，簡直比燒去我全部作品還更難受。」（23; 73）

新印舊書四種，《紅樓夢》銷量最多，「試翻翻，不知編者是怎麼個編法，把注解中具體的問題全刪了，留下些不痛不癢、而且有錯誤的不動。編者之無知，即此一事也令人吃驚……本意還擬再為盡義務加些新注，看看，就明白為不必要了。」痛苦不堪的沈從文用想像來安慰自己：「將來或買個五十元大字影印本。為將內中所有器物，附注五幾百條於書眉，還盡可能提出一系列的實物形象，房子形象，人物應有形象，另印一本書，倒也是生面別開。並且是此後將永遠再不會有人來搞的事！我一生的工作，或因『人』的疏遠而將失去意義，卻只有這個副產品反倒能希望附《紅樓夢》而傳，但果真如此，傳的也絕不是在國內……」（23; 129）

「處此環境百無可為，只能退回小房，守住桌邊，作漫無邊際思索……天真易帶來不同憂

患，或終比世故巧佞帶來幸福為自然合理也。」（23; 256）

小房桌邊的工作，雖然有時候能起到「麻醉」痛苦的功效，沉浸到裡面，暫時忘記國家的災難和個人的遭遇，卻也常常帶來新的痛苦和折磨。服飾資料文稿的壓縮，似乎是件容易的事，做「指揮」的當會這麼想，哪裡能明白身當其衝者的種種困難。「常設想個人一百斤重，我是否改成廿五市斤，還能不能用腦子考慮問題？」（23; 85-86）具體的困難在於，因為材料散失，原稿抄引舉例處，很多無從審核，得憑著記憶來做；要將引述材料轉成通俗語言，費力不易見好，並非所有的東西都能夠轉成通俗的；因為文字壓縮過大，就需要增加附圖來補充，附圖的來源、繪製，都不容易解決。折騰了一個月，把由商到漢一段，由二萬六千字壓縮成八千二百字左右，「不免有顧此失彼捉襟見肘感」（23; 132）。

百般困難中，有時候沈從文不免會想，「我真正長處，那是搞點服裝問題？盡責而已。」但一說到「盡責」，立即就想到，「還有不少責任待盡……」（23; 138-139）

北京特種工藝品展八月初在歷史博物館預展，沈從文每天到場，和輕工業部新老主管領導、研究人員、老師傅老藝人、年輕設計者廣泛交流，陪親友看展覽、做說明。他的博雜和熱心有了用武之地，同時也明顯感覺到，「我是受歡迎的『打雜人』！」（23; 232）事實上，回京幾個月，來找他諮詢的各地、各方面人員日漸增多，他的小家也就又兼做了「服務站」。這讓他感到欣慰，在給妻子的信裡說：「我想我無條件的為工藝生產作後勤零雜工，是近廿年做對了的。經過廿年考驗，我的『古為今用』已在開始取得應有回聲。工作還只是開始。」（23; 234）

四、改善

八月初，沈從文給沈虎雛的信裡提到這麼一件事：「前不久有中國人美籍專家朋友要看我，我告給了館中。不讓看，怕見到住處不成個樣子，為人傳出去笑話。」（23; 236）這個朋友是數學家鐘開萊，西南聯大時期和王遜幾個年輕人，與沈從文常常隨興談笑，還兩次專門到呈貢鄉下看沈從文，他們都對沈從文感情很深。王遜五十年代主持創建了中央美術學院的美術史系，與沈從文住得近，是少數常來沈從文家走動的老友之一；但他不幸，被劃成「右派」不說，更於一九六九年受迫害致死。鐘開萊回國訪問，打了兩次電話給博物館，「追問之下，說這個老頭兒不大來的，找不到！我沒見到沈先生，真是無限惆悵。」[3]

八月二十四日，張兆和從丹江回到了北京。她已經六十二歲，辦了退休。作家協會之前有人來看過沈從文的住處，眼見實在太過狹小，於是在小羊宜賓胡同分給張兆和兩小間房，總共十九平方米。雖說距東堂子胡同宿舍約兩里，兩個老人分開住不方便，但畢竟有了塊「飛地」，多了個容身之處。

讓沈從文覺得鬆了一口氣的，還有一件大事：沈朝慧的戶口得到了解決，給他晚年生活帶來樂趣的「小尖鼻」——沈朝慧三歲半活潑好動的女兒，總算可以去掉「黑戶口娃娃」的名分了。

革命歷史博物館的領導層五月份調整，楊振亞新任館長。十一月初，新領導給沈從文在左家莊分配一個兩間的單元房，但那裡過遠，進城要換一次車，到博物館要換兩次車，沈從文還想著參與博物館的改陳工作，只好放棄。

沈從文致信博物館領導，說明分配住房不適合。同信提出，發還查抄的信件、書籍等：「又前不多久，承館中將個人研究室中書籍發還，初初約略一查，大都保存，只部分圖錄失蹤。還有從我家中前後八次搜去的大量親友私人信件，和大量已印未印個人文學作品，尚無下落。若能得領導為查詢查詢，照政策發還本人，十分感謝。」一說起這事沈從文就心緒難平，他很克制地只講到第七次抄家時的一個情景：傳達處工作的一個人強行拿走一部《十日談》原插圖本，屬於善本珍貴書籍，「當時曾一再告他，這是李可染先生書籍，你又不懂外文，不要拿走。」

這封信奏了效，中旬館裡把殘存的沈從文已印行的文學書還給了他，第二年又把殘存的私人信件和文學手稿還給了他，但是，大量的書籍和信件卻已經毀掉了——三年前曾有一個二十幾歲的漂亮青年，當面對他說「代為消毒」——這個情景令沈從文長期耿耿於懷。他記得大哥沈雲麓為他收藏、解放後帶給他的數十年往來信件中，有一大包重約六公斤，抄去後就消失了；其他的散佚損失更無從計數。

這一年，美國出版的柏芝（Cyril Birch）編《中國文學文集·第二卷 從十四世紀至今》（Anthology of Chinese Literature Vol.2 *From the Fourteenth Century to the Present Day*, New York：

3 雷平：《鍾開萊教授談沈從文先生》，《我所認識的沈從文》，荒蕪編，長沙：岳麓書社，一九八六年，頁二五九。

Grove Press，1972），收入了威廉・L・麥克唐納翻譯的《從文自傳》中的一章《一個大王》。第一本沈從文評傳也出現在這一年：在臺灣生活時期就偷偷閱讀過沈從文作品的聶華苓，在美國用英文撰寫了《沈從文評傳》，由Twayne 出版社出版。

五、生活中添了些活潑氣氛

一九七二年末，沈從文由流感轉成肺炎，好在治療及時，延纏一個多月，終脫困境。一九七三年二月，老友林葆駱介紹給他一個偏方，每天中、晚各吃二十枚蠶蛹，來降低血壓。這個方法出乎意料地見效，到五月，他的血壓已經降到180/80 以下，不僅這個指標多少年未見，長期的頭重、心臟隱痛也消失了，糖尿病也得以好轉。他晚上工作到十二點，早晨五六點起床即坐到桌邊，也不感到疲倦。這真是奇異的事情。

五月七日，服飾資料文稿改完，上交館領導。此前按照要求進行的壓縮，證明行不通；這次完成的改寫，文字擠在一九六四年的排印稿上，篇幅約二十四萬字。沈從文舒了一口氣，「七十歲了還能反覆廿卅次改正字句……比過去寫的小說總和似乎還有分量。」（23; 331）

可是他的過去、他的小說，讓人總難忘懷。在美國講授中國文學的許芥昱來北京，見到了沈從文。許芥昱是西南聯大的學生，在賓館的房間，他聽著三十年前的老師滔滔不絕地談服裝、絲綢，總想把話題引到文學上來，可是不怎麼成功。許芥昱當時就寫了一篇《與沈從文會見記》，幾年後被譯成中文刊於香港《明報月刊》一九七六年三月號。也許是沈從文對文物的滿腔熱情，給許芥昱造成錯覺，他以為一九四九年後沈從文受到特別保護，他的工作有特殊的便利條件與無數藝術珍品接觸，有「無限的研究基金，以及不受政治運動風潮的影響。」不能全怪去國多年的許芥昱不了解實情，沈從文顯示出來的，是他過得還不錯。許芥昱不會明白，即便這樣的師生會面，在「文革」中也是被當成「外事活動」的，這還是沈從文「文革」以來的第一次「外事活動」，能被允許已經是幸運了。「我是你的學生，應該到府上拜候……我希望看看老師的日常生活情形」，但沈從文不理會他的要求，沒有告訴他住址。「是不是因為他為了參考材料的方便，而他所處理的東西太珍貴了，所以不想在家裡接待賓客？」——顯然許芥昱不明白那時候中國「外事」的規矩。但這篇會見記所描述的沈從文對文物研究的沉浸與興奮，卻是鮮明而動人的：「他笑了起來，比我以往所習慣的敏感、端凝、而且帶點閃爍的淺笑，就更見其開朗和坦誠了」；談起文物，「就像一個剛蒙上帝恩寵的虔誠教徒一樣，沈從文，這個曾經顯赫一時的短篇小說及長篇小說作家，臉上充滿喜悅的光芒。」[4]

從六月起，沈從文每星期一、三、五去館裡看通史陳列，一櫃一櫃地排著看，寫各段改陳意見供有關人員參考，前後約看了四個月。《沈從文全集》第二十八卷選入了一九七三年所寫的內容完整的四篇改陳材料。張兆和早幾個月前就開始每週去上三個半天的班，因為《人民文學》可

4 許芥昱：《與沈從文會見記》，《沈從文評說八十年》，王珞編，北京：中國華僑出版社，二〇〇四年，頁一二七、一二八。

能復刊，她很高興去幫點忙。

沈家四月添了人口，沈龍朱和馬永暐生了個小女孩，起名沈帆。馬永暐是電力系統火電站建設的技術員，長年在工地工作，春節前她從蘇北清江來京待產，和沈龍朱住在小羊宜賓胡同，孩子生下兩個多月後又趕回清江上班。七月沈虎雛、張之佩從自貢回來探親，沈紅也從江蘇昆山姥姥家回到了北京，沈從文、張兆和盼望已久的一家三代終於相聚，生活中添了些活潑氣氛。

家裡一下熱鬧起來，住處的窘迫也更突出了，沈從文向同事陳大章發牢騷說：「東堂子一間房子裡，有兩個人攤地鋪過夜，我愛人住小羊宜賓，大孩子在那邊，也必須睡在一張小小寫字桌上，我請求館中讓我在原研究室住住，不回答；請求在美工室睡睡板凳，也不許可；再請求寫個介紹信給附近旅館住一月，好便於為館中改陳提意見，也不加理會。」（23；386）秋天，沈虎雛夫婦回川，沈紅留在北京上學，張兆和就帶著兩個孫女住在小羊宜賓，還有一個為嬰兒請的保姆也一同住，沈龍朱晚上得回來照顧孩子，也就只能鋪一個板子睡。沈從文一個人住東堂子，每天來小羊宜賓看看兩個孫女，吃一頓飯，吃完提溜著一個小兜，裡面裝著另外兩頓飯，回東堂子工作。

九月末，查良錚——西南聯大時期相識的學生詩人穆旦——托人捎給沈從文一本書，他打開看，是《從文小說習作選》，三十七年前良友圖書公司出版的舊作。

一九七四年冬在張兆和居住的小羊宜賓胡同的宿舍院中。

六、著急

沈從文一個人住，少了拘束，作息就沒有一定之規。工作到半夜在他來說是習慣，但有時竟整夜不睡。幾家相處得很好的鄰居大媽，看他屋子裡總是亮著燈，不免擔心忽然出事故，每天早晨過來輕輕敲敲門，聽到回答聲才放心。他廢寢忘食地做事，還總是覺得做不完，來不及。

如果換一個角度，譬如說換成一個旁觀者來看沈從文忙乎的那些事，說他是瞎操心，乾著急，也不是沒有可能。至少，是沒有人要他非得做這些事不可的。從秋天到年底，有這麼幾件事不僅讓他花費精力，而且大為影響心情。

他給同事陳大章寫了一封信，長達七千字，談的是什麼呢？主要是：一、他為美工組一個姓張的女同志擬定了一個兩三年的具體計畫，學習絲織，他可以協助她完成；二、他列出十四項專題，從「金銀錯工藝的種種」到「瓷器加工藝術的種種」，館裡如有幾個人願意學習，他提供材料，協助完成。

他總覺得這些工作注意的人太少，他摸索了這麼多年形成的積累，不傳下去對國家是極大浪費，而他還能幫助年輕人上手的時間，所剩不多了。但這不過是一廂情願而已。

秋冬之際，他為安徽馬鞍山市籌建李白紀念館和李白塑像草擬設計方案和參考資料，不厭其詳，曾在一封信中附寄四個陳列室的方案，計有二十八頁。沈從文的這些設計材料得以保存，在

《沈從文全集》第二十八卷中，可以看到「太白樓陳列設計」的七篇檔，除了四個各陳列室的具體方案，還有《李詩中所見相關形象材料》、《歷代繪畫和李詩有關材料》、《附陳材料》。

這不過是沈從文熱衷社會服務的一個例子。他在給安徽方面連絡人的信中說：「今年已七十二歲，一切常識目下似乎還無一個接手人。到處都感到需要這些常識，我所有的卻總使用不上去。就在這種情況下，有機會能來協助協助你們，盡盡義務。所以說『感謝』的應當是我。」（23；393）——這絕不是客套。作為對比，沈從文在館裡為工作常常碰壁，為社會義務服務，倒是要愉快不少。以前他在午門樓上做說明員，默默「感謝」那些願意聽他講解的觀眾，心情是同樣的。

紅學家、文學研究所的吳世昌應約在《文物》第九期上發表《從馬王堆漢墓出土的「羽毛貼花絹」到〈紅樓夢〉中的「雀金裘」》，沈從文讀後情緒激動得略有失控，十一月致信吳世昌，提出不同意見。撇開兩人在具體問題上的分歧不論，文史研究的觀念上的差異由此顯露充分：沈從文從五十年代以來一直強調文獻文物互證，文獻、圖像、實物三結合。他批評余冠英的樂府詩注解，博學多聞，但只是引書注書，像一桶水倒來倒去；對吳世昌，他的話可謂嚴厲：「你一種形象、一件實物都不接觸，怎麼能碰得著問題？」（23；436）

吳世昌覆信說到一點，新出土文物數量龐大，要個人善於用它和文獻結合，實際上是不大可能的；另外，從書本上抄來的注解，也有價值，不可偏廢。「你在十五年前向其芳建議的辦法未能實現，我想其原因即在於此。」「我眼力衰退，你的信用禿筆寫章草、蠅頭小字，兩面滲映，因讀時費力，常在努力認讀後面時，已把前面忘了，因此讀了幾遍，以後有空想重抄一份，以便易於認讀。」

沈從文曾經向文學所所長何其芳提出，文學所選派幾個年輕人來學學文物，以文物和文獻結合的方法，一起協作嘗試幾個專題，改變古典文學研究只重文獻的習慣。十多年過去了，因吳世昌的文章，沈從文再次致函何其芳，舊話重提。信長超過一萬字，「糊糊塗塗竟寫了一個整夜，天已明亮，」「盼望你能在不增加體力負擔下慢慢看完它，這大致是我近年寫的較長而雜亂無章的信，你一定能透過這種雜亂，而明白理解我這個信中的主要意思。我等於在一種『孤軍作戰』的意義下，十分困難的攻下了若干大小關。」（23; 462, 464）

十一月下旬，沈從文的行政關係才由丹江轉回博物館，相應的戶口和供應關係轉回北京。副館長陳喬和他談話，關於今後的工作，說是要慢慢研究。沈從文早就迫切地希望展開工作，慢慢研究這樣的說辭令他十分惱火。二十日他給正副館長楊振亞、陳喬寫了一封信，希望把服飾資料按照最初打算，分段編寫出十冊左右的圖錄。同時，他又列出從傢俱發展史、絲綢應用發展史到飲食用具發展史等十五個專題。「盼兩位領導能實事求是，讓我來為國家趕趕工作吧。」（23; 427）

服飾資料文稿上交館領導之後過了七個月，還沒有任何回覆，沈從文再也等不下去了，十二月七日，他給楊振亞寫信，要求退還，因為改寫稿只有這麼一份。「你若精神還好，且覺得我說的不是胡話，還有可取處，約個時間，來談個一二小時，讓你明白些你應當明白的種種問題吧

（至今還不明白，我死後永遠也不會明白）。如覺得不必要，就只請把我上次送呈的那份稿件還給我，我好爭爭時間重抄一次，也總算是把這一份工作初步告一段落。……年歲也快到『大塊息我以死』的前夕，……我沒有機會把學習所有的心得，成為後來人的『墊腳石』，……十分努力取得的據點，無人接手，無可奈何，一切只有交付於天！」（23; 480）

這一年，他留下兩篇未完稿：《中國絲綢發展點滴新知識》、《中國對於蠶的馴服和絲織物加工技術的進展》。

5 吳世昌：《覆沈從文》（19731206），《沈從文全集》第二十三卷，頁四四九。

第十四章
以「忘我」來恢復人的「潛伏能力」

一、「小處」和「大處」

一九七四年一月，博物館初步確定三四個人為沈從文的業務接手人，分別學服裝、綢緞、傢俱、圖案等。沈從文多次請求安排繪圖的助手，但當時「批林批孔」的運動正在全國展開，館裡工作重點是改陳，沒有能力幫助他。沈從文對「批孔」何以跟「批林」有關，深感困惑。

孫女沈紅讀了半年書，街區文教組卻告知不能繼續留在北京上學，因為她的父母在四川。一月中旬沈從文寫信告訴兒子，「媽媽不會辨交涉，我更不會，大家一打官腔，我們即無話可說。」（24；8）小女孩在院子裡玩，用粉筆在地下寫「我要讀書！」兩個老人看了十分不安，相伴去街區文教組商量借讀，在門口長椅上等了兩個小時才被接見，回答是不行。

這期間兩個老人之間鬧起了矛盾。沈從文工作起來就陷入其中不能自已，生活亂了套，不是忘了吃飯就是忘了睡覺，洗漱之類的細節更是顧不上；更麻煩的是他不斷接待來自各界、各地的來訪者，常常是不相識的人，熱情地為他們提供「古為今用」的服務。碰到這種時候，如果張兆和在東堂子，就連個轉身的地方都沒有，只能去屋簷下搭的簡易廚房中躲避。張兆和倒不是受不了這種委屈——委屈自然也有，更主要的是擔心沈從文這樣沒有止境的熱心攬事，反倒可能會招惹是非和禍害；還擔心他沒日沒夜地工作，身體會垮下來。

二月沈從文寫了封萬言長信，向妻子解釋、溝通，他敘述二十五年來自己的努力，說來說去，還是說自己這樣做有道理，甚至於，只有這樣做才合理。信的開頭，他寫道：

> 小媽媽：
>
> 萬望不要生我的氣！從年齡說，我們都已進入真正老境，儘管彼此精神情緒以至於工作能力，都還十分健康，要好還來不及，那宜於為一些小處而難受生氣！你的話，不是不對，是「語重心長」，值得銘刻於心上。可是主要還是近於怕事、自保，求在社會大變動中，不受意外衝擊而言。（24; 48）

他說張兆和計較的是「小處」，出於「怕事」、「自保」的心理；他自己卻以為，「能這麼把全部生命，放到工作上去」，是在社會的巨大變動中好不容易得到的「那麼好的機會」，這才是「大處」：「你怎麼不這麼來認識我們共同生活得到你的鼓舞方面的大處好處，卻總還停頓到極其一般生活要求上，小至於忘了洗臉、理髮，也居然會生氣不快樂？忘了吃頓飯，又算什麼？……如今正是趁體力好趕工作時，不鼓勵我，也至少得原諒我是在為國家工作。別人不明白我的學習方法和進展，無所謂，你親眼見到我的學習過程，和部分顯著得來不易的成果，不爭時間寫出來，難道還讓它連同本身一同付之一炬還合理？」（24; 56–57）

至於想在社會動亂中「免過自全」，沈從文想得非常清楚：「據我這廿多年的經驗體會，若我是社會前進的阻礙，預定中是被沖被刷的，即長年鎖上門睡大覺，到頭還是會來個一招，不可免避，也就正是文件中一再提到的『不以個人意志為轉移』。……因怕出麻煩而後退，行不行？我目前大致還是得不怕麻煩，不過分為個人不利而擔心。……明知學懂了的，對目前和明天國家及本館都有利，考慮不到個人，因而終於出了事故，以至遭到不幸，家中也就看開點好。」（24; 58–60）

沈從文向張兆和說明，他「近於自我犧牲」的工作，是抱了「三個希望或目的」：一是提高年輕人，把自己積學所得傳給他們；二是勸誘老朋友，放下老一套治文史方法，用文物和文獻對照來搞學問。事實上這兩個方面都不怎麼被接受；倒是第三個方面，花花朵朵、罈罈罐罐的知識，應用於生產等當前實踐，得到了來自各方的呼應，這也就是他家裡來諮詢、求教的客人不斷的原因。「要完成這三種合理願心，」沈從文在信的最後說，「比三月不理髮重要得多！」（24; 61–62）

二、南方之旅

事實上張兆和的擔心出自常理常情。沈從文言之鑿鑿說體力如何好，可是三月初就因工作過度，造成血壓回升，繼而左眼黃斑出血。接下來就得不斷地跑醫院，有一段時間每天去建國門醫院注射維生素C和葡萄糖，路近，還比較方便；去協和眼科診治比較麻煩，通常是五點即去掛號排隊，每次得半天。左眼不能用，他就憑一隻右眼來工作。四月中旬的一封信裡，他說到現狀：「目前說休息，已近於『亡羊補牢』，能不發展到右目，即真正十分幸運也。二月療程，近經重檢查，並無好轉跡象。但弟由適應現實需要，用『獨眼龍』方式來趕抄待完成工作，已能稍稍適應。寫字已能歸行，便是一例。大有可能此後一切待完工作，均將用隻眼來處理矣。今年已七十近三，一身報廢已不為奇，何況還有一目可用。」（24; 84）

張兆和四月九日帶沈紅去蘇州，將在南方住一段時間。沈從文不時寫信，除了告訴妻子自己每天上午收拾房間，拖地、抹灰，讓妻子放心不會整天伏案之外，還說說人事和社會。他去給金嶽霖送降血壓的蠶蛹，碰到梁思成林徽因的兒子梁從誡，其時還下放在外交部江西幹校，感慨「從誡竟和金隄一樣，成了專業木匠，也很有趣。」（24; 79）至於社會的一般情形，他觀察到的是普遍的「世故」之風蔓延，因而深懷杞憂。「批孔」是他此前此後常提起的事，給妻子的信裡更為放言無忌，用語嚴厲：「有不少知分在『獨出心裁』的寫批孔文章，都近於採用新的儒術作為基本功，巧佞取悅於上。文章受贊許，反映的便是舊儒術在新社會中還大有市場。」（24; 97–98）幾個月前他曾致信北大教授呂德申，請他找一些包括馮友蘭的文章在內的「批孔」材料來看看。一九七三年馮友蘭在《北京大學學報》第四期上發表了《對於孔子的批判和對於我過去的尊孔思想的自我批判》、《復古與反覆古兩條路線的鬥爭》兩文，一九七五年由人民出版社出版了《論孔丘》一書。沈從文一九七五年作舊詩《高知贊》、《聖人贊》，對「知分」——知識分子、「高知」——高級知識分子——的墮落所代表的社會一般風氣，痛心諷刺之外，更表達了深重的憂慮。

家裡人都知道，沈從文一個人住，不可能做到醫生囑咐的「不看書不看報」，都催促他真正離開書桌休息一段；而眼病一直不見好，又犯了動不動流鼻血的老毛病，也促使沈從文向館裡請假，去南方休養和治療。一九七四年五月十四日，他離開北京，前往蘇州與張兆和會合。

在蘇州一個多月，多年未見的親友團聚，拉著沈從文看山石，看園子，住處空地一片翠綠，觸目清爽。「一月裡真正作到了未和書本接觸，因此眼睛似乎也有了較大好轉，不再出現黑影晃動。但左邊視力仍在大衰退中，亦不甚得用。」（24; 125）

六月二十三日，沈從文專程去上海看望竇祖麟、程應鏐、巴金等朋友，先後住在竇家和程家。巴金在《懷念從文》裡記下了兩位老友相見的情境：「一九七四年他來上海，一個下午到我家探望，我女兒進醫院待產，兒子在安徽農村插隊落戶，家中冷冷清清，我們把籐椅搬到走廊上，沒有拘束，談得很暢快。我也忘了自己的『結論』已經下來：一個不戴帽子的反革命。」[1]沈從文一九七五年致黃裳信中，描述更為豐富細緻：

> 去武康路時，仍在十餘年前同一廊下大花園前喝喝茶，憶及前一回喝茶時，陳蘊珍還在廊下用噴水壺照料花草，敘及抗戰初，到昆明升學，一時得不到住處，由我為安置到編書辦公室樓上一角空處，四個還保留中學生風格的剛成年女孩，大喉嚨十分響亮，攤地鋪吵吵嚷嚷，充滿青春歡忻。後屋住有刺孫傳芳之施劍翹，十分高興為敘經過種種。傅雷則住前屋，時正生孩子傅聰。每天均可聽到放貝多芬蕭邦唱片。舊事成塵，不意轉眼即廿卅年，……還記得曾為蘊珍繪一澆花速寫，十分傳神，寄還北京給家中人傳觀，大小都以為形象逼真。
>
> 這次到彼家中作客，則女主人已去世，彼此都相對白頭，巴小姐正住醫院待產，傳來電話，得一女孩，……廊下似亦多久不接待客人，地面和幾張舊籐椅，多灰撲撲的，歪歪亂亂擱在廊下，茶几也失了蹤。我們就依舊坐下來談談十年種種。百葉窗則如十九世紀法國小說常描寫到的情形，因女主人故去，下垂已多日，園中一角，往年陳蘊珍說起的上百種來自各地的花樹，似只有牆角木槿和紅薇，正在開放。大片草地看來也經月不曾剪過。印象重疊，弟不免惘然許久，因為死者長已，生者亦若已失去存在本意，雖依舊談笑風生，事實上心中所受傷害，已無可彌補。（24; 314–315）

七月一日，沈從文和竇祖麟一家由上海到黃山，與從南京到黃山的張允和、張兆和、張寰和姐弟以及沈龍朱、沈紅等會合，老老少少一共十五個人，第二天開始登山。這個親友團熱熱鬧鬧地在黃山上度過了幾天，沈從文愉快、興奮，而且從此以後他多了一條自誇身體好的證據：他是其中年齡最大的，爬山不但不拖後腿，還輕鬆勝任。

下了黃山，又到南京，在張兆和四弟、植物學家張宇和家住了幾天。張家十姐弟，二姐、三姐、四弟、五弟，四家親人難得有了一次團聚。七月十四日，沈從文、張兆和帶著沈紅回到北京。

三、有忙不完的事是「幸運」

沈從文八月份兩次檢查眼睛，左眼黃斑出血未能吸收，視力快速衰退，同時兩眼都有輕微白內障。「目下晚上非看書不能睡，只能閉左眼開右眼，如永玉所畫的貓頭鷹情形，幸好聽說是他那個畫已送上宣告無事，不然，我這看書法，有一天也將會被告發，又將說是在有意諷刺什麼，那就證據確鑿，不易分辯。多少人什麼都不認真學，卻最會用猜謎語方法陷人於罪！」（24: 155）一九七三年，黃永玉應朋友之請，隨手在一本私人的冊頁上畫了一隻貓頭鷹，不料成為一九七四年轟動一時的「黑畫事件」中被重點批判的作品：他畫的貓頭鷹睜一隻眼閉一隻眼，被

1 巴金：《懷念從文》，《沈從文印象》，孫冰編，頁十八。

解釋成「含沙射影」的「毒草」。

因為預感眼睛問題可能會發展得愈來愈嚴重，沈從文就更迫切地希望，能在右眼還可用的情況下，把服飾資料說明文稿重抄一份，為此他再次請求館裡退還文稿。「目下全國只剩下這一份有關服裝的改正稿，一損失，即再也寫不出了。」（24; 155）博物館此前向文物局請示過服飾資料文稿處理意見，局裡忙於運動，一直沒有答覆；館長為不影響沈從文工作，八月下旬將文稿退還，同時告知，館裡實在抽不出人來幫助他。拿回文稿後，沈從文又忙起來，一面謄清，一面繼續修改、補充，為增加附圖，他請王㐨幫助把所需的形象資料照相放大，又從榮寶齋、工藝美院等單位尋求摹繪圖像的解決辦法。

又一個新學期即將開始，為沈紅入學借讀的事，兩個老人奔走交涉，還是無果。去老熟人蕭離家相托，路上換車，沈從文摔了一跤；不過總算由蕭離幫忙，解決了這個發愁的問題。

沈從文又恢復了晚上十二點才睡、早晨五點多即起的習慣，書桌上可用的面積約一尺六寸見方，能工作他即覺「知足」——「知足不辱」。和大多相熟的人多年來在不知所措中彷徨度過相比，他自己有忙不完的事反倒是「幸運」；而且，這麼工作，還是一種「維持健康的新而十分特別的辦法」。他寫信給患心臟病的老友徐盈，「推廣」他的方法：「我還從個人對付疾病的經驗出發」，把注意力集中到研究上，效果比藥物顯著而持久。（24; 193–194）他跟兒子說：「從我學習經驗得來的結論，人必然還有極大的潛力（工作能量，記憶力能量，會通理解）可逐漸發掘出來，在短短數年中，完成過去人意想不到的工作量，而且還達到新的深度。」（24;

205）——這絕非自我安慰或自欺欺人，而是一個老年仍然保持創造的「熱情」和「幻念」的生命的真切體會。

從北大的朋友那裡聽說，「現代文學」只教魯迅的幾個作品，主席的詩，八個樣板戲，最近又加了郭沫若。諸如此類的事，經歷了那麼多動盪之後，再也不會大驚小怪：「聽來雖像是一種『新聞』，其實是古已有之，不足為奇，而且十分自然的。」（24; 189）沈從文倒真有點兒慶幸二十五年來和花花朵朵、罈罈罐罐打交道為有實際意義的事。但也就在他埋頭雜文物的各種專題研究的空隙，十月下旬，他又試探文學創作，寫出《新稿之一》。他早就沒有了發表的念頭，手稿後面寫了這麼幾句話：「略近奇蹟，因為是廿五年後，重新開始作的一些回憶的貫串。得用四分之一的時間寫下去，維持三兩年，或者能給孩子們留下一點紀念。」（27; 578–579）

這一年，美國TriQuarterly第三十一期刊出威廉・L・麥克唐納翻譯的短篇《靜》。

四、傷害

一九七五年一月末，中國人民大學教授楊纖如介紹王亞蓉來沈從文家尋求圖像資料，兩人相熟後，沈從文請她為《中國古代服飾資料》繪圖。沈從文想把王亞蓉調到身邊工作，博物館決定錄用、正式上班前，「原歷博保管部主任李石英先生跟我談話告知：『同意你調到博物館，但是不能跟沈先生一起工作，你工筆劃得不錯，以後就在館裡摹古畫吧！』我選擇了拒絕，我不能讓老人寒心。」但原來的單位已經停薪停職，「有半年時間沈先生每月個人資助我二十元錢，幫我解決生活問題。實不得已，沈先生請王㐨先生幫我調進了中國社科院考古研究所」；「我和王㐨每天下班後都準點到達東堂子胡同沈家那間小屋，從事第二職業一樣。《古代服飾研究》中先生指導我畫的三四百幅小圖，就多完成在這時期。」[2]

二月的一天，沈從文在館裡看到范曾正在畫歷史人物畫，按照老習慣，他指出畫中有不合歷史常識的地方，不料遭到范曾當面喝斥奚落。王亞蓉記得，「先生氣得面紅耳赤，我攙扶他的手覺得他在發抖。」[3] 黃能馥、陳娟娟夫婦回憶，沈從文走了一小時的路到他們家，氣得眼睛紅紅的，說：「一輩子沒講過別人的壞話，我今天不講，會憋死的。」[4] 深受傷害的沈從文兩天后給范曾寫了一封信，摘引如下：

> 前天，因事到館中，偶然相遇……作歷史畫，一個參加過服裝史的骨幹畫家，常識性的錯誤，提一提，下次注注意，免得鬧笑話，有什麼使你生氣理由？……若這是使你天才受約束不易發揮，回想回想你當時來館工作時，經過些什麼周折，一再找我幫忙，說的是些什麼話，難道全忘了嗎？你可以那麼自解說，這是一種手段，重在能留下，利用我一下，免得照學校打算，下放鍛煉幾年，去掉不必要的驕傲狂妄。……經過十多年同事看來，學校當時判斷是完全正確的，錯的倒是你的老師劉先生，一再向我推薦，保證你到我身邊不僅業務上能得到應有的提高，以至於在工作態度、學習態度、做人態度上也有幫助。……對別人那

麼好，對你卻會到前天情形，很值得您認真想想，來博物館時候經過種種，以及文化大革命時，由於你只圖自保，不負責任的胡說，損害我一家人到什麼程度。現在照你昨天意思，以為我「垮了」，在館中已無任何說話權，甚至於是主要被你的小手法弄垮，而你卻已得到成功，滿可以用個極輕蔑態度對待我。即或是事實，也太滑稽了。你那麼善忘，容易自滿，蠻得意開心，可忘了不到半月前，在永玉處說些什麼？我既然早就垮了，無可利用處了，你要我寫字幹嘛？是對我還懷了好意，還是想再利用作為工具？還是對永玉明天也會照對待我那麼來一手？范曾老兄，你實在太只知有己，驕傲到了驚人地步，對你很不好。從私說，我對你無所謂失望或生氣，因為我活了七十多歲，到社會過獨立生活已快六十年，見事見人太多了。什麼下流、愚蠢、壞人都接觸過，同時好的也同樣接觸過，受的人事教育太多了……所謂垮，至少已是廿五年前事情，你不明白處，不妨問問劉先生，表面說，垮得夠慘！……

（24; 271－274）

沈從文一生中大概沒有寫過同樣嚴厲的信。多年之後，一九七七年，他在給汪曾祺的一封信

2 王亞蓉：《先生帶我走進充實難忘的人生》，《沈從文晚年口述》，王亞蓉編，西安：陝西師範大學出版社，二〇〇三年，頁一九五－一九六。

3 王亞蓉：《先生帶我走進充實難忘的人生》，《沈從文晚年口述》，王亞蓉編，頁一九七。

4 陳徒手：《午城門下的沈從文》，《人有病 天知否》，頁三四。

中舊事重提：「我們館中有位『大畫家』……畫法家商鞅的形象，竟帶一把亮亮的刀，別在腰帶間上殿議事。善意告他『不成，秦代不會有這種刀，更不會用這種裝扮上朝議政事。』這位大畫家真是『惱羞成怒』，竟指著我額部說：『你過了時，早沒有發言權了，這事我負責！』大致因為是『文化革命』時，曾胡說我『家中是什麼裴多斐俱樂部』，有客人來，即由我女孩相陪跳舞，奏黃色唱片。害得我所有工具書和工作資料全部毀去。心中過意不去，索性來個『一不做，二不休』，扮一回現代有典型性的『中山狼』傳奇，還以為早已踏著我的肩背上了天，料不到我一生看過了多少蠢人作的自以為聰敏的蠢事，那會把這種小人的小玩意兒留在記憶中難受……」（25: 35–36）

五、以「忘我」來恢復人的「潛伏能力」

一九七五年初，黃永玉鼓動沈從文寫字，他當然為表叔的書法折服，除此之外，更有一個用意，就是讓寫字來調劑老人的工作和身心，以書法作為一種休息手段。黃永玉作木蘭花長卷大卷軸，沈從文題長詩《白玉蘭花引》；詩是一九六二年在青島時寫的，略有增刪後題畫。

沈從文將書法作品分贈友好，其中有些還是償還二三十年前允諾的「舊債」。他「藏拙息手」已經二十五六年，如今「復出」，消息不脛而走，求字的人愈來愈多。以本年來說，初為香港熟人「破戒」，也有意借此澄清海外流播已久的沈從文在折磨中死去的傳聞；而此「戒」

一破，就有一發不可收之勢：給黃裳寫字，是兌現舊諾；陳從周通過俞平伯轉來花箋，令沈從文回想起與他有親戚關係的徐志摩和他古建築的同行梁思成、林徽因；沈從文跟陳從周說自己寫字，「正如同平伯先生唱昆曲，合拍而無腔，可是他究竟還有個底子，我卻一切俱無。」（24: 345）同住京城的求字者自然更多，譬如西南聯大的老同事吳曉玲，譬如臧克家、荒蕪；曹辛之（杭約赫）親手裝裱了一個小條幅，被沈從文見到，就「扣押」下來，因為這是個「報廢件」，為「贖回」，他奉上新作，並允諾日後再寫。

沈從文寫字，不但不求「風雅」，倒更有意打破「風雅人」習慣。紙、筆、墨，概不講究，因陋就簡：七八分錢的毛筆；三五分錢的高麗紙；墨水沉澱了加點水，沒有光彩，「死墨」，別人怕他不怕。他說，他拿筆即和拿筷子不分，字脫不出六十年前在軍中習得的「司書生」體，俗氣逼人；他還說，死去的魯迅，活著的郭沫若，是書法上的「雙絕」，他在新社會，既不冒充是「作家」，更不冒充「懂書法」。通常紙不留空白，填滿為度；「還故意在末後附加些按語注解，標明價值，總不過一毛以上。使人不好意思付之裝裱，也不便公開懸掛，自己倒還是在塗塗抹抹中自得其樂。」（24: 497）

因為王亞蓉等兩個人輔助繪圖，沈從文的研究意想不到地進展順利。與此同時，他在體力和精神上，有了一種非同一般的體驗——「返老還童」的「奇蹟」：「即以吃飯而言，就不大知道餓，也不知飽。一天經常只睡二三小時，日夜作事，不知什麼叫疲倦，也不吃什麼藥，頭從不再感沉重。心也不痛了。走路如飛。心情簡直和四十多年前差不多。」他很認真地思考了這種「奇蹟」的出現，三月初給次子寫信談到：「從生物學和人類學來看，人這一萬年以來，大致只充分發展了人對付人的機能，把對付自然的嗅覺、聽覺和不能理解的一些鳥獸蟲魚的敏感慢慢的全失去了。或許還可以用種什麼意外方法，使一部分潛伏在人本能以內的長處恢復過來。因為這麼空想，尋覓，並且用自己過去搞學習的經驗，肯定自己若能拋去一部分人所共通的束縛，或許待解放的能力，當真會恢復得比人都更多一些。」（24; 277）四月下旬，他給沈虎雛的信裡再次談論這個問題：吃蠶蛹對自己精力好轉作用明顯，可是吃蠶蛹的人不少，有見好有不見好；從黃山回來之後，他已經不吃蠶蛹，也不吃藥，只補充維生素C，「更主要原因，可能還是我自己感覺到人的衰退，也許和習慣多少有點關係，我於是另看了一些舊書，總覺得人在近萬年內，大致因為群的生活，一切聰明才智多使用在對付人的得失競爭上，用心顧此必失彼，所以把原始人的嗅覺、視覺、聽覺，甚至於綜合分析能力全失去了，理解到這方面時，將可設法恢復已失去的一切。因此試從一般人事得失上學習忘我，居然在意想以外把似乎早已失去多少年的某種潛伏能力慢慢恢復過來了，特別是腦子裡的記憶力和分析力，簡直是近於奇蹟！試搞了個廿多大小不一的文物專題，有的只四五天就搞出來了。」（24; 301）

此前他說過多次，人有極大的潛力可以發掘；現在他從人類的進化／退化來反思，從個人的退出——從人事紛爭的發展習慣上退出——來實踐，以「忘我」來恢復「潛伏能力」，聽起來似乎無比迂闊，事實上在他個人卻是生命更上一層的親證和體驗。

過去他還把「忘我」的工作當作「麻醉」痛苦、抵抗煩惱的方式，現在，「忘我」啟動了生命內在的能量，他在自覺的意義上體會到了生命深層的愉悅。倘若我們不能理解沈從文這種無法從社會人事層面來言說的愉悅的生命體會，就只能把他「忘我」的工作看成是完全消耗性的、受虐式的持續行為；其實，工作和生命是互相支撐著往前行，互相激發著往上走。

沈從文的這種自覺，也不妨看作是一個老年生命的「再成長」和「新發現」。他在秋天致陳從周的信裡說，「大致是學懂了『忘我』二字的好處」（24: 343）——「忘我」通向了生命「上出」的又一個進境。

六、舊人舊事新識

數學家、斯坦福大學教授鐘開萊一九七二年回國時，想見沈從文，未能如願；一九七五年他再次回國訪問，事先給程應鏐寫信聯絡，程應鏐告知了沈從文這個資訊。九月，沈從文先後給博物館領導和接待鐘開萊的中國科學院數學所外事工作的負責人寫信，獲准會見。鐘開萊還在杭州旅行時，出乎意料地收到沈從文的信，「沈先生的信，我看了好多遍。他說他現在改了行，在搞考古，工作很有興趣，且在拚命地幹。當時我很納罕，後來知道，沈先生是在跟時間賽跑！……後來到了北京，我要去拜訪他，他很抱歉，房子太小，不能夠接待。……他們夫妻倆曾到旅館來看我兩次，我們見面後真是高興極了。沈先生給我的第一個印象是非常健康，精神更好，面孔很紅潤，不像我們在大西南時那樣面色蒼白；而且十分開朗，講話聲音也響些，總是講他身體很好。沈先生還跟我吹牛，說他們十幾個人曾到黃山去玩，他一馬當先，第一個登上黃山之巔。我們一起喝了點酒，沈先生有心臟病，但他還是喝了。……沈先生後來還拉我到榮寶齋去看畫，他對畫是很懂的。他還送我許多字，考古資料的副本等等。」[5] 沈從文送給老友一些文物圖錄，其中有一本是他編選、一九五五年出版的《中國古代漆器圖案選》。

十月，老作家許傑從上海來訪。一九四四年，許傑發表《上官碧的〈看虹錄〉》和《沈從文的〈摘星錄〉》，斥責這兩篇小說是「色情文學」，兩文都收入他一九四五年在浙江永安立達書店印行的《現代小說過眼錄》中。沈從文熱情相待，留飯閒談，毫無芥蒂。反倒是許傑，看到沈從文沉浸於雜文物研究，彷彿忘記了文學事業，心裡大為感慨。回到上海後，許傑來信，談到沈從文放棄創作，可能和自己當年的批判文章有關，為此深感歉疚。沈從文很久才回覆，「主要是你提的小事，從未在我心上留有痕跡。你一再提及，倒反而恰恰成為我不好回信、不知如何措詞，成為遲遲不易作覆原因！希望得到這個信後，萬千不要再把這類小事放在心上！」（24:379）

在覆許傑的信裡，沈從文坦然解釋了他被認為是「色情文學」的作品。多少年來，他沒有辯駁的機會；直到二十一世紀的今天，這樣的作品仍然處於爭議中。談到《看虹錄》、《摘星錄》，這個七十多歲的老人一點兒也沒有躲躲閃閃，他甚至根本就不願委屈自己在辯解的位置上來說話，許傑也許壓根就想像不到，沈從文會告訴說，《摘星錄》中的人，他最近還在題白玉蘭花圖卷中重複加以敘述！「一切青春的生命形成的音跡，在人間已消失無餘，在我個人印象中卻

永遠鮮明活潑，也使我永遠不覺得老去！」（24; 372）

沈從文回顧自己受批評的歷史：先是「多產作家」升級為「戀愛作家」，加深一層貶義；「到郭院長時，就再升級，定為『粉紅色作家』矣。」「事實上我倒應當承受『戀愛作家』的稱呼，可不夠『粉紅色作家』『美』名。」他說自己的很多作品都涉及男女關係的主題，但同一主題處理方法不同，大致可以分成三種類型：一是《柏子》、《蕭蕭》、《丈夫》等，寫得即或粗野，卻充滿好意和嚴肅，不懷絲毫嘲謔感；二是《八駿圖》等寫社會中上層的，捎帶一點嘲笑褒貶，近於漫畫；「這兩大類以外，還似乎有第三類，即純粹當成『藝術品』抒情詩而作的，有不少篇章。如老兄所批評的『二錄』，一般讀者多只覺得『還新奇』，而不大看得懂是試驗用抒情詩，水彩畫，交響樂，三者不同成型法，揉成一個作品的。一般批評是觸不到作者意識核心的。『讚美』和『譴責』都隔一層。因為缺少『欣賞』基礎，又不明白作者本來意圖，只用世俗作文章的『道德習慣』或『政治要求』去判斷，和作品『隔』一層是不可免的。因之罵得再狠，也從來不加分辯，解釋。」（24; 372, 378）他問許傑是否還保存著自己的這兩個作品，如有，他想抄一份留下來。

鍾開萊在北京時曾告訴沈從文，美國出版了聶華苓的《沈從文評傳》，有大學開設沈從文作品講座；松枝茂夫來信，告訴他的作品譯本日本讀者不少，他還將翻譯《湘行散記》。「這些來

5　雷平：《鍾開萊教授談沈從文先生》，《我所知道的沈從文》，荒蕪編，頁二四九－二五〇。

自遙遠萬千里的招呼」（24; 362），都包含著對他不再創作的惋惜之情。可是沈從文並沒有呼應這種惋惜，他在一九七五年冬天覆鐘開萊的信裡說：「其實國內過去亂罵過我，現在還活著的一些同行、同道或現代文學教授、批評家，也有不少成了好友，而感覺我不寫新短篇為憾事。少數人也許還以為我仍固執的鬧彆扭，都只能用微笑和沉默作為答覆。整個社會在進展中，變化之大，任何聰明人也難適應。我至今還活得上好……活得格外健康而自由！若還放不下『過去一切』，忘不了『個人小小得失』，或在五三年即照鼓勵『歸隊』，或照五八年在二百同行鼓掌歡迎下，去接老舍『北京市作協主席』的虛位，現在恐就無機會來用菜豆大小字，向遠在海外的老友談閑天抒情了。」（24; 354）

七、漸行漸遠

一九七六年一月八日，周恩來逝世。沈從文參加了遺體告別儀式，痛感服飾研究工作的支柱已經失去，一直在他構想中的十部書，「也許把第一本謄清上交外，其他定下的十分之九全不可能繼續作去了。」（24; 408）心臟隱痛的舊病一度重現，更加重了他的緊迫感。經兩位朋友明，《中國古代服飾資料》修正稿全部抄好，他開始校改抄稿。

沈從文在東堂子胡同住處排了個時間表，為少數教師、編輯、文物考古工作者等，講解不同側重的專題或系統基礎知識，如週五晚上為中央民族學院教師王恒傑夫婦講戰國史和文物知識。

來參加這種學習形式的人有王矜、王亞蓉，也有新接觸的青年，來的次數因人因需要而異。這種「小課堂」因唐山地震而中斷，但在其後兩年又得到恢復和延續。

三月下旬，由羅念生髮起，沈從文、朱光潛、馮至、賀麟、卞之琳、李健吾、曹禺等相熟四五十年的老朋友聚會，一起吃了頓飯。沈從文在給次子的信裡述及朋友們的衰老和萎頓：「內中有四位都得靠拐杖幫忙，才便於行動。居多且『形容枯槁，面目憔悴。』卞舅舅更是一個典型現例……。曹禺小我十二三歲，怕失眠，吃安寧片到五十片，還是難得好睡。他的太太就是這麼積久中毒忽然死去。」對比自己，他為還能做事而欣慰：「我同樣失眠，卻一片藥也不吃，爬起來開燈做事。半年來都幾幾乎十二點上床，不到兩點即醒，在床上看書，一會會即迷糊了，可是不成，不久又得醒。索性即爬起來把在進行的工作做下去，抄抄注注，一二小時又上床，又睡，到五點，肯定得照習慣即醒，正當起來接著工作，直到中午十二點才回去吃午飯。人當然會感到累，有時回去來不及吃午飯，即在床上呼呼大睡了。有時是吃了飯，在床上看看報，不到十行，還是睡去。睡得盡少，可睡得甜，一點鐘抵人三點鐘。兩點左右回去，若無客來，即可一直幹到夜裡十二點，精神還是蠻好。」（24; 410-411）

王矜和另外的朋友準備替沈從文去爭取改善工作、居住條件，被他堅決制止。二月十四日致王矜信：「萬萬不宜，行不通！！！……比如說，萬一不理，或理了，指定要我去向某某當權的陳述，那怎麼行？我決不向誰陳請，原是公家要我作，才作。不要我作，沒有可陳請處。我想只照做『公民』的責任，盡力作去，到死為止。……不要為我擔心吧，更不宜為此熱心到向上陳述，這實在不必要。甚至於極危險，清華近日熱鬧處是一例。安知不會把一切好意解釋為篡奪什麼什麼？……我一時死不了，還要工作，也還能工作。」（24; 388-389）一九七五年底在全國展開的「反擊右傾翻案風」到此時已經升溫，新運動的複雜和「熱鬧」讓人不懂，也讓人憂慮重重。

沈從文從丹江回京後，為工作、居住條件，曾經多次向博物館領導說明情況，期望改善，但一次次總是沒有結果。王㐨是沈從文晚年最為信賴和得力的忘年朋友，沈從文還是制止了他為自己去「爭取」。倘若是他並不怎麼信賴、甚至有隔閡的人，好心來為他做這樣的事，會怎麼樣呢？

六月，沈從文得知蕭乾曾向博物館一幹部反映他住房困難後，與蕭乾發生爭執：他極不願意蕭乾摻合到自己的事情裡來。由此而產生出「師生失和」的說法。其實，從一九四九年時代轉折時期起，他們之間就漸行漸遠了。一九四八年發表的《斥反動文藝》還把沈從文、蕭乾作為代表進行了集中的批判，但此後急劇變化的時代、個人的不同選擇、遭遇的差異，把兩人之間的心理距離愈來愈大。

恩怨難以備述，這裡只舉兩個小例子，都不涉及具體內容，只看「表面」的細節。一個是為外人的觀察和印象，林斤瀾談到過，應是五十或六十年代的情形，他說：「蕭乾對沈從文也有一句難聽的話：『他賣鄉下人。』蕭乾是針對沈從文的自稱鄉下人說的。沈從文那裡也不是找不到一句刻薄話的，但他只是輕輕地說一聲：『他聰明過人。』」[6] 另一個例子是，一九七〇年，沈從文在湖北雙溪收到蕭乾的信，覆信稱呼他為「蕭乾同志」；再接蕭乾信，覆信稱呼「秉乾同學」。第二封回信比第一封短得多，第一段即說，「望把前信寄還，十分感謝。……孩子們一再

囑咐『病中不宜和人隨便通信，免出麻煩』，所說十分有道理！」（22; 380, 405）

——為住房事而產生的不愉快，不過是長久鬱積的原因在這裡碰到了一個發洩口而已。

八、避震南行

七月二十八日，唐山大地震爆發，波及京津地區。張兆和帶著兩個孫女住的小羊宜賓五號，正屋山牆部分下坍，壓到沈龍朱晚上回來睡覺的側屋，幸未塌倒。地震後沈從文也轉移到小羊宜賓，一家大小六人在廊下住過兩夜，後到附近空地自搭臨時帳篷，又過了兩夜。王矜等人趕來看望，力促南行，很快就幫助解決了車票，兩個老人帶著兩個孫女匆促上車，八月四號到達蘇州，住在九如巷三號張寰和家中。不久沈紅被接到昆山外婆家，沈龍朱的女兒沈帆由媽媽接到了工作地淮陰清江。

在蘇州過了一個多月之後，九月二十日，他去上海看望老朋友，事先給巴金寫信，說「希望看看的不會過十個人，除王辛笛外，還有蘆焚、王道乾、黃裳、陳從周（同濟大學）、施蟄存、許傑……」（24; 462）他住在桂林路程應鏐家，離市區較遠，交通不便，所以住了將近十天，只見了四五個熟人。沈從文說上海穿馬路的規矩，「像是『現代派』新詩，只有本地人懂。特點

6 程紹國：《林斤瀾說沈從文》，《文苑》二〇〇八年第五期。

是節奏快，段落不分明，標點雖有，可不一定使用，或使用不按一定規矩。」（24; 518）詩人辛笛陪他在福州路舊書店買了不少書，還稱讚他「鶴髮童顏」；巴金又送了他一批書。

十月中旬，沈從文乘船到用直鎮，參觀保聖寺相傳唐代楊惠彩塑；十一月下旬，乘船去昆山陳墓鎮拜會親家張月英，住了幾天後，把孫女帶回蘇州玩了十天，十二月上旬兩個老人送孫女回陳墓鎮，船到用直，又和周有光、張允和一起去看楊惠彩塑。這期間與保聖寺文物管理同行書信往還，交流切磋，多少也算彌補了一點點無法進行文物研究的巨大遺憾。來來去去坐船，江南水村景色人事，給他留下美好的印象。他觀察到，這裡船上的老幼極少唱歌，與湘西不同；可是縱然沉默不語，「總像是在輕輕唱歌！」（24; 564）

這樣的日子可謂清閒，但離開了工作，卻讓沈從文不僅精神上不安寧，似乎連身體也感覺不適應。「我是用充分使用生命，來維持健康，促進生命的火焰燃燒得更旺、更持久。」（24; 496）現在卻有點兒像他一向看不慣的「逍遙公」了。從九月份起，他就嘮嘮叨叨要回北京，可是北京防震警戒一直沒有解除，還時有小震發生，親友們一次又一次地挽留、勸阻，他苦惱不堪：「我活下來那裡是這麼過日子混日子的人呢？……在這裡即或能活下來，也實在無意義可言。」（24; 508–509）他不可遏止地想念東堂子那個「小小據點」，「與那一堆雜圖書雜資料共存亡，為最理想。……我自以為最理想的報廢方式，是能守在寫字臺邊無疾而終。……我一生最怕是閑。一閑，就把生存的意義全失去了。」（24; 522–523）他甚至寫信給王矜，授意王矜寫信來勸說張兆和同意他一個人回去。有好幾次臨上火車，因新的震情和親友的力阻不得不留了下來。這樣熬過了秋天，熬過了冬天，終於在一九七七年二月十五日回到了北京。

第十五章 「出土」時期

一、「穩住自己」

沈從文原本以為，一回到北京，就能夠接續原來的工作，埋頭到他的服飾史和其他大大小小的專題中去；想不到回來就感冒，流鼻血的老毛病復發，一連二十多天，每天流一點，好不容易才止住。他歸咎於南方住了半年，「把人閑老了」；實際上是體力明顯下降，衰老的侵蝕愈來愈嚴重。三月他上香山參加全國性的陶瓷史編寫會議半個月，會議「務虛」空談的性質，為古陶瓷名稱概念之類的問題討論不休的做法，讓他極不適應，疲累不堪，「七十多歲的人，那宜於幹這玩意兒？拖得半垮不垮的回到東堂子，記憶裡只留下山溝中零零落落的灰白色李花印象，別的統統忘了。」（25; 36）

家裡人怕他身體發生意外情況，讓他住到了小羊宜賓。因為兩個孫女各自跟母親生活在外地，小羊宜賓宿舍就剩下兩個老人，長子晚上回來住。生活、身體得到了照顧，工作卻不免受限制，資料又多在東堂子，所以他不得不縮減研究題目，主要精力用於已經進行的專題，做做修改補充，希望能收尾。

一九七六年九月毛澤東逝世，一個多月之後「四人幫」——以王洪文、張春橋、江青、姚文元為首的集團——即被打倒，這個舉國振奮和歡欣的消息也讓沈從文感到舒了一口氣，卻沒有絲毫的興奮和鼓舞，反而杞憂更深。一九七七年中央提出「三年大治」，喜歡說數字的他卻以為，落實到不同部門恐怕得三、五、七、九年不等，這還是樂觀的估計。五月他給蘇州的親戚寫信說：「特別是更不宜妄想，認為『四人幫』一打倒，凡事好辦。」「只把社會混亂、生產破壞，領導老的消沉、中的無能、少壯的向上爬進取方式，多從便辟巧佞逢君之惡下手，大的四人幫完事了，後遺症還是普遍存在，對社會好轉形成極大阻力，任何好的理想，都不可能成為現實的。……類似頑癬的種種現實，附著於皮膚上，還是至今尚無辦法對付。至於生長浸潤於上中下各階層人的骨裡、血中、以至於靈魂中的事事物物，豈容易用讀毛選五卷即可得到解決？更那會學學報告即迅速把大局扭轉？……實在令人感到真正痛苦！」「這裡也還有熟人對百花齊放抱有些新的幼稚幻想，我卻絕不存絲毫不切實際的幻想，因為時間已過，即以曹禺而言，也磨到放不出什麼情緒狀態下了。」——在如此的社會狀況和個人的憂慮之中，「我不能不考慮到應當想個辦法穩住自己，免得發瘋。」（25; 50–54）

為「穩住自己」，而必須在精神上進行什麼樣的努力，即使是親近的人，也未必全能體會。十月初，王孖要外出考古，沈從文寫信叫他行前來談談，「有的事，應當告告你，和此後處理我那份資料，不成熟的雜稿有關。」他坦言，「我有事實上的性格、情緒、思想上的困難，你不大理解。部分屬於自己內部世界，部分出於客觀挫折，第三還有個家中的現實要顧到，我都得作較好的處理，才可望在七十五歲後，還維持得住工作活力，來用個十分困難的居住條件下，克服消沉情緒的抬頭，影響到工作和家庭平靜穩定，不至於一下坍圮。這種坍圮現象，是在生長中，隨歲月不同而日益顯明。可是我終得制止這個自內而來的黑影。」（25; 140–141）

別人看不見這個「自內而來的黑影」，只看見他以難於理解的熱情拚命地工作——工作，是他抵制內心「黑影」的方式，是「穩住自己」、反抗消沉和絕望的威脅的方式，是堅韌而有尊嚴地面對屈辱和困難的方式，當然，也是他懷著不敢希望的希望、以勞動和創造把生命融入歷史文化長河中的實踐方式。

然而，衰老的加劇使得工作效率大不如從前，「近卅年的疲倦積累在一起，一齊迸發出來了，機能失調，用任何外來刺激鼓勵都難於恢復失去了的活力。」（25; 86）從一個現象可以看出精力的不濟：大約從一九七五年起，他給人寫信就經常忘記附郵；到一九七七年，這種情況就更是屢發不絕。譬如一九七七年六月覆老友施蟄存信，並書贈長幅書法，過了四個月之後卻從自己的舊紙堆中發現了；他又在舊信後面增寫了一段附言，裝入信封，封好，貼上郵票，但再次忘記附郵，直到一九九四年家屬清理遺稿時才又被發現。

十一月，為兩年前做的專題《扇子應用進展》撰寫主論文，「兩次開始，每次四頁，總還不對頭。思索方法有問題，因此頭極感吃重，效果不佳。看來大致還得作第三次開始，換一方法來談。能否順手，還是不可知。重新看看我過去寫的小論文，如同看宋明人作品一般。重新爭回十多年來失去的長處，或許已不大容易。又或許基本上還長處保留得尚好，情緒不好，即便寫個小信，也十分費事。天氣日冷頭腦日益轉成癡呆狀態，看書成，記憶中萬萬千千花花朵朵，也分明而有條理，就是不會『寫』了。可憫。」（25; 164）

家裡一張小書桌沈從文和妻子輪流用，他常常搬個小桌子到屋外的月季花旁看稿寫文。來找他學習或諮詢的人不斷，來人了張兆和就得避到簡陋的小廚房，酷暑時裡面像蒸籠，十冬臘月寒氣結冰。沈從文心裡對妻子萬分抱歉，可是卻沒有一點辦法解決這個問題。八月和十一月，他分別致信人大副委員長鄧穎超、統戰部長烏蘭夫，要求解決住房問題；張兆和有個學生看不過去，也幫忙想辦法。但都沒有結果。

年底，沈從文又一個人住回東堂子宿舍，每天來小羊宜賓吃飯。

這一年，美國學者金介甫（Jeffrey C. Kinkley）完成論文《沈從文筆下的中國社會與文化》，獲得哈佛大學博士學位。日本中國資料社出版《人間革命——中國知識分子的思想改造》，收入沈從文《我的學習》一文。日本文學同人雜誌VIKING開始連載福家道信翻譯的《記丁玲》初集和續集，從一九七七年七月起，延續至一九七九年三月。

二、離開博物館，調入社科院

一九七八年二月下旬到三月上旬，沈從文出席了政協第五屆全國委員會第一次會議。在以往的政協會議中，他提交了近二十個文物方面的提案，但這次會議改提案為座談，同組成員彼此隔行，業務方面的問題也就無從談起。他住在友誼賓館，見到了許多老朋友，大多不是用拐杖，就得人攙扶，「不免令人略有悽惶感。」（25; 219）

這期間，沈從文的工作已經在協商調動中。沈從文的工作、居住條件，成了很多關心他的人的一個議題，中國社會科學院新任院長胡喬木從社科院祕書長劉仰嶠等人那裡了解到沈從文的情況，二月初提出調沈從文到社科院，以促成他完成中國服飾史的著作。

沈從文自己覺得，他做的研究，實質上與博物館系統最為相應，對博物館工作有用；但歷史博物館卻並不特別在意，從文物局到博物館的多名領導，對他抱有偏見。五十年代，管業務的副館長韓壽萱說他「不安心學習，不安心工作。終日玩玩花花朵朵，只是個人愛好，一天不知幹些什麼事！」（24; 51）此類的批評所表明的不理解、不信任，讓沈從文終生耿耿於懷；文物局局長王冶秋曾說過：「沈從文，亂七八糟，不知幹什麼。」[1]他「認為沈是灰色的舊知識分子，是在舊社會培養的，要控制使用。」副館長陳喬後來回憶說，社科院商調沈從文，「楊振亞館長認為沈不是主要人才，並說『要走就走』。沈很有意見，後來帶著激憤的心情離開歷博。」[2]沈從文調走後，再也沒有回到過他耗去了近三十年生命的「單位」。

1 陳娟娟口述，見陳徒手《午門城下的沈從文》，《人有病 天知否》，頁二〇。
2 陳喬口述，見陳徒手《午門城下的沈從文》，《人有病 天知否》，頁二〇。

三月，沈從文調入社科院歷史所，四月正式報到，職稱由副研究員晉升為研究員。五月，他給胡喬木寫了一封信，這封信既是表示感謝，也是對胡喬木二十五年前來信的遲到回覆：一九五三年，胡喬木寫信給沈從文，願意為他重返文學事業做安排；面對此番好意，沈從文頗費躊躇，以致未能作覆。

在王孖、王亞蓉的協助下，沈從文五月完成了《扇子應用進展》。當時《大公報》正徵集在港復刊卅周年紀念文章，沈從文是《大公報》副刊的老編者和撰稿人，應邀提供近作，他就把此專題的圖文稿寄往香港。但同年九月出版的兩卷本紀念文集未能刊用。也許是因為過於專門吧：稿件包含前言、圖表、圖錄、扇子考、後記五個部分，其實是一部完整的專著。這是沈從文研究服飾史的副產品，在《沈從文全集》第二十九卷中可以看到它的規模和格局，特別是大量的摹繪圖像：主圖一〇六幅，附錄二十幅；其中的主論文《扇子考》，後來又經增改，形成五萬餘字校訂稿，遺憾的是後來原稿和謄抄稿都佚失，所以《全集》中這部分不得不付諸闕如。

八月初，沈從文去石家莊，看戰國中山王墓出土文物。沒幾天，又和張兆和帶著孫女沈紅——她已回京借讀了一個學期，正值暑假——來到承德避暑山莊，社科院考古所的一個工作站正在這裡進行大甸子出土文物——主要是朱繪彩色薄陶器——清理修復工作，王孖特意邀請兩個老人來這裡看看，換口氣，散散心。他們遊覽了山莊和幾處廟宇，十多天後返回北京。

沈從文、張兆和在北京見到了闊別三十年的親人：張充和從美國回來探親，八、九月兩次探訪北京的親友。十月，他們又與張充和的丈夫、耶魯大學教授傅漢思相會。美國漢代研究考察團

考古學家王孖與沈從文間的忘年交長達三十五載，是沈從文晚年工作中最得力的合作者。 王亞蓉 攝

訪華，傅漢思是副團長。

社科院缺乏辦公地，但為保障《中國古代服飾資料》工作的進行，從十月六日起在友誼賓館包房作臨時工作室，借調王㐨來協助，加上先已調來的王亞蓉，熱心幫忙的李宏、胡戟，沈從文還動員了張兆和、沈朝慧，一起連續緊張工作了三個多月，完成了全部書稿。書稿在此前的基礎上進行了較大修改補充，增加了許多新發現的文物資料，新繪插圖一百五十餘幅，說明二十五萬字。

沈從文說他三個月「無日無夜趕工」，「忙得個昏頭昏腦」，以致結束後「約一千個正附圖像和約廿五萬字一大份文字說明，都還在腦中襞摺深處形成一種混亂影響，有待一一清理」（25; 286, 289）——無論如何，他終於可以鬆一口氣了。

三、往來

書稿交到出版社後，沈從文即刻擬定下一步的規劃，準備建立一個小組來展開工作。為此他於一九七九年二月下旬致函胡喬木，請求調王㐨：「他在考古所修復組廿年的工作經驗及組織能力，和其他許多長處，我都覺得他是一個在今後我工作中最得力合作的助手，也是在我失去工作能力後，他是能把工作繼續完成下去最好的接手人。」（25; 298）

考古所所長夏鼐和沈從文是朋友，有時兩人會面，一個講溫州普通話，一個隻會湘西話，語音彼此難懂，卻無礙說笑交流。有一天沈從文告訴王亞蓉：「夏先生剛剛走，他不高興了，他來了就跟我說，沈先生你不夠朋友！你挖走了王亞蓉，還要挖王㐨。說完就走了。」[3]此事發生的時間應該是沈從文向胡喬木提出調王㐨一年之後了，因為一九八〇年二月末，沈從文致信社科院黨組書記、副院長梅益，述說了兩人談話的情形，請梅益向夏鼐解釋他的意思。夏鼐也非常看重王㐨，雖然他極不願意放人，過了一段時間，還是同意了王㐨調到歷史所。他跑到老朋友面前發牢騷，卻不會讓這件事影響兩個人之間的友誼。

社科院支持沈從文籌建服飾研究室，沈從文心裡長期的規劃是，以這個研究室打下基礎，將來建立「服裝博物館」——他多年的夢想，可是他不敢相信真會有實現的一天；只是朝著這個方向，去做樸素的沉默努力。

一九七九年三月下旬到四月底，沈從文與張兆和相伴，到上海、杭州、蘇州、南京、鎮江等地考察近年新出土文物，王亞蓉陪同。在上海的時候去看巴金，巴金在「紅房子」請吃西餐，沈從文的評價想像得出：「貴而並不好吃」（25; 317）。

五月，鐘開萊到北京講學，他有了一九七五年那次要求去沈從文家拜訪，被以房間小為由力阻的「教訓」，這次有意事先不通知，自己坐車去了小羊宜賓胡同。「我敲了門，他太太來開門，一見面就說『不得了，不得了……』……他興致很好，叫我看院子裡的花，大院種了好

3　王亞蓉：《先生帶我走進充實難忘的人生》，《沈從文晚年口述》，王亞蓉編，頁二一三。

多花。」[4]沈龍朱在院子裡闢出一小塊園地，張兆和從幹校回來之後就成了「花農」，經營了幾年，巴掌大的小花園已經種了二十種不同月季，各色兼備，次第開放，盛時開花有幾百朵。八月，著名數學家丘成桐應華羅庚邀請從美國來訪問，經鍾開萊介紹拜訪沈從文，沈從文在出席輕工業部工藝美術設計創作會議期間和丘成桐會面，兩人談得很好，後來丘成桐邀請沈從文在新疆餐廳吃了一頓羊肉飯，沈從文送了他兩張字，「一是用紙頭粘接的，一是糊窗用高麗紙三年前寫的，一切都不合款式。」（25：369）

六月中旬至七月上旬，第五屆全國政協第二次會議舉行，沈從文提案兩件。這兩件提案以《政協提案選》為題編入《沈從文全集》第三十一卷；而自一九五六年到一九八二年間，在二至五屆政協的其他提案，由於檔案查閱的障礙，未能收入《全集》。

八月下旬到九月初，沈從文與張兆和應邀赴蘭州觀摩大型歷史舞劇《絲路花雨》，此行最讓他欣慰的是，去敦煌考察了幾天，時間雖然短暫，卻總算實現了幾十年的夙願。

十月底到十一中旬，沈從文出席了第四次全國文代會。會議期間，王西彥與許傑一同來家中看望他。王西彥寫作之初因投稿而與沈從文相識，他的第一個短篇集就是由沈從文編定並介紹到商務印書館出版的，是三十年代得到沈從文幫助的一群青年作家中的一個；一九四四年，他在桂林主編的一個報紙副刊《新墾地》上發表了許傑批評《看虹錄》、《摘星錄》的文章，因此而長懷不安。許傑告訴了他一九七五年和沈從文見面的情形之後，「我給自己作了一個決定：『不能再枉自懷著小人之心，從文先生可是個寬厚的人！』」十一月十一日，他的日記裡這樣寫：「現在他和夫人張兆和同志住在一間小小房子裡，認出是我就溫和地笑著，顯出十分高興的樣子，握著的手好一會沒有放開。四十年代在桂林編副刊時，我曾發表過×先生批評他《看虹錄》的文章；現在我和×先生卻一起來他家做客話舊了，這真是歷史的偶然，也是歷史的必然吧？」[5]

四、擔心

有相熟的人告訴沈從文，香港曾有一陣子「沈從文熱」，他的態度是：「可信亦不必全信。總之，此事即真，對我並不利。正如在國外情形，我受稱讚，易成官方文學上宣傳失敗印象。香港那邊盜印了我一二十本書，印得倒蠻好。直到最近，有個親戚為寄回一選集，才知係一字不改翻印五七年北京選本。親戚曾派人為追詢出版商，回答十分巧妙，並附一六五年複印照相證據，轉買某倒閉書店收據，並寫一長長信件，加以解釋，說是紙型係轉購於某圖書公司，已積壓十多年，因見盜印的極多，印得不好，有損作者，所以近年才特別精印出版。」（25; 337）

事實上，從五十年代以來，在大陸和臺灣沈從文作品都不能出版——人民文學出版社一九五七年版小說選集和臺北中華藝林文物出版公司一九七六年影印開明書店版《邊城》，只是

4 雷平：《鍾開萊教授談沈從文先生》，《我所知道的沈從文》，荒蕪編，頁二五〇。

5 王西彥：《寬厚的人，並非寂寞的作家》，《長河不盡流》，吉首大學沈從文研究室編，湖南文藝出版社，一九八九年，頁一〇七。

「特殊」情形下的「例外」——的漫長時期，香港的「盜版」倒是一直延續不斷，具體的品種、數量、印數，難以完整統計，行銷的範圍已經超出香港本島，包括了南洋各地；甚至，如果有人在歐美大學圖書館的中文藏書中發現沈從文作品的香港翻印本，那也是無須大驚小怪的事。[6] 這種翻印，客觀上起到了持續傳播的作用。就連沈從文自己，一九七九年他應邀考慮出選集，還得依靠香港的朋友和親戚寄來的大約四十種翻印本來編選。

一九七九年，沈從文自己也感覺得到，國內正慢慢出現為他的文學「平反」的聲息。對此，他一點兒也不樂觀，不興奮。不斷有人來信說要研究他的作品，他覆信一律是勸阻。他給沈虎雛寫信說：「我也絕不抱什麼不切現實的希望，於國內研究現代中國文學新人為我平反的。……且擔心為我作品說公平話的人，將來會吃虧！」（25; 377）經歷了那麼多風雨，他心裡的確很難相信那些一再重複的「官話」了：「『百家爭鳴、百花齊放』即或可從每一個領導文學藝術的人（或官）的口中聽到，事實上，有許多人是當成個語助詞看待，最害怕最擔心的，就是這方面的真正民主。」耳聞目睹的種種社會現象和風氣，總是令他「徒增杞憂」。「杞憂」中重讀《二十年目睹之怪現狀》和《官場現形記》，並「試述心得」，做打油詩一首：「生活若要吃得開，應從二書學點乖。回憶錄亦不妨寫，適當說謊倒不壞！」（25; 338–339）

徐州師範學院《中國現代作家傳略》編輯組請他提供自傳稿，他說自己「做個『讀者』已不大夠格，那還好意思冒充什麼『作家』，來應考般寫自傳，自欺欺人？」（25; 382）由於他的態度堅決，《傳略》到一九八〇年五卷出齊時，也未能收入沈從文的資料。

荒蕪寫了五首詩，題為《贈沈從文同志》，沈從文看過後寫信勸阻發表，但已經來不及，十月上海《文匯報》、香港《文匯報》、紐約《華僑日本》先後刊載，引起的迴響令沈從文更為不安；十二月十八日，沈從文又致信荒蕪：「昨聞一朋友說，你又在為我『放炮』，實在說來，不免使我深感憂懼。……因照趨勢說來，即使不久更進一步放開文藝，凡權威批評家尚依然存在，深受寵倖，則絕不會有我真正抬頭時。一貫正確之『文化官』，更不會自承工作方法有問題，轉而實事求是來好好研究研究理論之空泛，所重視卅年之不倒翁不倒婆，在國內受重視，得支持，依舊可以用熟習世故哲學而維持其虛偽榮光，對外實不抵事，不抵用。即再善於交際取巧，捧場叫好，送出去人家總不買帳，終究還是不成也。但這種人在國內的權威性卻是天命永久性，不可動搖的。因為宗派沿襲，是鞏固既成實所不可少，包含有原則性的。我得順天命，始能得到保平安，可不是什麼笑話！」（25; 443–444）

九月，沈從文收到了金介甫寄來的英文著作、中文長信，他先回一信，又於十月再寫信回答了十一個問題。

十月，蕭離向沈從文介紹了一個湘西同鄉淩宇，淩宇在北京大學中文系讀碩士研究生，他擬了二十幾個問題請蕭離轉呈沈從文，十一月得到了書面答覆。淩宇將問題和答覆以《沈從文談自

6 我曾經寫過一篇短文「芝加哥大學圖書館所見沈從文簽名本」，涉及香港翻印沈從文作品的情況。此文收入隨筆集《有情》，上海書店出版社，二〇一二年。

己的作品》為題，發表於《中國現代文學研究叢刊》一九八〇年第四期，《全集》收入時改題為《答淩宇問》。十二月，淩宇寫出他研究沈從文的第一篇論文《沈從文小說的傾向性和藝術特色》，沈從文看後給他回信：「承惠寄你寫的關於我作品的分析，細緻認真處，我和家中老伴讀後，都十分感動。……使我稍微擔心處，是你出於家鄉感情，很容易把我一切習作成就，估計過高，對你不利。」他提議，最好是把他的文學「影響範圍縮小，限於略略有助於家鄉後來一輩，可為他們打打氣作用上，即可少犯錯誤。」（25; 450, 456）

也是在十二月，他又接到上海師範學院學生邵華強的《沈從文研究資料彙編》初稿，「看來也使我感動，同時反增加痛苦。」（26; 6）

同一時期他還收到了香港司馬長風的《中國新文學史》，他覆信道：「謝謝尊著近代《中國新文學史》下卷，內容豐富，持論也比較客觀，但對於弟未完成習作過程的一份早已報廢過時舊作，有些過於譽美處，不免轉增憂懼。」（25; 463）不久後他向老友徐盈推薦此書，認為值得告訴徐盈的兒子徐城北看看；同時他提到，「又聽說還有個夏志清，在美用英文寫了本現代中國文學史，港中有中譯本，文筆既極好，且有見地。譯文尚未見過。」（26; 8）

北大等九院校編寫組在一九七九年八月出版了《中國現代文學史》（江蘇人民出版社），對沈從文的評價還是「老腔調」，藝術上有所保留、無關痛癢地肯定幾句作品的「特色」之外，仍然從政治上「上綱上線」，「反動性」這樣的字眼赫然可見。沈從文看過這本書，此後書信中多次提及，雖然不免憤憤不平，不過他其實並沒有多麼意外。他對罵他的「雇傭批評家」，「只感到悲憫」（26; 25）；而那些沒有讀他多少作品就編教材的教師，「無知處值得同情」（26; 31）。

新加坡Heinemann教育書局亞洲有限公司一九七九年出版的《一場革命的起源：中國現代短篇小說集》，收入了Stanley R. Munro 翻譯的《七個野人與最後一個迎春節》。

五、出版、住房

沈從文最關心的，確實不是對他過去的文學的重新評價問題，倘若因評價而招來意想不到的麻煩，就更是他所不願意遭受的了；他最牽掛的是《中國古代服飾資料》的出版。

書稿一九七九年一月交給輕工業出版社後，他就著急地等著看校樣。校樣沒有等到，卻獲悉該社擬與日本講談社合作出版該書，沈從文堅決不同意。大約在五月份，書稿轉到了人民美術出版社；沒有想到人美社也計畫與日本美乃美合作，沈從文又再次撤回書稿。拿回來的書稿被編輯改過了，沈從文不得不重看一次，把改錯的地方再改回去，讓他很有些惱火。

他最怕的是「夜長夢多」，事實上這部著作經歷的波折也確實太長了。十一月，他給沈虎雛的信裡罕見地顯示出，他失去了耐心：「這書已擱了十六年，折騰得精疲力竭，我早已厭倦提及。」（25; 431）

一九八〇年一月十五日，沈從文改好被編輯改過的稿子，交社科院科研局。社科院確定交商務印書館香港分館出版，梅益負責聯繫。此前有不同叫法的書名，至此確定為《中國古代服飾研究》。

香港商務館總編輯李祖澤立即飛赴北京，到小羊宜賓胡同拜訪沈從文，商定出版細節。小屋子裡只有一張籐椅，主客互相推讓，不願獨坐。那一天正值大雪紛飛，兩個人站到院子裡暢談，任雪花飄落到身上——出版落實了，這是沈從文最感快慰的時刻。

另外一件折磨了他漫長時間的事——房子問題——解決起來依然困難重重。好在這一時期，沈從文的住房問題成了很多人關心的事。胡喬木先讓祕書去看，聽完彙報後自己前往沈家，還讓當記者的兒子一同去，所見情景大大超出想像，回來後全家商量把家裡的一套房子騰出來讓給沈從文夫婦住。[7] 胡喬木要讓房，沒有人敢同意這個決定；但有個好處，社科院由此重視。事實上梅益為沈從文要來過幾套房子，但都半路被人截走，對此相當無奈。一九七九年十二月，社科院「優先」分配給沈從文一套新宿舍，三十六平方米，三小居室。比原來是好一些，但仍然不足以讓沈從文把文稿圖片攤開來工作，所以他並不想要。巴金來京出席在人民大會堂舉行的春節茶話會，特意向周揚提出沈從文的住房問題，周揚當時答應幫忙，過後就沒有了下文。一九八〇年二月二十八日，沈從文給巴金的信裡描述了他和張兆和輪流用一張桌子的情形。北京和香港要出沈從文的作品選集，沈從文主要依靠香港的翻印本，把擬選舊作校改後，張兆和再重校一次，「因住處只一張桌子，目前為我趕校那擬印兩份選集，上午她三點即起床，六點出門上街取牛奶，把桌子讓我工作。下午我睡睡，桌子再讓她使用到下午六點，她做飯，再讓我使用書桌。這樣子下去，那能支持多久！」（26; 35）

看來不可能有更理想一點的住處了，沈從文接受下來前門東大街這套不足四十平方的房子，五月初搬了進去。房子在五樓，臨主馬路，日夜車流不斷，強噪音環境讓這個喜歡「靜」的「鄉下人」極端不適應；但他多少可以安慰的是：「卅年來，三姐算是有了個十一平方單用房間。」（26; 46）還有，是不用再上公用廁所了。

這個家的情況確實在好轉：一九七九年初，沈龍朱的「右派」問題得到平反，當了二十幾年鉗工的他，調到學校電子廠做了技術員，平常帶著女兒住學校宿舍，週末回父母家看看；一九八〇年八月，沈虎雛、張之佩離開自貢，調入北京輕工業學院任教。

六、費解

就在沈從文愈來愈受到關注，他的文學將要從歷史嚴酷的沉埋中破土重生的時候，突然發生了一件「費解」的事。

一九八〇年三月，《詩刊》發表了丁玲的《也頻與革命》，對沈從文近五十年前寫作的《記丁玲》，提出極其嚴厲的指責：

7 谷羽：《五十餘年共風雨》，《我所知道的胡喬木》，《胡喬木傳》編輯組編，頁四三六－四三七。

四五個月前，有人送了《記丁玲》這樣一部書給我，並且對這部書的內容提出許多疑問。最近我翻看了一下，原來這是一部編得很拙劣的『小說』，是在一九三三年我被國民黨綁架，社會上傳說我死了之後，一九三三年寫成、一九三四年在上海灘上印刷發售的。作者在書中提到胡也頻和我與革命的關係時，毫無顧忌，信筆編撰，……類似這樣的胡言亂語，連篇累牘，不僅暴露了作者對革命的無知、無情，而且顯示了作者十分自得於自己對革命者的歪曲和嘲弄。

……

……貪生怕死的膽小鬼，斤斤計較於個人得失的市儈，站在高岸上品評在洶湧波濤中奮戰的英雄們的高貴紳士是無法理解他的。這種人的面孔，內心，我們在幾十年的生活經歷和數千年的文學遺產中見過不少，是不足為奇的。[8]

丁玲鏗鏘有力的話語，簡捷清晰地劃分出一條鴻溝似的界限，一邊是「革命」和「革命者」，另一邊是「膽小鬼」、「市儈」、「紳士」，及其對「革命」和「革命者」的「歪曲和嘲弄」。不過，歷史真實發生過的情形是，雙方不僅曾經是共創文學事業的親密朋友，而且在「革命者」遭遇危難的關頭，挺身而出的恰恰是「道不同」卻信守正義、抗議暴政的朋友。

一九三一年胡也頻被捕後，沈從文在上海和南京之間來回奔波，試圖營救；胡也頻被殺害後，冒險護送丁玲母子從上海回常德；又寫《記胡也頻》，敘述朋友為「理想而活複為理想而死去的事」和「他的精神雄強處」（13; 47, 48）。

兩年之後，丁玲被祕密逮捕，沈從文接連發表《丁玲女士被捕》、《丁玲女士失蹤》，公開嚴詞譴責政府當局；同時盡一己之力，各方求助，如曾致信胡適，感謝「丁玲事承向各處說話」[9]；又作長篇傳記《記丁玲女士》，分二十一節在《國聞週報》從七月二十四日連載至十二月十八日。文章連載時遭大量刪削，一九三四年出版的《記丁玲》只是連載文本的前一半，被禁止出版的後半部分直到一九三九年才得以用《記丁玲 續集》為書名印行；一九三五年，當北平報紙上刊登「丁玲辦清自首手續」等傳聞時，沈從文又立即撰文《「消息」》，譴責記者「造作一些無聊故事，糟蹋其人」（13; 240），維護丁玲的聲譽。

晚年的沈從文對自己類似於「出土文物」般受到的關注總是憂慮重重，擔心招致意外的災禍，他的擔憂甚至於給人以過分小心的印象。可即便如此，他還是絕沒有想到，過去的朋友會有如此的一擊。

丁玲自一九五五年被定為「反黨集團」的成員之後，就開始了長期的厄運：從北大荒農場到北京監獄，再到山西長治農村，二十多年的磨難如影隨形；直到一九七九年，她才返回北京，並當選為中國作家協會副主席。

8 丁玲：《也頻與革命》，《詩刊》一九八〇年第三期。

9 沈從文一九三三年六月四日致胡適信，見《胡適遺稿及祕藏書信》第二十七冊，耿雲志主編，合肥：黃山書社，一九九四年，頁一二三－一二六。此信收入《沈從文全集》第十八卷，頁一八〇－一八二。

沈從文沒有公開回應丁玲的文章，但內心的激憤長久無法消除。私下裡提起此事，他難以抑制受傷後的情緒。三月末致施蟄存信中，有言：「只圖自己站穩立場，不妨盡老朋友暫時成一『墊腳石』，亦可謂聰敏絕頂到家矣。」（26; 68）《詩刊》上的文章是由邵燕祥編發的，他為此內疚不安，曾寫信去解釋，沈從文七月回信說：「依照近卅年社會習慣，有『權力』即有『道理』，我得承認現實，不會和她一般見識，爭什麼是非」，「至於某老太太突如其來的爆發性的襲擊，倒真像是魯迅所謂『從背後殺來一刀』的意義。乍一看來近於出人意外，但仔細加以分析，也『事出有因』，不足奇怪。她是個十分聰敏的人，應當極其明白，近廿年所受的『委屈』，來自何方，可不宜派到我的頭上。……說我是『典型市儈』，陌生人聽來，倒也新奇動人。……且加上個『怕死膽小鬼』，真應當深惡痛絕，不與同中國！但是試想想看，在她們夫婦的困難中，別的『正人君子』不為之奔走，為什麼倒反而派到我這個『市儈』頭上來，……她若不太善忘，那本《記胡也頻》的版稅，還是由她拿去！並且到後迫得非送孩子返回湖南不可時，為什麼不要個真正俠客去冒險，這相當危險的差事，又輪到我這個『唯利是圖』的『市儈』頭上？」「就事論事，那個《記丁玲》恰是充滿了好意且為之闢謠，把她高舉而產生。（若說不好，只能說是舉得過高，使她後來忘乎其所然，而應受譴責。）」（26; 122–125）

丁玲寫文章時，未嘗沒有想到過，這對沈從文會「是一個打擊」。一月二十七日致趙家璧信中，她談到對沈從文的看法和將要發表的文章：「我真正覺得他近三十年來還是倒楣的。其實他整個一生是一個可憐可笑的人物。近年來因為他的古代絲綢研究有了點買賣，生活好了些（也還是不那末滿意的），我的文章的發表對他是一個打擊，或許有點不人道。我是以一種惻隱之心強制住我的禿筆。最近在給《詩刊》寫一篇短文《也頻與革命》，稍稍點了一點，說這篇《記丁玲》是一篇壞小說。不過其中另有幾點，仍將在某一天說清楚。以後再看吧。」[10]——她眼裡的沈從文，「整個一生是一個可憐可笑的人物」；他的服飾研究被人逐漸認識，是「有了點買賣」；批評他的書，她還是很克制的。

丁玲、沈從文先後去世之後，一九八九年一月，徐遲在《長江文藝》上公開了沈從文一九八〇年寫給他的信，一般讀者才得知沈從文對丁玲文章的態度。信中說，「《詩刊》三月份上中國『最偉大女作家』罵我的文章」，「別出心裁，用老朋友來『開刀祭旗』」，「值得推薦給所有熟人看看」（26; 114）。

沈從文因在《京報・民眾文藝》副刊發表文章而結識編者胡也頻，隨後認識他的女友丁玲。那是一九二五年，在北平，沈從文二十三歲，胡也頻二十二歲，丁玲二十一歲。三個漂泊的年輕人，都在尋找人生的出路。[11]

---

10 丁玲：《致趙家璧》，《丁玲全集》第十二卷，石家莊：河北人民出版社，二〇〇一年，頁一三八。

11 關於沈從文與丁玲之間關係的完整詳細的敘述，參見李輝：《沈從文與丁玲》，武漢：湖北人民出版社，二〇〇五年。晚年的「《記丁玲》事件」，還可參看相關的文章：周健強《記沈老給我信的前後》（《散文世界》一九八九年第八期），周良沛《也談所謂的丁、沈「文壇公案」》（《文藝報》一九九〇年四月二十一日），陳漱渝《乾涸的清泉》（《人物》一九九〇年第五期），陳明《丁玲在推遲手術的一年裡》（《新文學史料》一九九一年第一期）等。

七、「我總算活過來了」

丁玲《也頻與革命》發表兩個月後，廣州《花城》大型文藝叢刊第五期推出「沈從文專輯」，發表了沈從文的兩首舊體詩《擬詠懷詩》和《喜新晴》，以及一份《從文習作簡目》；「專輯」同時還刊出了三篇文章和金介甫的一封信。這三篇文章，傳誦一時，日後也常常為人提起：朱光潛的《從沈從文先生的人格看他的文藝風格》、黃永玉的《太陽下的風景》、黃苗子的《生命之火長明》。

在六月的一封信裡，沈從文提到這些文章和幾篇訪問記：「朱先生文章只千把字，可寫得極有分量。這種老實話或許會為人不滿，但卻是事實，和不少目下在教書的及別的工作上朋友卻有共同感，但在三十年來『一面倒』風氣中，誰也不敢說，或不願說罷了。黃永玉文章別具一格，宜和上月在香港出的《海洋文藝》上我的一篇介紹他木刻文章同看，會明白我們兩代的關係多一些，也深刻一些。若就訪問記而言，《羊城晚報》和《北京晚報》各有文章。三月份《湘江文藝》刊載的龍海清先生一文，寫得似比較全面。……此外香港中文大學學生出了個《大拇指》專刊，有二三篇訪問記，都寫得極有分寸，也有感觸。事實上，這些年輕人可料不到為我叫屈是不必要的。……《花城》附刊了我兩首舊體小詩，題《擬阮籍詠懷》而作，像是朦朧，又像是還有內容，每一句話都有所指。記得阮的傳中提及『有憂生之嗟』，譯成白話即『擔心活不過去』

意思。這種提法過去不易懂，經過近三十年人事風風雨雨的教育，似乎才較多明白一些。在極端專制猜忌司馬氏新政權下，詩人朝不保夕憂懼處境情形，萬千人就都因之死亡了。我總算活過來了，……目下待作的事還多的是，必需爭三幾年時間，為接手人打個基礎，那裡會只想為自己翻案？至於別人的『抱不平』，也只會增加我的負擔，為他們『明天』擔一分心！因為事實上我已得到的比應當得到的好處過多，虛名過實，易致奇災異禍，我那裡還會感到什麼不平？」（26; 99–101）

六月，著有《沈從文評傳》的聶華苓和丈夫保羅·安格爾來大陸旅行，見到了沈從文。一九七八年聶華苓第一次來北京時，曾提出要見沈從文，未能獲准，心裡一直遺憾。這次來北京，又提出見沈從文，接待人員把他寫的「沈從文」看成了「沈從又」，說找不到這個人。在作協的聚餐會上，他們相遇了。會見輕鬆而愉快，聶華苓注意到，沈從文「說的話不多，吃的也很少，不過很愛吃糖。關於愛吃糖這件事，沈從文解釋說：『我年輕的時候喜歡上一個糖房的姑娘，就愛吃糖！』我把這話翻譯給安格爾聽，安格爾哈哈大笑。」後來，她和丈夫又去沈家拜訪。[12]

從六月下旬到七月下旬，來沈從文家最勤的是任教於紐約聖若望大學的金介甫。他第一次來中國，為撰寫沈從文的傳記而準備，一個月的時間裡與沈從文長談十二次。要聽懂沈從文的話，

12 聶華苓：《與自然融合的人回歸自然了》，《長河不盡流》，頁二九六。

金介甫感受到的困難程度如和錢鍾書交談差不多，原因卻正好相反：錢鍾書「總是不能自已地在拉丁文、法文、義大利文和德文之間轉換運用」，沈從文卻是「因為他對湘西的鄉音所特具的敏感性，使其語言昇華並對其絕對忠實。」[13] 這個年輕洋人的「書生氣」，給沈從文的印象很好，他們還一起去看了長城和定陵。八月金介甫去了沈從文的老家湘西鳳凰。

七月，沈從文被聘為國家文物局諮議委員會委員。八月底至九月中旬，出席政協第五屆委員會第三次會議。十月二十六日，出席「中美史學交流會」開幕式。

一九八〇年是沈從文一九四九年以來發表作品最多的一年，在海內外報刊新發表作品十四篇，其中八篇是本年所寫，如《從文自傳》的《附記》、《憶翔鶴》等。香港時代圖書公司十二月出版了《從文散文選》，收入《從文自傳》、《湘行散記》、《湘西》之外，還在「劫餘殘稿」題下，編入《雪晴》、《巧秀和冬生》、《傳奇不奇》一組小說。

北京出版的《中國文學》英文版第八期刊出戴乃迭翻譯的《蕭蕭》、《貴生》、《丈夫》，法文版第八、九期連載了《邊城》。

德國法蘭克福Suhrkamp出版社出版的《春天的希望：現代中國小說》，收入馬漢茂（Helmut Martin）、呂福克（Volker Klöpsch）合譯的《我的教育》，這是沈從文作品的第一篇德文翻譯。

13 金介甫：《訪問沈從文之後的感想》，《我所知道的沈從文》，荒蕪編，頁八八。

第十六章

「一個健康的選擇」之後

一、美國的講演

一九八〇年初，傅漢思、張充和寫信邀請沈從文和張兆和來美，沈從文回信說，他自己不敢設想，倒是想過，《服飾研究》出版後得的稿酬，如足夠張兆和來回路費，則盡她來住一陣（26; 46）。二月下旬，傅漢思約同耶魯中國小說史教授高辛勇、中國歷史教授余英時、美術館東方藝術部主任倪密，聯名正式邀請沈從文講學，信函同時寄給中國社科院。沈從文三月底回信表示願意前往，但社科院沒有回音。暑中正在北京的金介甫和社科院聯繫，居間轉達溝通，社科院表示支持，並承擔來回機票費用。此後辦理一系列手續，時間就到了十月份。行前沈從文致信鐘開萊說：「我事先總有那麼一種感覺，即此來或如『熊貓』，能給人看看已完成了一半任務，其次則談談天，交流交流意見。而主要收成，當是去博物館看看國內看不到的中國重要雜文物」（26; 173）。

十月二十七日，兩個老人從北京啟程，先到上海轉飛東京，再在東京換機飛往紐約。幸遇季羨林大公子同行，得到不少照顧。當地時間二十七日下午七時到達紐約甘迺迪機場，接機的張充和、傅漢思興奮得無可言喻。開車回到紐黑文的家，已近午夜。傅漢思這天的日記只寫了這麼一句：「等了三十年的一個夢，今天終於實現了。」[1]

沈從文在美國三個半月，到十五所大學做了二十三場演講，參觀博物館、圖書館及其他文化活動六十六項，傅漢思分列了這兩個方面的紀錄，載明具體的時間、地點和相關人員；其中後一項，還不包括在美國西部和檀香山的活動。[2]如此密集的安排，表明當地相關部門和眾多個人的熱情，珍惜這個來之不易的機會。而這個近八十歲的老人，為親情、友情、好奇、敬仰所環繞，精神上既興奮，又特別放鬆；在一生第一次出國的異國他鄉，有分寸卻無拘束，自然地顯現一個生命的平和與堅韌，智慧與志趣，飽經滄桑而童心猶在。

沈從文的首場講演是十一月七日，在哥倫比亞大學，夏志清主持，傅漢思翻譯。哥大的海報尊稱他是「中國當代最偉大的在世作家」，他講《二十年代的中國新文學》，談的是他個人到北京開始寫作最初幾年的情形，末尾說：「我今年七十八歲，依照新規定，文物過八十年代即不可運出國外，我也快到禁止出口文物年齡了。……所以我在今天和各位專家見見面，真是一生極大愉快事。」（12; 381–382）

聽眾中不少人已經老了：如在三十多年前即和金隄翻譯出版了沈從文小說第一個英譯本的白英（Robert Payne），這個譯本叫《中國土地：沈從文小說集》（*The Chinese Earth: Stories by Shen Tsung-wen*），倫敦George Allen & Unwin有限公司一九四七年出版；還有一位七十多歲的老先生，老遠趕來，沈從文講完後他站起來向當年的老師報名報到，報他是哪一年的學生。沈從文幾乎每到一處，總會有他的老學生，其中主要是西南聯大時期的年輕朋友。王浩——著名的數理邏輯學家和電腦科學家，當年金嶽霖最喜歡的學生，旁聽過沈從文的大一國文，一九四四年他翻譯了毛姆的一段談哲學的話向沈從文編的副刊投稿，「登是登出來了，但後來間接聽說，沈先生對我選的一段頗為失望，大概因為別的理由，對我的興味有更高的期望。」——他聽了哥大的講演，寫了一篇《重逢沈從文先生》，樸實地記敘了自己的感受：「我曾聽過多次國內訪問美國的名家的講話，特別喜歡沈先生的這一次。一個明顯的原因是他用自己親切的語言講自己最有興趣的話，因而若干粗心的或對中國所知較少的聽眾可能覺得文不對題。後來我想，另外一個原因是，他通過自己的經歷，具體地反映了一個時期（二十年代）的文化情況，比講當前的情況較容易表達出要點，而且不需要正面來探討國內幾十年政策數次大改所引起的思想混亂。這當然也是一個出色的作家善用了自己的長處而得到的效果。」[3]

沈從文當然知道，有些聽眾可能更感興趣於他的曲折經歷，期待聽到他的受難「證詞」；可是他沒有去投合這種心理，只講自己真正想講的東西。十一月二十四日在聖若望大學講《從新文學轉到歷史文物》，最後平靜而誠懇地說：

1 張充和：《沈二哥在美國東部的瑣瑣》，《沈從文印象》，孫冰編，頁一六一。
2 傅漢思：《沈從文在美國的講演和文化活動》，《長河不盡流》，頁四四一-四四九。
3 王浩：《重逢沈從文先生》，《我所知道的沈從文》，荒蕪編，頁二〇八、二一一。

許多在日本、美國的朋友，為我不寫小說而覺得惋惜，事實上並不值得惋惜。因為社會變動太大，我今天之所以有機會在這裡與各位談這些故事，就證明了我並不因為社會變動而喪氣。社會變動是必然的現象。我們中國有句俗話說：「塞翁失馬，焉知非福！」在中國近三十年的劇烈變動情況中，我許多很好很有成就的舊同行，老同事，都因為來不及適應這個環境中的新變化成了古人。我現在居然能在這裡快樂的和各位談談這些事情，證明我在適應環境上，至少作了一個健康的選擇，並不是消極的退隱。特別是國家變動大，社會變動過程太激烈了，許多人在運動當中都犧牲後，就更需要有人更頑強堅持工作，才能保留下一些東西。在近三十年社會變動過程中，外面總有傳說我有段時間很委屈、很沮喪；我現在站在這裡談笑，那些曾經為我擔心的好朋友，可以不用再擔心！我活得很健康，這可不能夠作假的！我總相信：人類最後總是愛好和平的。要從和平中求發展、得進步的。中國也無例外這麼向前的。（12; 389–390）

他的講演，按場次來說，一半是講文學，只限於二十年代；一半是講文物，主要是中國古代服飾。他更願意講文物，為此精心準備了大量的幻燈片。讓他特別高興的是，他還專門講了一次「中國扇子的演變」——湊巧，耶魯大學美術館正舉行清代扇子書畫展，傀密陪他參觀後，他即做專題演講，並放映了幻燈片。

沈從文演講前總是寫講稿，還總是帶著講稿上講臺，可是從來不看。在東部幾所大學，傅漢思是當然的司機，又是大部分時候的翻譯。一開始傅漢思事先還看講稿，後來發現沈從文並不照念講稿，就索性不再看。沈從文講開了頭，往往隨興所至。有一次張充和坐在靠近講臺的地方，聽見傅漢思低聲提醒他：「你現在講的是文學。」——「原來這天講的是古代服飾。每次無論講文學或考古，總離不了琉璃廠，古文物。在文學上間接受到古文物的薰陶與修養，在考古上是直接接收同研究。這個同源異派，共樹分條的寶藏，永遠占他生活中一部分，他永遠忘不了，所以有時忘了所講題目。一經漢思提醒，他若無其事，不慌不忙歸還原題，其時聽眾已入勝境，亦不覺有什麼痕跡，比起當年在中國公學第一次上課時，大有天壤之別了。」[4]

沈從文去講演，從不問到什麼學校，見什麼人，什麼人介紹主持。十二月三日到勃朗大學演講完後，主持人勒大衛教授在家中掌廚設宴，過後大家談起主人，沈從文說：「我沒見到主人。」他也確實並未同主人交談——張充和感歎，「我這才相信王子猷看竹不問主人的故事不是謊造的。」[5]十二月八日第一次去哈佛，歸途中他問：「今天是在什麼大學講演？」（26; 188）張兆和把這事寫信告訴了兒子。再次去哈佛，談服飾，考古學家張光直主持，這次他記住了學校，還在日記中寫：「有一老太太帶一裙子問時代，告她約在同治、道光時。隨後又問值多少

4　張充和：《沈二哥在美國東部的瑣瑣》，《沈從文印象》，孫冰編，頁一六三。

5　張充和：《沈二哥在美國東部的瑣瑣》，《沈從文印象》，孫冰編，頁一六六。

錢，率直回答我不是商人，無從奉告。」（26; 199）

金介甫對沈從文的演講有細緻的觀察和深刻的印象：「他沒有受過直接與西方接觸的影響，而且既不關心也不會對他的聽眾『說恰當的話』。然而他恰恰在這一方面取得了輝煌的成功。」「對於沈從文的聽眾來說，這也是一次空前的經驗。……他的語調既表現出中國偉大的傳統學者所特有的那種無我的謙遜，又流露出一種歡歡喜喜的精神，因而他的聽眾中有些人說他活像一尊『小佛爺』，一尊『彌勒佛』。」[6]

二、他鄉舊友新知

沈從文在東部期間，除了一兩次偶爾在外住宿，都住在張充和家裡。而他講演的學校，除了耶魯，都在另外的州，當天往返，實在是很辛苦。常常夜間行車，後座的兩姊妹已經困倦入睡，前座的他還同開車的傅漢思興致勃勃地有說不完的話。他如此好的精力，讓人不敢相信。對「新事物」的興趣，也令人稱奇，如在華盛頓看航太博物館；如在張充和家每飯後必吃霜淇淋，嚴冬臘月，誰也不需要，可要是忘了給他，他會用孩子般的方式提醒；他一個人看電視，不懂英文，卻能說出故事的來龍去脈。

很多人與他相見，最稱奇的，是他二十年代在北京租住漢園公寓時的一個十二三歲的少年，如今是耶魯的中文教師黃伯飛，他父親當年開漢園公寓，他還記得當時胡也頻住哪間，丁玲住哪間，沈從文住哪間。林蒲，西南聯大時期的老學生，專程從南部飛來，趕到張充和家，和沈從文做了將近五個小時的談話錄音。

沈從文去哈佛，費正清和夫人費慰梅請他午餐，他們不僅是三十年代的舊識，而且有共同密切的朋友梁思成、林徽因，那時候他們都多麼年輕！如今垂老，共同的朋友作古——這一對已逝夫婦的經歷命運，自然也就成為他們席間感慨萬千的話題。費慰梅後來寫了一本書《梁思成與林徽因》（*Liang and Lin*，美國賓夕法尼亞大學出版社，一九九四年版）。

來美國，沈從文特別想見的一個人是王際真。一九二八年，王際真由美回國探親，路經上海，徐志摩介紹他和沈從文認識。短暫的交往，卻結下了特殊的友誼。此後幾年間，兩人書信往還不斷，因為不識英語，沈從文寄往美國的信封，都是王際真寫好後從美國寄來的。他還時常從美國寄錢來，接濟困難中的沈從文。王際真後來在哥大任教多年，翻譯了不少書，其中《紅樓夢》節譯本第一次把這部中國小說名著介紹給美國讀者。沈從文在哥大首場講演後，向人打聽這位老友，得知他已經退休二十年，獨自一人住在紐約公寓中，不接受任何人拜訪，是個「古怪老人」。沈從文先寫了一封信，後又兩次電話相約，兩度到他家拜訪——

第一次一到他家，兆和、充和即刻就在廚房忙起來了。……他已經八十五六歲了，身體精

6　金介甫：《沈從文在美國》，《長河不盡流》，頁三一二–三一三。

神看來還不錯。我們隨便談下去，談得很愉快。他仍然保有山東人那種爽直淳厚氣質。使我驚訝的是，他竟忽然從抽屜裡取出我的兩本舊作，《鴨子》和《神巫之愛》！那是我二十年代中早期習作，不僅北京上海舊書店已多年絕跡，連香港翻印本也不曾見到。書已經破舊不堪，封面脫落了，由於年代過久，書頁變黃了，脆了，翻動時，碎片碎屑直往下掉。可是，能在萬里之外的美國，見到自己早年不成熟不像樣子的作品，還被一個古怪老人保存到現在，這是難以理解的，這感情是深刻動人的！

談了一會，他忽然又從什麼地方取出一束信來，那是我在一九二八到一九三一年寫給他的。翻閱這些五十年前的舊信，它們把我帶回到二十年代末期那段歲月裡，令人十分悵惘。

（12; 261）

結束了在美國東部的活動，即將離開之前，沈從文、張兆和在傅漢思、張充和家宴請朋友，一九八一年一月二十四日記：「請客卅人，濟濟一堂，十分有趣。有余英時、趙浩生、黃伯飛等均耶魯教授。又《江青傳》作者夫婦，也談了許久。十一點左右看電視中審江青一剎那，判刑一場，人多是呆相。」（26; 200）

一月二十六日，沈從文、張兆和在張充和陪同下飛往芝加哥。二十七日和二十九日，在芝加哥大學做了兩場講演，由錢存訓主持。錢夫人許文錦是張充和的初中同學。錢存訓陪同參觀遠東圖書館，這個圖書館的建設得力於他四五十年的辛勤付出；圖書館學家馬泰來特意把館藏沈從文著作集中起來，請沈從文簽名。

一月三十日，沈從文、張兆和飛往三藩市，張充和返回紐黑文。在三藩市期間，生活得到數學家鐘開萊一家的特別照顧。沈從文到斯坦福大學、加州大學伯克利分校、三藩市州立大學分別演講。在三藩市州立大學，不但擔任演講翻譯的是西南聯大時期的學生許芥昱，演講後的座談，參加者中還有一位西南聯大的學生，來美講學的袁可嘉。

二月七日下午，三藩市東風書店特意安排了一個沈從文與讀者的見面會，時值書店舉辦「白先勇作品週」，白先勇得知沈從文來到了三藩市，特意從美國南部趕來，於是一老一少兩個作家，連袂出現。白先勇致辭說：沈先生是他最崇敬的一位中國作家，他從小就熟悉沈先生作品中的許多栩栩如生人物。……人生短暫，藝術常存，沈先生的小說從卅年代直到現在，仍然放射著耀眼的光輝。這期間，中國經歷了多大的變動，但是，藝術可以戰勝一切。今天大家來瞻仰沈先生的風采，就是一個證明。

當天晚上，陳若曦在家中邀集文化界朋友歡迎沈從文。晚餐後沈從文放映幻燈片，講解服飾史。數學大師陳省身，「此時卻以小學生姿態發問」。告別之時，沈從文還未出門，陳省身突然談起沈從文當年追求自己學生張兆和的情史。[7]

二月八日，沈從文、張兆和由三藩市飛赴檀香山。在夏威夷大學，沈從文做了訪美的最後兩

7 雷平：《沈從文先生在美西》，《我所知道的沈從文》，荒蕪編，頁二五三－二五八。

次演講，由馬幼垣擔任翻譯。

十五日，離開檀香山，飛往東京；十七日，由東京轉機回到北京。

三、《中國古代服飾研究》

回到北京後，略作休息，沈從文、張兆和與王孖、王亞蓉同行，於三月五日南下廣州，看香港商務印書館《中國古代服飾研究》校樣。沈從文把全部圖稿從頭到尾接連看了兩遍，斟酌說明文字；對照圖像審核，主要由王孖、王亞蓉擔任。香港商務館還有兩名編輯參與工作。直到月底，全書方才校改完畢。

同時還有文學作品的校樣——廣州花城出版社和香港三聯書店將聯合出版《沈從文文集》，分卷陸續印行，一大堆稿子主要由張兆和看，沈從文只看其中一小部分。與對《服飾研究》的傾力投入，以至於校改完成後身體吃重到「有點『解體』模樣」相對照，舊作重印，沈從文卻顯得不那麼熱心，他寫信給兒子說：「草草爭印對我意義實不多，甚至於一本不印也無所謂。」（26; 210–211）

工作結束後有幾天空閒，沈從文去中山大學三次，一次是和老朋友楊克毅、吳宏聰會面；一次是拜訪商承祚和容庚兩位老友，商承祚為《中國古代服飾研究》題寫書名；還有一次是看學校博物館。

一九八一年夏沈從文夫婦在寓所。

四月五日，沈從文一行同去長沙，到省博物館看文物，為服飾研究補充新材料。博物館特別把著名的馬王堆絲織品和各種珍稀雜文物，給沈從文看，並且提出具體問題請教。家鄉人的熱情感染著他，他四月八日做了一個講演——事先沒有準備，只當成和同行的交流，談文物如同拉家常。他是站著講的，開始就說：「我習慣了，我做說明員做久了，我站起來講。」講起來就滔滔不絕。中間大家請他休息，他說：「我這好像是賣膏藥了。……你們看我做說明員做慣了，有職業病，拉拉雜雜的，一說話就沒完。」同行的王亞蓉後來根據錄音整理出這個演講，題為《我是一個很迷信文物的人》。[8]

長沙之行有意保密，但後來還是消息漏出，沈從文先後應《湘江文藝》和省文聯之邀，出席座談會並做了講話。這兩次談話王亞蓉也做了錄音，後來整理出來，與在省博物館的演講一起，構成了《沈從文晚年口述》的主要內容。[9]

四月十六日回到北京，隨後沈從文即著手寫《服飾研究》的後記。說來話長，百感交集——他寫了很多；可是到五月一日定稿，他卻做了極大壓縮，只簡略敘述成書經過，語氣平靜。他留下的多種手稿片段，後來整理成長文《曲折十七年》，收入《全集》第二十七卷。

接下來的日子，是在等待這部著作的出版中度過的。九月，書一印出，香港商務館的陳萬雄立即赴京，往沈家送來樣書。從一九六四年算起，這部書經過了十七年才得以出版；如果從一九六〇年草擬服裝史資料目錄、提交討論、文化部同意進行工作算起，則是二十一年。

《中國古代服飾研究》初版精裝，八開本，文字二十五萬字，圖像七百幅，其中彩圖一百幅。署名為：編著沈從文，助理王矜，繪圖陳大章、李之檀、范曾，插圖王亞蓉。很多人不解，書的編排上為什麼有「圖」和「插圖」之分，統一編號不是看起來更清楚、更方便嗎？這是沈從文的堅持，為了一份紀念：一九六四年已經打樣即將付印的書稿，保留它的體例不變：原有的圖像，以「圖」的形式存在；後來新補充的圖像，以「插圖」的形式加入。

沈從文在引言開篇即表明問題：「中國服飾研究，文字材料多，和具體問題差距大，純粹由文字出發而作出的說明和圖解，所得知識實難全面，如宋人作《三禮圖》，就是一個好例。但由於官刻影響大，此後千年卻容易訛謬相承。如和近年大量出土文物銅、玉、磚、石、木、漆、刻畫一加比證，就可知這部門工作研究方法，或值得重新著手。」僅僅依靠文字之不足以支撐研究之外，他還指出，文字記載有明顯的取捨選擇，這樣的取捨與沈從文的物質文化史觀念有所偏離：「漢代以來各史雖多附有輿服志、儀衛志、郊祀志、五行志，無不有涉及輿服的記載，內容重點多限於上層統治者朝會、郊祀、燕享和一個龐大官僚集團的朝服官服。記載雖若十分詳盡，其實多輾轉沿襲，未必見於實用。」方法上、內容上都存在可以探討之處；「私人著述不下百十種，……又多近小說家言，或故神其說，或以意附會，即漢人敘漢事，唐人敘唐事，亦難於落實征信。」

---

8 沈從文：《我是一個很迷信文物的人》，見《沈從文晚年口述》，王亞蓉編，頁三-四三。

9 這兩次講話分別題為《自己來支配自己的命運》、《我有機會看到許多朋友沒有機會看到的東西》，見《沈從文晚年口述》，王亞蓉編，頁四四-八一，頁八二-一一〇。

他說，「本人因在博物館工作較久，有機會接觸實物、圖像、壁畫、墓俑較多，雜文物經手過眼也較廣泛，因此試從常識出發，排比排比材料，採用一個以圖像為主結合文獻進行比較探索、綜合分析的方法，得到些新的認識理解，根據它提出些新的問題。」引言簡要介紹重點，從商、周到明、清，按照歷史脈絡，順時敘述。最後，他有意無意間把這項研究與他個人的文學事業相聯接：「總的說來，這份工作和個人前半生搞的文學創作方法態度或仍有相通處」，是「比較有系統進行探討綜合的第一部分工作」，「總的看來雖具有一個長篇小說的規模，內容卻近似風格不一分章敘事的散文。」（32; 5–10）

《中國古代服飾研究》面世之前，就已引起關注。六月美國蘭登出版社曾在北京和沈從文談到，是否可能為美國一般讀者出版一個簡化的縮寫譯本；十月，蘭登在收到香港商務館的書後，又致信沈從文，重提出版這樣一個譯本的可行性，並計畫同時組織一個在美、英幾個城市的中國古代服裝流動展覽。[10] 沈從文認真考慮過如何縮寫出一個適合普通讀者閱讀的本子，並為翻譯問題而請教過楊憲益及海外親友，但終因兩方面的困難，不得不在試探後放棄。

香港商務館初版本中有三百本特別簽名本，定價八百港幣，採取預售制，未及問世就被訂購一空。書出版後兩個月，臺北龍田出版社就以十六開本分兩冊翻印，刪去郭沫若序言，隱去編著署名。沈從文對出版宣傳中稱此書為「中國服裝史」感到不滿和惶恐，他自己喜歡說，這是一本「試點性資料」——這個實事求是的說法並非完全出於謙虛，因為「試點」即意味著它「算是中國這一類性質的第一本書」（26; 347），是開路和奠基的工作。

十二月，中國社科院以《要報》形式向中央和國務院報告《中國古代服飾研究》的出版情況。十一月底到十二月中旬，沈從文出席了政協第五屆全國委員會第四次會議。

四、張兆和的工作

一九八一年年底，沈從文的舊作開始印行：江西人民出版社的《邊城》單行本，湖南人民出版社的《沈從文小說選》、《沈從文散文選》，人民文學出版社的《從文自傳》幾乎同時上市。轉年，人民文學出版社出版了淩宇編選的《沈從文小說選》兩集和《沈從文散文選》；花城出版社和香港三聯書店聯合出版的《沈從文文集》發行了前五卷，此套文集由邵華強、淩宇編選，到一九八四年出齊，共十二卷。一九八三年，邵華強編選的早期作品選《神巫之愛》由花城出版社出版，淩宇編選的五卷本《沈從文選集》由四川人民出版社出版。

北京《中國文學》雜誌社的「熊貓叢書」，一九八一年出版了英文版小說集《邊城及其它》，一九八二年出版英文版散文集《湘西散記》、法文版《沈從文小說選》。戴乃迭是兩個英文本的譯者，其中《湘西散記》所收的《傳奇不奇》、《雪晴》、《巧秀和冬生》，還集中發表於《中國文學》一九八二年第二期。

10 安東尼舒爾特致沈從文，《沈從文全集》第二十六卷，頁二七五。

哥倫比亞大學出版社一九八一年出版劉紹銘、夏志清、李歐梵編《現代中國短篇和中篇小說選，一九一九—一九四九》，收入許芥昱翻譯的《柏子》、《燈》、《三個男子和一個女人》和歐陽楨翻譯的《蕭蕭》，該社一九八二年再版了金隄和白英舊譯《中國土地：沈從文小說集》。紐約麥克米蘭和自由出版社（Macmillan & Free Press）一九八一年出版《中國文明與社會》（Chinese Civilization and Society），收入南茜・季博思（Nancy Gibbs）從《長河》中選譯的《橘子園主人和一個老水手》。德國慕尼克期刊《中國訊刊：圖書-文章-資訊》從一九八二年到一九八七年連續發表沈從文小說的譯文：梅儒佩（Rupprecht Mayer）翻譯的《柏子》（第二卷）、《生》（第五卷），包慧夫（Wolf Baus）翻譯的《福生》（第十卷）、《往事》（第十一卷）、《雨》（第十二卷）、《靜》（第十六卷）。

英國《龍的心》攝製組一九八二年春天來到沈從文狹小的寓所採訪，他說了許多話：「我一生從事文學創作，從不知道什麼叫『創新』和『突破』，我只知道『完成』，……克服困難去『完成』。」「……我一生的經驗和信心就是，不相信權力，只相信智慧。」[11]

——看起來，確乎形成了一個「沈從文熱」。

置身於「熱」的中心，沈從文卻一點也「熱」不起來。他非但沒有因「熱」而膨脹，反倒想把自己「縮小」：在給老友程應鏐的信中說，「至於年來國內外的『沈從文熱』，可絕不宜信以為真，『虛名過實』，不祥之至。從個人言，只希望極力把自己縮小一些，到無力再小地步，免得損害別的作家的尊嚴，近於『絆腳石』而發生意外災殃。」（26; 381）

大陸短時間內大量出版沈從文的舊作，可忙壞了張兆和。她不但要對照紛亂的版本校改印刷上的錯訛，還得為這些作品的重新面世仔細「把關」。沈從文在一九八二年二月致徐盈信中，談到張兆和工作的重點：「最近整理四五十年前舊作時，總是刪來刪去，凡是『粗野』的字句必刪去，『犯時忌』的也必刪去，『易致誤解處』更必刪去，結果不少作品磨得光溜溜的，毫無稜角『是特徵』，也不免就把『原有特徵』失去了。又原來文法不通順處，或地方性習慣上說得通，但照文法專家算得不合文法處，也加以一一整理，末了自然通順多了，可是某些好處，也必然消失無餘。又如前後敘述上矛盾處，不盡銜接處，一般讀者照例沒有那麼認真去比較的，她總是日夜為核對這些忙得頭昏眼花，我又不好意思告她，『這些過時作品的重印，至多只能起些點綴作用，即點綴也不會多久，至多三幾年就將成為陳跡，為它如此費心，實在不必要。』」（26: 377）他不好意思告訴妻子的話，卻反反覆覆對不同人說過。妻子的「認真」，在他看來又是「十分天真」，「以為當真還會傳世長遠」；其實，「那宜寄託什麼不切現實幻想？」（26: 380–381）

這一時期文學上出現了一些有影響的作品，沈從文讀了古華的長篇《芙蓉鎮》，印象極好，多次向人提及；兒子塞給他一本張潔的《沉重的翅膀》，他也讀完了，覺得也好，但對表現方法有保留。汪曾祺以《異秉》、《受戒》、《大淖記事》等一系列與當時作品那麼「不一樣」

11 黃永玉：《這一些憂鬱的碎屑》，《沈從文印象》，孫冰編，頁二二八。

的小說，在「新時期文學」中別開生面，別人驚奇不已，沈從文當然不會是這種感覺，胡喬木一九八二年春節期間到沈從文家拜年，兩個人在屋子一角談天，胡喬木說汪曾祺的作品「無一句空話」，沈從文說是「素樸親切」四字（26; 459）。

五、八十歲的驚喜

一九八二年年初，沈從文計畫對《服飾研究》進行修訂，其中主要是另加一百幅左右彩圖，或為替換原有的一些黑白摹繪圖，或為新增文物圖像。他希望能出個重訂版，更希望能在大陸印行。當時北京方面也確實在商討出版事宜，不過沈從文心裡並不十分樂觀。

春節到來前兩三天，王孖、王亞蓉啟程去了湖北江陵，參加馬山一號楚墓發掘。這座荊州戰國楚墓出土了一棺絲織物，但如何開館、清理、保護，就需要古代服飾研究室的這兩位骨幹了。這一「絲綢寶庫」的發現和成功發掘，改寫了過去對戰國織錦和紋樣及紡織技術的認識。荊州博物館委託王亞蓉回京接沈從文來考察，沈從文三月二十日離京，到了荊州之後，在那批戰國楚地瑰寶前，他下跪了。[12]

沈從文寫信給張兆和，二十四日說，「……真是一生僅見精美絲繡，又壯觀又美不可言。」（26; 385）三十日又說，「新出楚墓繡被三床，兩面繡龍鳳雲虎，完全是現代派的第一流繪畫。幸虧王孖來得是時候，日夜和館中工作人員一道忙了三個月，把它很好的保護下來了。亞蓉日夜用架子撐住，伏在上面摹繪並照相，兩人工作態度備受這裡同仁讚賞。」（26; 387）同日他還給張充和寫了一封信，說：「我正在劉玄德取荊州的荊州，……主要是來看看新出的繡花被面衣服，看過後，才明白宋玉招魂和屈原諸文的正確形容描寫當時的繁華奢侈到何等程度。兩個助手為整理材料忙了兩個月，真是艱苦備至，終於奇蹟般盡可能把最有代表性的部分保存下來，材料加以復原了。若沒有見到這份東西，可以說永遠讀不懂《楚辭》，更難望注解得恰到好處！」（26; 390）

年代久遠的華美紡織物和服裝出土後，極易殘毀和變色，服飾研究室進一步的工作應該包括工藝技術研究，進行復原複製。從一九八三年起，王亞蓉以馬山楚墓出土絲織物為標本開始實驗復原複製工作，到一九九〇完成第一批，沈從文已經不在世了。後來有一個意味深長的場景：北京大學賽柯勒博物館開幕，從哈佛來的張光直看了王亞蓉的幾件東西，說：「不錯，你知道你開展的工作叫什麼嗎？」「不知道！」「這叫在服飾文化領域開展的實驗考古學研究。實驗考古學源於美國。……」王亞蓉敘述了張光直的話之後，接著寫道：「是沈先生指引我走向傳統學習的工作方法，用實驗考古學的方法深入開展服飾文化的研究。」[13]

四月初回到北京後，沈從文還沉浸在新發現的興奮中而不能自拔，他致信老友徐盈，說荊州

12 王亞蓉：《論公平還是讀者公平》，《沈從文晚年口述》，王亞蓉編，頁一七四。
13 王亞蓉：《先生帶我走進充實難忘的人生》，《沈從文晚年口述》，王亞蓉編，頁二一七。

半月，「終日在新博物館整理文物庫房中看材料」，絲繡織品「圖紋秀雅活潑，以及色高明處，遠在過去所見十倍高明，恰恰可證明當年宋玉文章提到楚國美婦人衣著之美，均為寫實毫不誇張。還有雙用漆塗抹而成的鞋子，鞋尖、鞋幫、底全用烏光漆精塗過，上用錦緞裝飾，摩登到簡直難於令人相信是西元前四世紀生產！若一加復原，會令人以為是一九……」（26: 400）

——古代服飾，他為之付出了超常的耐心和精力，忍受過長久的寂寞、艱難和屈辱；也深刻體會到別人無從感受的平靜、喜悅和充實。在他八十歲的時候，竟還有如此意外的回報，回報給他巨大的驚喜和激動；而且，它還出自於楚地，他自覺認同的血脈溯源之地……

第十七章
生命的完成

一、猶及回鄉聽楚聲

一九八二年五月八日，沈從文踏上了回鄉的路。黃永玉早就有讓表叔晚年回一次鳳凰的想法，一經勸說，沈從文同意了。於是在張兆和的陪伴下，與黃永玉、張梅溪夫婦和黃苗子、郁風夫婦等親友同行，回到了湘西那個小小的山城。

「在鳳凰，表叔嬸住我家老屋，大夥兒一起，很像往昔的日子。他是我們最老的人了。」黃永玉描述了在家鄉的情景：

早上，茶點擺在院子裡，霧沒有散，周圍樹上不時掉下露水到青石板上，弄得一團一團深斑，從文表叔懶懶地指了一指，對我說：「……像『漳絨』。」

他靜靜地喝著豆漿，他稱讚家鄉油條：「小，好！」

每天早上，他說的話都很少。看得出他喜歡這座大青石板鋪的院子，三面是樹，對著堂屋。看得見周圍的南華山、觀景山、喜鵲坡、八角樓……南華山腳下是文昌閣小學，他念過書的母校，幾裡遠孩子們唱的晨歌能傳到跟前。

「三月間杏花開了，下點毛毛雨，白天晚上，遠近都是杜鵑叫，哪兒都不想去了……我總想邀一些好朋友遠遠的來看杏花，聽杜鵑叫。有點小題大做……」我說。

「懂得的就值得！」他閉著眼睛、躺在竹椅上說。[1]

在古街小巷走走，三轉兩轉到了中營街一座房子，房屋已經破舊，裡面住著五戶人家。沈從文扶著中堂的破門壁，說，這裡是我家，我就出生在這裡……房屋早已賣給了別人。

他重回文昌閣小學，在教室裡孩子們中間坐了一會兒，又特意走到校園背後「蘭泉」井邊，喝了幾口井水。他執意去趕了一次苗鄉著名鄉場阿拉營——「還如我五十年前文章中形容的差不多，我們在人叢中擠了好一陣」。（26; 404）趕場時候碰到一位同鄉辦喜事，「照老辦法，買了隻鵝和幾包嘉湖細點送禮。我告他，我是本地人，他總不相信，卻充滿信心說：『你不是我們城裡人。』簡直像是非要取消我資格不可，十分有趣。」（26; 420–421）還遊覽了黃絲橋古城——「垂拱三年所築小小石頭城，名『鳳凰營』，比鳳凰早一千年還多！是苗鄉重點地方，二百年前四圍有大幾百碉堡保護，還有個土長城，延長到二百里，今只剩一座孤城。在城上繞了

---

1 黃永玉：《這一些憂鬱的瑣屑》，《沈從文印象》，孫冰編，頁二四〇。

沈從文八十歲重訪自己出生的鳳凰舊居。

一圈，照相不少……」（26; 437）

沈從文回鄉的消息傳開來，每天總有人來看他。有的抱了隻錦雞，有的帶了四、五十年前他寫的信；有小城近鄰，也有外州趕來的遠客。三個中年人，從百里外的銅仁趕到鳳凰，見了沈從文一齊下跪，連稱「恩人」，說是「文革」中到北京上訪，盤纏耗盡無法回家，幸虧他解囊相助。沈從文看著他們，已經無法回憶起這件事，張兆和倒是記得有過幾次類似的事情，但眼前的人她也認不得了。

沈從文想聽儺堂戲，聽聽頑童時代就深印在心裡的聲音，這個願望也實現了。他寫信告訴北京的家裡人，說「還特別為黃先生來了兩夥戲班子，唱的儺堂戲《搬先鋒》特別動人好聽，也錄了音錄了像。將來還可作《邊城》電影的引曲，真是快樂中顯得悽楚動人，和古人說的楚聲必有密切關係。」（26; 404）

「楚聲」讓他動情之至。有文字這樣記敘：

> 《搬先鋒》是其中一節。藝人們在鑼鼓伴奏聲中，唱著：「正月元宵煙花光，二月芙蓉花草香……」當唱到「八月十五桂花香」時，沈先生也手舞足蹈地跟著唱了起來。他一邊流淚，一邊輕輕唱著。
>
> 一直唱了三個小時。藝人們要走了，先生站起來送行，他那黃框鏡片後的眼睛紅紅的，依然盈滿淚水。

他說，「這些曲子，我年輕時都會唱，小時讀書，常聽人唱通晚，這也是我當時常翹課的理由。」[2]

還有黃永玉的文字，敘述的大概是另一次聽戲：

一天下午，城裡十幾位熟人帶著鑼鼓上院子來唱「高腔」和「儺堂」。頭一句記得是「李三娘」，嗩吶一響，從文表叔交著腿，雙手置膝的靜穆起來。

「……不信……芳……春……厭、老、人、……」

聽到這裡，他和另外幾位朋友都哭了。眼鏡裡流滿淚水，又滴在手背上。他仍然一動不動。[3]

五月二十六日，一行人離開鳳凰，到了吉首；第二天沈從文訪問吉首大學，應邀與師生談話，黃永玉、蕭離陪著他。然後到張家界遊覽，「三姊和永玉一家爬上了一千三百尺的黃石砦，所得印象不壞，我卻只能在山下一新成立的招待所，面對雙峰出神。」（26; 437）

2 顏家文：《死是一門藝術》，《長河不盡流》，頁四〇九。
3 黃永玉：《這一些憂鬱的瑣屑》，《沈從文印象》，孫冰編，頁二四〇-二四一。

短短的回鄉之行，給沈從文晚年以極大的安慰。他深幸自己還能重溫沒有怎麼變樣的一切；同時他也清楚，變化一直在發生，而且會永遠變化下去，有些東西會消失，但他過去的文字保存下了一些美好：「最可惜是一條沅水主流，已無過去險灘惡浪，由桃源上達辰溪，行船多如蘇州運河，用小汽輪拖一列列貨船行駛，過去早晚動人風物景色，已全失去。再過一二年後，在桃源上邊幾十里『武強溪』大水壩一完成，即將有四縣被水淹沒。四個縣城是美的，最美的沅陵，就只會保留在我的文字記載中，一切好看清流、竹園和長灘，以及水邊千百種彩色華美，鳴聲好聽的水鳥，也將成為陳蹟，不可回溯，說來也難令人相信了。」（26; 437–438）

六月四日，沈從文、張兆和回到北京。

二、日本之行

回京後沈從文參加了文聯四屆二次會議，被補選為全國文聯委員。

九月二十七日到十月十二日，沈從文隨王震為團長的訪日代表團，參加中日邦交正常化十周年慶祝活動。《沈從文全集》第二十六卷有一張沈從文在東京與日本學界座談的照片，照片上他背後是塊黑板，板書字跡清晰：「我自己意見最好還是研究年輕一代的。中國俗話三十年為一代，我作品多經過了兩代，所以應當忘記了。」

他有一封致張充和的信，記錄了日本之行的一些事：「看過了東京應拜訪的人後，我還去東京博物館找同行，看了一個下午又一個上午，因為是同行有的是話可問可答，兩次都是館中關門以後才離開。……在東京另一次約卅人學校教師座談並便餐也極有意思，原來全是研究卅年代中國文學及我個人作品的。在座約有卅人，有幾位且是遠從北海道大學來的。只是在日本式便餐後，到爬起時不免有些狼狽，得要人扶才站得穩……後三天是外出到靜岡、神奈川，看橘園和農場，並參觀大都寺名勝……我卻一物不買，只在東京買了幾本高價書和幾本廉價帖，如賀知章《孝經》，懷素小字《千字文》，歐書《千字文》，還買了七卷高價紙，似只宜寫經，寫一寸以上字就不大受墨。在東京寫了十面冊頁，還順手，正因此，回到了北京後，又補寫廿餘條。……賣中國書刊的店鋪居然還有我幾種書出售。」（26; 451－452）

十一月二十四日至十二月十一日，沈從文出席政協第五屆委員會第五次會議。這是他最後一次參加政協會議。第六屆他缺席當選為政協常務委員，此後即因病一直缺席政協活動。

十二月初，收到《沈從文文集》前五卷稿酬，九千多元，全家人商量了一下，補足一萬元，捐贈給鳳凰文昌閣小學。他給校長寫了一封短信，希望「將此款全部用於擴建一所教室及一宿舍，略盡我一點心意。我離開家鄉多年，實在毫無什麼貢獻，生平又並不積錢，寄來的錢數有限，事情極小不足道，希望不要在任何報刊上宣傳，反而增加我的不安，和其他麻煩，十分感謝。如能夠因此使得各位老師和小同學，稍稍減少一點上課時過度擁擠，及居住方面困難，我就覺得極高興了。」（26; 468）後來學校用這筆錢和縣裡的撥款建造了圖書館，請沈從文題寫「從文藏書樓」匾額，他堅決不同意用自己的名字命名，只題了「藏書樓」三個字。

沈從文八十歲生日，一家人平平靜靜地聚在一起，吃了一頓便飯。

汪曾祺為老師的生日寫了一首詩送他，開頭兩句是：

猶及回鄉聽楚聲，
此身雖在總堪驚。

中間還有一聯：

玩物從來非喪志，
著書老去為抒情。[4]

三、病

一九八三年三月初，沈從文有兩次輕微中風，出現腦血栓前兆；四月二十日，病情加劇，發生腦溢血症狀，住進首都醫院。因腦血栓形成，左側偏癱，住院治療了兩個月。出院後在家繼續服用中醫處方藥物，接受針灸等康復治療，但沒有多大效果。十一月，一個年輕的中醫吳宗甯，從南京專程來為他治療，短期針灸後，行動能力有明顯改善，繼而用藥物進一步治療。此後數年，吳宗寧多次來北京為他診治。一九八四年十一月二十日，因基底動脈供血不足，住入中日友好醫院，治療了三個月。

那個全力以赴於工作的時期再也回不來了，與疾病的抗爭成了他的任務。可是他總有放不下的事。一九八三年初，香港商務館李祖澤、陳萬雄，會同北京三聯書店範用，商定了在香港和內地分別出版《中國古代服飾研究》增訂本事宜。沈從文病倒後，王㐨承擔起領導古代服飾研究室完成增訂的一系列工作，他執筆補寫了史前部分，戰國時期也補入了江陵馬山楚墓新發現的材料。八月二十七日，無法寫字的沈從文由張兆和代筆，寫信向時任北京市委常委兼科教部長的劉祖春求助：增訂本工作基本就緒，「只缺少四種重要材料。這四種文物圖畫現藏歷史博物館」，希望能得到許可，「我們自己派人來館照幾個相」（26; 510）。劉祖春後來在長篇回憶文章裡說，「他與我並非淺交。……他一生只向我提出過一個要求。……我一生為他服務的就是這一件事。」劉祖春到文化部部長朱穆之家裡，請他批了幾句話，才由王㐨到博物館拍了幾張照片。[5]增訂全部完成後，十月二十四日，沈從文向王㐨口授了增訂本《再版後記》。——然而，因為形勢的變化，這本書並沒有按原定計劃出版，沈從文生前沒有能看到增訂本。

4　汪曾祺：《星斗其文，赤子其人》，《晚翠文談新編》，頁一五〇、一五五。
5　劉祖春：《憂傷的遐思》，《星斗其文，赤子其人》，田伏隆主編，長沙：嶽麓書社，一九九八年，頁一一〇-一一一。

一九八四年春天，李輝在《北京晚報》的專欄「作家近況」裡，寫了一篇幾百字的短文介紹沈從文，其中提到他半身不遂已近一年的病情。這篇不起眼的小文引起素不相識的醫生黃世昌的關注，他主動提出為沈從文做診療。從他五月中旬給李輝的信裡，可以看到沈從文身體的恢復狀況：「見過沈老後，我才放下一顆心，並不是我想像中那麼差。沈老仍是鶴髮童顏，樂觀健談。……我帶了一套醫療檢查器具，在沈老家做了神經系統的常規檢查，僅見到較輕的左側半身的運動功能障礙，沒有發現明顯的偏身感覺障礙和偏盲，這是不幸中的萬幸。左側軟齶力弱，稍微影響吞咽功能，左手無名指和小拇指功能差，左下肢力弱影響站立和行走。總的來看，是右側大腦半球（皮層到放射冠中間）某一些動脈血管中的血栓形成，阻礙了血液的流動，從而引起神經功能降低，而（和）左側肢體運動功能障礙。應該慶幸的是，此病變沒有波及思維、語言、感覺系統，目前運動功能恢復也較理想。我當醫生多年，個人認為沈老的恢復還算不錯的，有很多人年紀比沈老輕得多而恢復得很差。」[6]

一九八四年法蘭克福Suhrkamp出版社出版了《邊城》德文譯本，譯者吳素樂（Ursula Richter）此前幾次拜訪沈從文，見證了沈從文身體的恢復。一九八三年九月，吳素樂第一次去沈家，沈從文半躺在床上，「把溫熱的微微顫抖的手遞入我掌中。他試圖開口說話，但聲音極其微弱。我立即決定終止我的訪問。」轉年一月份她第三次去沈家，「沈從文坐在椅子上歡迎我，像見到老朋友一樣。……他原以為他的作品從未有過德譯本，但我告訴他西德一本雜誌上曾載過他的幾篇短篇小說，在《廿世紀中國文學選集》中有他寫的自傳譯文。」夏天，「我去訪問時，發現他正坐在椅子上喘氣、出汗、臉紅紅的。我十分驚訝，問發生了什麼事。沈瞇著眼睛，狡黠地用手指著他的妻子。她解釋說：『他需要運動……我就讓他在室內運動。在他口袋裡放一把豆子，從門口到窗戶，每來回一次就放一粒在小木櫃上，放完為止。』然後她在我耳邊輕聲說：『每天我都多放一點豆子在他口袋中。』這時沈從文孩子般地笑起來，似乎在說：『我早就知道你的花招了。』」[7]

四、想像中的電影

一九八四年十月，淩子風執導的電影《邊城》攝製完成，內部試映前吳素樂得到邀請，她叫了輛計程車接張兆和同去。當張兆和出乎意外地出現在北京電影製片廠的放映廳時，大家站起來向她熱烈鼓掌。影片開始的鏡頭，是沈從文在書桌前，這是一九八三年八月在沈從文家裡拍攝的。後來淩子風獲第五屆金雞獎最佳導演獎，影片在第九屆蒙特利爾國際電影節獲評委會榮譽獎。

很難說沈從文會完全滿意這部影片，他直到去世也沒有看過，張兆和說「劇本結尾他不同

6 李輝：《平和，或者不安分》，《人生掃描》，上海遠東出版社，一九九五年，頁一－二。

7 吳素樂：《我所認識的沈從文》，《星斗其文，赤子其人》，田伏隆主編，頁三七五－三七六。

意，說不是他的。」[8] 但從小說改編成電影，這件事總算有人做成了，而且大致尊重原作，他會得到不少安慰。對自己的作品改成電影，他有自己的想像，在這幾年裡，他認認真真思考過，如果拍電影，應該是什麼樣的。

有一種說法，著名導演桑弧在一九四七年就將《邊城》改編成了電影劇本。一九五〇年四月二十五日出版的《文藝報》第二卷第三期第二十七頁「文藝動態」中，有一條這樣的消息：「文學名著《邊城》、《水滸傳》、《腐蝕》將先後由上海文華影片公司製成電影。《邊城》係沈從文原著，三年前由桑弧改編成電影劇本，最近又經師陀重新編寫，近期即開拍。」何以會出現這麼一條「動態」，難以解釋；至於「開拍」，那自然更是不可能有下文的事。

一九五二年香港勵力出版社出版了根據《邊城》改編的電影劇本《翠翠》，編者姓名不詳，這個劇本和桑弧、師陀的本子是否有關也不得而知。這一年香港長城電影公司拍攝了嚴峻執導的黑白片《翠翠》，次年公映，頗受歡迎。

沈從文一九八〇年八月談到過這部香港早期電影，不以為然。他說：「若依舊照五三年香港方面攝製的辦法，儘管女主角是當時第一等名角，處理方法不對頭，所以由我從照片看來，只覺得十分好笑。從扮相看，年大了些。主要錯誤是看不懂作品，把人物景色全安排錯了。」（26：136）

一九八〇年初，上海電影製片廠徐昌霖通過徐盈轉致沈從文信，希望拍攝《邊城》，因此而觸發了沈從文對電影的考慮。在此後的多次溝通中，雙方很難達成一致。沈從文想像中的電影，應該是什麼樣子的，不應該是什麼樣子，有很多零星表述，其中在九月致徐盈信中，說得集中而具體：

> 朋友汪曾祺曾說過，求《邊城》電影上得到成功，純粹用現實主義方法恐不易見功，或許應照伊文思拍《霧》的手法，鏡頭必須採用一種新格調，不必側重在故事的現實性。應分當作抒情詩的安排，把一條沅水幾十個大大小小碼頭的情景作背景，在不同氣候下熱鬧和寂寞交替加以反映。一切作為女主角半現實半空想的印象式的重現。因為本人年齡是在半成熟的心境情緒中，對當前和未來的憧憬中進展的。而且作品的時間性極重要，是在辛亥後袁世凱稱帝前，大小軍閥還未形成，地方比較安定的總環境下進行的。所以不會有什麼（絕不宜加入什麼）軍民矛盾打鬧噱頭發生。即涉及所謂土娼和商人關係，也是比較古典的。商人也即平民，長年在驛路上奔走，只是手邊多有幾個活用錢，此外和船夫通相差不多。決不會是什麼吃得胖胖的都市大老闆形象。掌碼頭的船總，在當地得人信仰敬重，身分職務一切居於調解地位，絕不是什麼把頭或特權階級，這一點也值得注意。
>
> 至於主題歌，我怕寫不出，也不好寫，甚至於不必寫。依我主觀設想，全部故事進展中，人實生活在極其靜止寂寞情境中，但表現情感的動，似乎得用四種樂律加以反映：一為各種

8 李輝：《一些串起來的碎片》，《和老人聊天》，鄭州：大象出版社，二〇〇三年，頁四二。

山鳥歌呼聲；二為沅水流域放下水船時，弄船人搖櫓，時而悠揚時而迫緊的號子聲；三為酉水流域上行船，一組組縴夫拉船屈身前奔，氣喘吁吁的短促號子聲；四為上急流時，照例有二船夫，屈身在船板上用肩頭頂著六尺長短篙，在船板上一步一步打「滴篙」爬行，使船慢慢上行的辛苦酸淒的喊號子聲。內中不斷有時隱時顯，時輕時重的沅水流域麻陽佬放下水船搖櫓號子快樂急促聲音，和酉水流域上行船特別辛苦，船夫之一在艙板上打「滴篙」，充滿辛苦的緩慢沉重號子聲相間運用，形成的效果，比任何具體歌詞還好聽得多。此外則在平潭靜寂的環境下，兩山夾岸，三種不同勞動號子，相互交疊形成的音樂效果，如運用得法，將比任何高級音樂還更動人。（26; 149–150）

一九八一年第三期《芙蓉》雜誌發表了上影廠改編的劇本《翠翠》，沈從文十分不滿，十月中旬致徐盈信中說：「若電影劇本必須加些原作根本沒有的矛盾才能通過，我私意認為不如放棄好。……一加上原書並沒有的什麼『階級矛盾』和『鬥爭』，肯定是不會得到成功的。……我的作品照例是目前人習慣說的極端缺少思想性的，……在生前看不到的重現於電影上，也認為十分平常自然，並不是什麼值得惋惜的事。」（26; 288）

一九八二年夏秋，上影廠兩次寄來改編費，被沈從文兩次退回，斷然拒絕拍攝。十一月初，致徐盈：「上影廠文學部陳某，來一信，態度十分惡劣，且帶訛詐性質。或許即《邊城》改編人之一，並以『業在文化部備案』為辭，似乎如此一來，我即可以不過問。正因此，我必須過問。」他不能夠容忍自己的作品被胡亂庸俗化，「這樣作為電影，若送到我家鄉電影院放映，說不定當場就會為同鄉青年起哄，把片子焚毀。」（26; 456-457）

一九八三年，北影廠改編《邊城》。二月，沈從文讀了姚雲和李雋培的劇本，寫了很多具體修改意見。其後，又和導演淩子風及姚雲一起討論劇本。八月，電影開拍。

一九八四年七月十七日，荷蘭紀錄片大師尤里斯·伊文思（Joris Ivens）第二次來沈從文家訪問，談紀錄片《風》事。此時伊文思已經看過《邊城》的樣片，印象不錯，他告訴沈從文，翠翠和老船夫都好，外景也好，但感覺電影總是不如原作。

一九八二年，有人提出把《蕭蕭》、《貴生》、《丈夫》改編成一部電影，沈從文認為，還是改編成不相關連的電影短片為好，「義大利人曾如此拍過短片，得到較好效果，具世界性。」他特別強調，「不宜受現在理論影響」，「且配音必須充滿地方性，力避文工團腔調，可能要第一流導演且隨時和我商量，才可望得到成功。你們見我作品太少，不妨看到十本作品以後再研究，如何。」（26; 368）

一九八五年初，同在中日友好醫院住院的鐘惦棐轉告沈從文，作家張弦打算把《蕭蕭》改編成電影劇本。三月份，張弦即送來劇本初稿，後又來寓所聽取沈從文的意見。一九八六年五月，以《蕭蕭》故事為主體、用了《巧秀與冬生》部分情節的《湘女蕭蕭》由北京青年電影製片廠攝製完成。一九八八年，這部影片在法國蒙彼利埃中國電影節獲金熊貓獎，在西班牙聖·塞巴斯蒂安國際電影節獲唐·吉訶德獎。

——沈從文想像中的電影，或許只能在沈從文的想像中存在。

五、小房間裡的來客

沈從文無法再出門了，身體也不允許他像以前那樣接待大量的訪客。家裡人在門上貼了張不便見客的紙條，多少起到一些作用。儘管如此，家裡仍然是個人來人往的地方，與上門的人交流，成了沈從文生命最後幾年「社會活動」的主要方式。

一九八三年小中風後，三月十八日，曹禺來看他，送給他一九三四年上海第一出版社初版的《從文自傳》，是曹禺托中國書店買到的。四月偏癱住院治療兩個月回家不久，夏志清前來拜訪。一九八四年，他在家裡接待過古華、德國學者馬漢茂夫婦、湘西土家族和苗族民間工藝美術老藝人、聶華苓、數學家丘成桐，等等。

凌宇為寫《沈從文傳》，一九八四年六月接連有十餘日和沈從文長談。每天談話中有一兩次短暫休息，休息時其實也還談話，不過逸出了正題，隨意放鬆，即興問答：

「您和魯迅先生有沒有見過面？……」

「不好再見面。丁玲寫信給他，卻以為是我的化名。何況不是我寫的，即便真是我的化名，也不過是請他代為找份工作，哪值得到處寫信罵人。」

「您和老舍熟不熟？」

「老舍見人就熟。這樣，反倒不熟了。」

「在三十年代新出左翼作家中，我覺得張天翼的小說很不錯。」

「張天翼是個自由主義者。」

「四十年代孫犁的小說也很有特色。」

「孫犁也有點自由主義。」

……

又見李澤厚的《美的歷程》：

「李澤厚這本書在青年學生中影響極大。您看過沒有？」

「看過。涉及文物方面，他看到的東西太少。」沈先生輕輕舒一口氣，「如果他有興趣，我倒可以帶他去看許多實物。」

……

我們不獨談別人，也談有關他自己的創作。

……

……「我很會結尾！」

他笑起來，頗有幾分自得，自得裡透著孩子似的天真。

……

「我寫《湘西・鳳凰》，用心理變態解釋『巫婆』、『放蠱』和『落洞少女』，周作人看了非常讚賞。這不奇怪，我的朋友中就有專門研究心理學的。對變態心理學，我很有研究……」

突然又輕輕嘆口氣：「也有弄錯的時候。訪問美國的時候，我的老朋友鍾開萊先生對我說：『你在《從文自傳》中寫殺人，讓犯人筊擲決定生死，說犯人活下來的機會占三分之二，那不對，應該是四分之三。』新出的選集中，我改過來了。」

……

「……沙汀喜歡《顧問官》，聶紺弩喜歡《丈夫》，曹禺說『《丈夫》是了不起的作品』，李准喜歡《蕭蕭》，還有人喜歡那些據佛經故事改成的小說，更多一點的喜歡《邊城》。……」

……

「您在《水雲》中多次提及『偶然』引起你情感發炎，而且明確說這『偶然』的名字叫『女人』。這究竟是怎麼一回事？那個『偶然』又是誰？」

張兆和先生笑了：「老先生自己說。」

……沈先生不作聲，臉上微現紅暈，似乎有點不好意思。

……

「也許我是個湘西人，您作品中那份鄉土悲憫感給我的震撼實在太大。在這人生悲憫裡，深藏著您對南方少數民族命運的憂慮。不知我的感覺對不對？」

「苗人所受的苦實在太深了。……」[9]

七月三十一日，黃永玉夫婦陪日本政府部門派的專家村山英樹來訪，諮詢一萬元日鈔上所印古代皇太子畫像真偽問題——這可真是有趣，不過在日本專家看來卻是嚴肅之至——因為從服飾制度上產生懷疑，如果不是皇太子畫像，那種鈔票就得停止使用；第二天村山等三位日本專家又來，聽取沈從文的分析；過了半個月，村山英樹和東京電視臺工作人員五六個人同來，仍請他分析一萬元日鈔上人物服飾制度問題，並拍攝電視紀錄片。

一九八五年三月二十八日，巴金在出席政協會議前，由女兒李小林陪著來看望他，「房間還是很小，四壁圖書，兩三幅大幅近照，我們坐在當中，兩把椅子靠得很近，使我想起一九六五年那個晚上，可是壓在我們背上的包袱已經給摔掉了，代替它的是老和病。他行動不便，我比他好不了多少。我們不容易交談，只好請兆和作翻譯，談了些彼此的近況。」「我大約坐了不到一個小時吧，告別時我高高興興，沒有想到這是我們最後的一面，我以後就不曾再去北京。當時我感到內疚，暗暗責備自己為什麼不早來看望他。」[10]

六月六日，美國耶魯大學的華裔詩人鄭愁予和特爾尼蒂大學李文璽夫婦，約請卞之琳同來寓

9　凌宇：《風雨十載忘年游》，《沈從文印象》，孫冰編，頁一二四－一二八。
10　巴金：《懷念從文》，《沈從文印象》，孫冰編，頁十九。

所拜會。

六月三十日，美國國家地理雜誌記者來採訪，聽沈從文介紹江陵馬山楚墓等重要考古發現，並展示古代服飾研究室按照實驗考古學方法，新研究複製的精美織繡品。

八月七日，德國漢學家赫爾穆特・福斯特・拉茲和夫人瑪麗・路易士・拉茲來訪，送給沈從文一本他們夫婦合譯的《邊城》，科隆Cathay出版社出版。這一年吳素樂翻譯的又一本書《沈從文小說集》，在法蘭克福Insel出版社出版。

六、老淚

一九八五年五月十八日，老報人蕭離致信中共中央總書記胡耀邦，反映沈從文生活及工作條件等方面存在的問題。有關部門向社科院黨組電話傳達胡耀邦指示：迅即詳情彙報沈從文的情況。田紀雲將蕭離來信的原件批轉社科院黨組，要求提出改善的意見。六月二十九日，中央組織部行文，決定按部長級待遇解決沈從文工資、住房及其他方面的問題。

一九八六年春，在崇文門東大街二十二號樓給沈從文分配了一套新居，初夏搬入。

沈從文終於有了寬敞、安靜的大房間，在他八十四歲的時候；可是他已經沒有能力如以前無數次想像過的那樣，「把資料攤開」來研究和寫作了。他的思維還異常敏捷，可是生活已經離不開張兆和的照料；要寫短文、短信，也只能口述，由張兆和筆錄。

香港商務印書館為紀念沈從文從事文學寫作和文物研究六十年，出版了新編物質文化史論文集《龍鳳藝術》。荒蕪編選了一本《我所認識的沈從文》，收有朱光潛、張充和、傅漢思、黃永玉、汪曾祺等人的文章。此前，淩宇著《從邊城走向世界——對作為文學家的沈從文的研究》一九八五年底由北京三聯書店出版；此後，一九八七年，斯坦福大學出版社出版了金介甫的《沈從文傳》（*The Odyssey of Shen Congwen*）。

似乎方方面面，明顯在朝著好的方向進展，給這個老病的生命帶來安慰；只是，這個生命本身，卻有自己的走向。

一九八六年十一月二十日，沈從文因肺炎住院治療；轉年四月二十二日，再次因肺炎住院，一個月後出院。顯然，他的身體是愈來愈衰弱了。

在心理上，似乎也逐漸顯出變化，一個表現是，他愈來愈容易流淚了。沈從文本來就是感情纖細敏銳的人，流淚是感情表達的一種自然方式；同時他也是個隱忍的人，他會用其他的方式來壓抑、分散、或者表達感情。但是隨著年歲增大，流淚漸漸變得多了起來——從另一方面看，流淚所表達的東西也多了起來。

「文革」中期，孫女沈紅在學校因成績好守紀律而受厭學頑童欺負，沈從文聞之落淚；一九七七年，穆旦五十九歲不幸去世，「得消息時，不禁老淚縱橫！」（26; 85）穆旦在西南聯大讀書和短期任教，與沈從文多有交往，沈從文曾在文章中稱許這位傑出的青年詩人，一九四六年至一九四八年他主編天津《益世報・文學週刊》，發表了穆旦十七首詩。一九七三年穆旦托人捎給沈從文一本《從文小說習作選》，讓沈從文大為感念。——這兩個例子都好理解，在常理之中。

而自從一九八三年病倒之後，沈從文行動不能自如，說話也愈來愈少，愈來愈簡單，流淚就成了一種特殊的表達方式。為自己傷感，對他人同情，被藝術感動，還有更為複雜交織在一起的感情，都有可能令他不能自已。外人看來突然的反應，在他自己卻是自然；家裡人也在逐漸變化的過程中理解。

一九八二年回鄉聽儺堂戲而流淚，生病後在家裡，偶然聽到「儺堂」兩個字，本來很平靜的他，順著眼角無聲地落淚。「一次母親見他獨坐在籐椅上垂淚，忙問怎麼回事，他指指收音機——正播放一首二胡曲，哀婉纏綿——奏完，他才說：『怎麼會……拉得那麼好……』淚水又湧出，他講不下去了。」[11]

一九八五年六月十九日，夏鼐突發腦溢血去世，沈從文大哭一場。老友的死更讓他痛感生命緊迫，他急電正在廣州南越王墓工作的王㐨速返北京，每天對他談《中國古代服飾研究》增補具體事項。

也是在一九八五年，一個雜誌社幾個人來採訪，問起「文革」的事，沈從文說，「在『文革』裡我最大的功勞是掃廁所，特別是女廁所，我打掃得可乾淨了。」來訪者中有一個女孩子，

11 沈虎雛：《雜憶沈從文對作品的談論》，《讀書》一九九八年第十二期。

一九八二年六月下旬與朱光潛在全國文聯第四屆二次會議中。
王矛　攝

走過去擁著老人的肩膀說了句：「沈老，您真是受苦受委屈了！」沒想到的是，沈從文抱著這位女記者的胳膊，嚎啕大哭。什麼話都不說，就是不停地哭，鼻涕眼淚滿臉地大哭。張兆和就像哄小孩子一樣，又是摩挲又是安慰，才讓他安靜下來。[12]

一九八七年，黃永玉得到一大張碑文拓片，碑是為熊希齡一個部屬所立，落款處刻著：「譚陽鄧其鑒撰文，渭陽沈從文書丹，渭陽沈岳煥篆額」。渭陽即鳳凰，沈岳煥是沈從文的原名。立碑時間是一九二一年。這塊碑現藏芷江縣文物館。黃苗子看了沈從文的字體，說：「這真不可思議；要說天才，這就是天才；這才叫做書法！」

> 我帶給表叔看，他注視了好一會兒，靜靜地哭了。
>
> 我妻子說：「表叔，不要哭。你十九歲就寫得那麼好，多了不得！是不是，你好神氣！永玉六十多歲也寫不出！……」[13]

一九八七年七月八日到十一日，兩位瑞典客人，作家漢森（Stig Hansén）和漢學家倪爾思（Nils Olof Ericsson）對沈從文進行了連續四天的訪談。漢森帶給他一份影本，是一九四九年瑞典雜誌上的《蕭蕭》，這是最早譯成瑞典文的沈從文作品；還給他看最新的瑞典雜誌，上面有馬悅然翻譯、斯德哥爾摩Norstedt出版社出版的《邊城》廣告。他們的談話圍繞沈從文的生平和文學展開，其間，漢森說：「我昨天看了英文的《貴生》，這是寫的……」沈從文接話道：「對被

壓迫的人的同情。」——就在這時，他的眼淚落了下來。（27; 346–347）

七、最後的文字，最後的話

一九八七年八月二十四日，沈虎雛把謄抄好的《抽象的抒情》拿給沈從文看。他看完後說：「這才寫得好吶。」——可是，他已經不記得這是他自己寫的文章。

一九八八年四月六日，倪爾思再次來訪，轉告馬悅然的問候，告訴他馬悅然又翻譯出版了一厚本他的選集，書名叫《靜與動》，Norstedt出版社出版；倪爾思自己翻譯的他的小說散文也已經結集，取名《孤獨與水》，即將在秋天由Askelin & Hägglund出版社出版。

四月八日，已經好幾年無法寫字的他，勉強握筆，費力地給淩宇寫了一封短信。他從熟人那裡聽說，淩宇正參與籌備一個國際性的沈從文研究學術研討會，不禁十分焦急，寫信極力阻止。信文如下：

《秋水篇》[14]：「大塊載我以形，勞我以生，佚我以老，息我以死。」孔子云：「血氣既

---

12 依旭：《沈從文大哭》，《南方周末》，二〇〇二年九月二十八日。

13 黃永玉：《這一些憂鬱的瑣屑》，《沈從文印象》，孫冰編，頁二二八。

14 應是《莊子・大宗師》之誤。

衰，戒之在得。」這兩句話，非常有道理，我能活到如今，很得力這幾個字。但願你也能記住這幾個字，一生不至於受小小挫折，即失望。你目下的打算，萬萬走不通，希望即此放下癡心妄想。你只知道自己，全不明白外面事情之複雜。你全不明白我一生，都不想出名，我才能在風雨飄搖中，活到如今，不至於倒下。這十年中多少人都忽然成為古人，你親見到的。應知有所警戒。你不要因為寫了幾個小冊子，成為名人，就忘了社會。社會既不讓我露面，是應當的，總有道理的。不然我那能活到如今？你萬不要以為我受委屈。其實所得已多。我不歡喜露面，請放棄你的打算，自己做你研究，不要糟蹋寶貴生命。我目下什麼都好，請勿念。並問家中人安好。（26; 547）

四月十二日，又追加一信，措辭嚴厲決絕：

我昨天給你一信，想收到。因為見你給蕭離信，說什麼「正是時候」。因為你寫傳記，許多報紙已轉載，就打量來一回國際性宣傳，我覺得這很不好，成功也無多意義，我素來即不歡喜拜生祝壽這一套俗不可耐的行為。很希望放下你的打算，莫好事成為一生笑談。再說我們雖比較熟，其實還只是表面上的事，你那傳記其實只是星星點點的臨時湊和。由外人看來，很能傳神，實在說來，還不能夠從深處抓住我的弱點，還是從表面上貫穿點滴材料，和我本人還有一點距離。你希望做我的專家，還要幾年相熟，說的話一定不同。目前的希望，你有這個才氣，居然能貫穿材料已很難得。你和我再熟一點，就明白我最不需要出名，也最怕出名。寫幾本書算什麼了不起，何況總的說來，因各種理由，我還不算畢業，那值得誇張。我目前已做到少為人知而達到忘我境界。以我的情形，所得已多。並不想和人爭得失。能不至於出事故，就很不錯了。你必須放下那些不切事實的打算，免增加我的擔負，是所至囑。（26; 550–551）

四月十六日，覆信向成國，談的還是研討會的事，態度一貫：

……弟今年已八十六，所得已多。宜秉古人見道之言，凡事以簡單知足，免為他人笑料。不求有功，先求無過。過日子以簡單為主，不希望非分所當，勉強它人為之代籌。舉凡近於招搖之事，證「知足不辱」之戒，少參加或不參加為是。（26; 553）

這三封信是沈從文寫下的最後的文字，《沈從文全集》第二十六卷附有手跡，一筆一畫，俱見艱難。

五月十日下午，沈從文會見黃盧隱女兒時心臟病發作。事先沒有徵兆。五點多鐘，他感覺氣悶和心絞痛，張兆和扶著他躺下。他臉色發白，不讓老伴走開。王孖、王亞蓉急急忙忙趕來，他對他們說：「心臟痛，我好冷！」六點左右，他對張兆和說：「我不行了。」

攝於湖南保靖軍隊中，一九二二年二月照。

張兆和一九三一年五月二十五日在中國公學運動會上獲幾項賽跑冠軍後。

在神智模糊之前，沈從文握著張兆和的手，說：「三姐，我對不起你。」——這是他最後的話。[15]

晚上八時三十分，他靜靜地走了。

八、告別

沈從文去世了，國內的新聞卻奇異地沒有聲音。五月十三日，中新社電訊簡單到不能再簡單地發了條消息，十四日《人民日報》海外版用了這個消息；十四日《文藝報》出現了五十個字的報導。十六日，上海《新民晚報》編發了一篇報導——根據的是香港消息；十七日，《新民晚報》刊出林放——著名報人趙超構——的文章《遲發的訃文》，表達對新聞「祕不發喪」的強烈質疑。巴金在家裡一連幾天翻看上海和北京的報紙，找不到老友的名字。直到十八日，新華社才發了簡單的報導。「人們究竟在等待什麼？我始終想不明白。難道是首長沒有表態，記者不知道報導該用什麼規格？」[16]

瑞典的馬悅然接到臺灣記者的電話，問他能否確證沈從文逝世的消息。他立即向中國駐瑞典大使館核實，令他震驚的是，大使館的文化參贊竟然從未聽說過沈從文這個人。臺灣《中國時報》在沈從文去世後三天即刊出馬悅然的文章，他說：「作為一個外國的觀察者，發現中國人自己不知道自己偉大的作品，我覺得哀傷。」[17]馬悅然的哀傷裡，帶著鬱憤的不平。

——可是，沈從文真的不需要別人為他不平，更不需要「規格」，不需要權力來給他排定「地位」，不需要新聞的熱鬧。十八日上午，在八寶山舉行了一個告別儀式，只通知了少數至親好友，也有景仰他的人是自己來的。沒有花圈、挽幛、黑紗，沒有悼辭，不放哀樂，放沈從文生前喜歡的古典音樂，貝多芬的「悲愴」奏鳴曲。沈從文面色如生，安詳地躺著，周圍是幾十個花籃。每個告別的人拿一枝半開的月季，行禮後放在遺體邊。

我走近他身邊，看著他，久久不能離開。這樣一個人，就這樣地去了。我看他一眼，又看一眼，我哭了。[18]

三十多年來，我時時刻刻想到從文表叔會死。清苦的飲食，沉重的工作，精神的磨難，腦子、心臟和血管的毛病……

看到他蹣跚的背影，我不免祈禱上蒼——「讓他活得長些罷！」

15 向成國：《他靜靜地走了》，《星斗其文，赤子其人》，田伏隆主編，頁二八八。

16 巴金：《懷念從文》，《沈從文印象》，孫冰編，頁四。

17 馬悅然：《中國人，你可認得沈從文？》，《中國時報‧人間》，一九八八年五月十三日。

18 汪曾祺：《星斗其文，赤子其人》，《晚翠文談新編》，頁一五七。

他畢竟「撐」過來了。足足八十六歲。[19]

我還記得兆和說過：「火化前他像熟睡一般，非常平靜，看樣子他明白自己一生在大風大浪中已盡了自己應盡的責任，清清白白，無愧於心。」他的確是這樣。

我多麼羡慕他！可是我卻不能走得像他那樣平靜、那樣從容，因為我並未盡了自己的責任，還欠下一身債，我不可能不驚動任何人靜悄悄離開人世。[20]

九、逐漸完整起來的沈從文世界

倪爾思在悼念沈從文的文章裡寫道：「一九八八年秋瑞典出版的兩本選集都引起了人們對沈從文作品的很大興趣，很多瑞典人認為，如果他在世，肯定是一九八八年諾貝爾文學獎的最有力的候選人。」[21]不少人喜歡這樣的說法，以此來加重對沈從文的崇仰和表達遺憾。十二年後，馬悅然發表《中國的「諾貝爾文學獎」候選人》，個人證實了這個說法：「作為瑞典學院的院士，我必定對時間尚未超過五十年之久的有關事項守口如瓶。但是我對沈從文的欽佩和對他的回憶的深切尊敬促使我打破了嚴守祕密的規矩。沈從文曾被多個地區的專家學者提名為這個獎的候選人。他的名字被選入了一九八七年的候選人終審名單，一九八八年他再度進入當年的終審名單。學院中有強大力量支持他的候選人資格。我個人確信，一九八八年如果他不離世，他將在十月獲得這項獎。」[22]

這固然是個很大的遺憾，不過實在說來，獲獎與否並沒有多麼重要。重要的是，對沈從文的認識，能走到多遠多深。一九八八年，遠未到蓋棺定論的時候。「重新發現」沈從文的工作仍將繼續，但是研究者將面臨的不僅僅是這方面的考驗——沈從文的「遺產」，還遠遠不止於人們已經見到的：倘若有一份「清單」，這份「清單」還將不斷添加，豐富程度大大超出通常的想像。所以，不僅有對已經列在「清單」上內容的「再次發現」的問題，還有對不斷添加到「清單」上的新內容的「第一次發現」。

一九九二年，嶽麓書社出版《沈從文別集》，共二十冊，小開本，樸素雅致，沈從文生前就希望出版這麼一套「小書」。這套書——《別集》這個名字是汪曾祺想的，每冊的書名是張充和題寫的——受到歡迎，不僅是因為裝幀形式，還因為它有新的內容，張兆和在《別集》總序裡交待得很清楚：「我們在每本小冊子前面，增加一些過去舊作以外的文字。有雜感，有日記，有檢查，有未完成的作品，主要是書信——都是近年搜集整理出來的，大部分未發表過。」[23]這些增

19 黃永玉：《這一些憂鬱的瑣屑》，《沈從文印象》，孫冰編，頁二〇一。
20 巴金：《懷念從文》，《沈從文印象》，孫冰編，頁二〇。
21 倪爾思·奧洛夫·埃里克松：《一位真誠、正直、勇敢、熱情的長者》，《長河不盡流》，頁二九五。
22 馬悅然：《中國的「諾貝爾文學獎」候選人》，《明報月刊》二〇〇〇年第十期。
23 張兆和：《〈沈從文別集〉總序》，《沈從文別集》，長沙：嶽麓書社，一九九二年。

是零星的披露。

加的東西，讓敏銳的人「管窺」到一個更大的沈從文世界——確實只能是「管窺」，因為這還只

一九九六年，《從文家書——從文兆和書信選》由上海遠東出版社出版，讀者「管窺」到的東西更多了一些。在後記裡，張兆和寫下了這樣的話：「從文同我相處，這一生，究竟是幸福還是不幸？得不到回答。我不理解他，不完全理解他。後來逐漸有了些理解，但是，真正懂得他的為人，懂得他一生承受的重壓，是在整理編選他遺稿的現在。過去不知道的，現在知道了；過去不明白的，現在明白了。」[24]

二〇〇二年，《沈從文全集》出版，沈從文的世界這才得以完整地呈現出來。《全集》共一千多萬字，其中生前未發表的作品及書信等約四百四十萬字。很難設想，沒有這四百四十萬字，可以很好地理解沈從文，尤其他的後半生。

說起來，真得慶幸沈從文家人的有心、耐煩和細緻，「亂紙堆」沒有化為烏有，而整理成了重要文獻。沈虎雛簡略敘述過緣起和經過：「我一九八〇年回到北京時，破舊行李中有個小紙箱，保存著父母文革前後給我的信，其中偏偏父親規勸我怎麼面對衝擊挫折，最重要的幾封，由於擔心遭查抄肆意曲解上綱，被我毀掉了。打開小紙箱時，心中的懊惱使我備加珍惜這種不可再生的材料，那是在一間空屋子，幾個月前父親從這裡搬入新居，地上猶積存著厚厚的垃圾，清理它們的時候，我順手把一切有父親文字的紙張收攏，不意竟有一整箱，從此開始了保護、收集、拼接、識別、整理的漫長歲月。」[25]

《沈從文全集》第二十八卷至三十二卷為物質文化史卷，內容異常駁雜，按照目錄歸類，有以下方面的內容：中國玉工藝研究、中國陶瓷史（殘章）、中國陶瓷研究、漆器及螺鈿工藝研究、獅子藝術、陳列設計與展出、唐宋銅鏡、鏡子史話、扇子應用進展、文物研究資料草目、中國絲綢圖案、織繡染纈與服飾、《紅樓夢》衣物及當時種種、說「熊經」、文物識小錄、龍鳳藝術新編、馬的藝術和裝備、文史研究必需結合文物、中國古代服飾研究——沈從文的「雜貨鋪」，讓人歎為觀止，也足以讓任何整理者都望而生畏。恰當編集，更非專門研究者難以勝任。王㐨負責起了這份繁重的工作。《中國古代服飾研究》增訂本一九九二年由香港商務館出版，王㐨完成了沈從文生前的重託，本可以騰出手來做自己的研究，卻以抱病之身，又埋頭於沈從文大堆散亂的文稿之中。沈從文後半生研究事業的文集編成，王㐨卻在一九九七年去世，只有六十七歲，未及看到《沈從文全集》的出版。

《沈從文全集》的編輯工作從一九九二年啟動，十年後全集面世。這個編委會的勞動和奉獻值得銘記。他們是，顧問：汪曾祺、王㐨；主編：張兆和；編輯委員：淩宇、劉一友、沈虎雛、王繼志、王亞蓉、向成國、謝中一、張兆和。

24 張兆和：《〈從文家書〉後記》，《從文家書》，上海遠東出版社，一九九五年，頁三一九。

25 沈虎雛二〇〇五年十一月二十二日給本書作者的信。

十、張兆和

沈從文生命的最後五年，張兆和時時刻刻不離身邊。不僅是病中離不開她的照料和護理，心理上，沈從文也格外需要她的陪伴。一時看不見她，他就要呼喚；看見了，就心安了。

沈從文走了，她有了空閒。空下來，整理沈從文的遺稿；還有，就是重新建起一個小花園。小羊宜賓胡同的花園在狹窄的陽臺上「復興」了。她精心侍弄花花草草，給它們起名字，用的是沈從文書裡那些可愛的女孩子的名字。她最心疼一盆虎耳草，來自湘西，種在一個橢圓形的小小鈞窯盆裡；這是沈從文喜歡的草，也是《邊城》裡翠翠夢裡採摘的草。

一九九二年五月，張兆和率領全家，送沈從文回歸鳳凰。墓地在聽濤山下，面對沱江流水。十日，沈從文的骨灰一半灑入繞城而過的沱江清流，另一半，直接埋入墓地泥土。孫女沈紅寫道：「伴爺爺骨灰一同貼山近水的，是奶奶積攢了四年的花瓣。奶奶站在虹橋上，目送爸爸和我乘舟順沱江而下，小船身後漂起一道美麗花帶，從水門口漂到南華山腳下。」[26]

墓地簡樸、寧靜，墓碑是一塊大石頭，天然五彩石，正面是沈從文的手跡，分行鐫刻《抽象的抒情》題記的話：

照我思索
能理解「我」
照我思索
可認識「人」

背面是張充和撰書：

不折不從　亦慈亦讓
星斗其文　赤子其人

這一年張兆和八十二歲，她擔負起主持《沈從文全集》的編輯工作。這是她晚年的頭等大事。二〇〇二年十二月，沈從文百年誕辰之際，三十二卷全集出版。她完成了大的心願，也安安靜靜地離開了人世，時間是二〇〇三年二月十六日。享年九十三歲。

26 沈紅：《奶奶的花園》，《水——張家十姐弟的故事》，頁三二四。

二〇〇七年五月二十日，張兆和的骨灰入葬，埋在了埋沈從文地方的泥土裡。

二〇一三年七月十日初稿
八月三日二稿
復旦大學光華樓

主要參考書目

《沈從文全集》，太原：北嶽文藝出版社，二〇〇二年。
《沈從文別集》，長沙：嶽麓書社，一九九二年。
《從文家書》，上海遠東出版社，一九九五年。
《沈從文年表簡編》，沈虎雛編，見《沈從文全集》附卷，太原：北嶽文藝出版社，二〇〇三年。
《沈從文作品的外文譯作》，沈紅編，見《沈從文全集》附卷。
《沈從文年譜》，吳世勇編，天津人民出版社，二〇〇六年。
《沈從文傳》，淩宇著，北京十月文藝出版社，一九八八年。
《「人性的治療者」：沈從文傳》，吳立昌著，上海文藝出版社，一九九三年。

《鳳凰之子・沈從文傳》（*The Odyssey of Shen Congwen*），金介甫（Jeffrey Kinkley）著，符家欽譯，北京：中國友誼出版公司，二〇〇〇年。
《沈從文的最後四十年》，李揚著，北京：中國文史出版社，二〇〇五年。
《沈從文家事》，沈龍朱口述，劉紅慶著，北京：新星出版社，二〇一二年。
《我所認識的沈從文》，荒蕪編，長沙：嶽麓書社，一九八六年。
《懷念沈從文》，《鳳凰文史資料》（第二輯），鳳凰文史資料研究委員會編，一九八九年。
《長河不盡流》，吉首大學沈從文研究室編，長沙：湖南文藝出版社，一九八九年。
《沈從文印象》，孫冰編，上海：學林出版社，一九九七年。
《星斗其文，赤子其人》，田伏隆主編，長沙：嶽麓書社，一九九八年
《沈從文研究資料》，邵華強編，廣州：花城出版社，香港：三聯書店，一九九一年。
《永遠的從文——沈從文百年誕辰國際學術論壇文集》，向成國等主編，未正式出版，二〇〇二年印製。
《沈從文評說八十年》，王珞編，北京：中國華僑出版社，二〇〇四年。
《沈從文研究資料》，劉洪濤、楊瑞仁編，天津人民出版社，二〇〇六年。

《從邊城走向世界》，淩宇著，北京：三聯書店，一九八五年。
《沈從文筆下的中國社會與文化》，金介甫著，虞建華、邵華強譯，上海：華東師範大學出版社，一九九四年。
《沈從文小說新論》，劉洪濤著，北京師範大學出版社，二〇〇五年。

《趙樹理文集》，北京：工人出版社，一九八〇年。
《胡適遺稿及祕藏書信》，耿雲志主編，合肥：黃山書社，一九九四年。
《人生掃描》，李輝著，上海遠東出版社，一九九五年。
《中國三代作家紀實》，塗光群著，北京：中國文聯出版公司，一九九五年。
《我所知道的胡喬木》，《胡喬木傳》編輯組編，北京：當代中國出版社，一九九七年。
《人有病 天知否》，陳徒手著，北京：人民文學出版社，二〇〇〇年。
《中國古輿服論叢》（增訂本），孫機著，北京：文物出版社，二〇〇一年。
《丁玲全集》，石家莊：河北人民出版社，二〇〇一年
《晚翠文談新編》，汪曾祺著，北京：三聯書店，二〇〇二年。
《沈從文晚年口述》，王亞蓉編，西安：陝西師範大學出版社，二〇〇三年。
《和老人聊天》，李輝著，鄭州：大象出版社，二〇〇三年。

《沈從文與丁玲》，李輝著，武漢：湖北人民出版社，二〇〇五年。
《丁玲年譜長編》，王增如、李向東編著，天津人民出版社，二〇〇六年。
《文星街大哥》，劉一友著，桂林：灕江出版社，二〇〇七年。
《蕭珊文存》，蕭珊著，上海人民出版社，二〇〇九年。
《范曾自述》，范曾著，北京：文化藝術出版社，二〇一〇年。
《傳奇黃永玉》，李輝著，北京：人民日報出版社，二〇一〇年。
《老北大宿舍紀事（一九四六—一九五二）：中老胡同三十二號》，江丕棟等編著，北京大學出版社，二〇一一年。
《章服之實》，王亞蓉編著，北京：世界圖書出版公司，二〇一三年。
《周作人致松枝茂夫手札》，小川利康、止庵編，桂林：廣西師範大學出版社，二〇一三年。
《張家舊事》，張允和口述，葉稚珊編寫，濟南：山東畫報出版社，一九九九年。
《最後的閨秀》，張允和著，北京：三聯書店，一九九九年。
《浪花集》，張允和、張兆和等編著，北京：新世界出版社，二〇〇五年。
《合肥四姊妹》，金安平著，淩雲嵐、楊早譯，北京：三聯書店，二〇〇七年。
《水——張家十姐弟的故事》，張允和、張兆和等著，合肥：安徽文藝出版社，二〇〇九年。
《曲人鴻爪》，張充和口述，孫康宜撰寫，桂林：廣西師範大學出版社，二〇一〇年。

《張充和詩書畫選》，白謙慎編，北京：三聯書店，二〇一〇年。

《中國新文學史稿》，王瑤著，上冊，北京：開明書店，一九五一年；下冊，上海：新文藝出版社，一九五三年。

《中國現代文學史略》，丁易著，北京：作家出版社，一九五五年。

《中國新文學史》，司馬長風著，香港：昭明出版社，一九七八年。

《一九四八：天地玄黃》，錢理群著，濟南：山東教育出版社，一九九八年。

《中國當代文學史教程》，陳思和主編，上海：復旦大學出版社，一九九九年。

《中國現代小說史》，夏志清著，劉紹銘等譯，上海：復旦大學出版社，二〇〇五年。

《抒情傳統與中國現代性》，王德威著，北京：三聯書店，二〇一〇年。

《寫實主義小說的虛構：茅盾、老舍、沈從文》，王德威著：上海：復旦大學出版社，二〇一一年。

《建國以來毛澤東文稿》，北京：中央文獻出版社，一九八七—一九九八年。

《若干重大決策與事件的回顧》，薄一波著，北京：中共中央黨校出版社，上卷，一九九一年；下卷，一九九三年。

《劍橋中華人民共和國史》，費正清（J. K. Fairbank）、羅德里克・麥克法誇爾（R. Macfarquhar）主編，上海人民出版社，一九四九—一九六五年卷，一九九〇年；一九六六—一九八二年卷，一九九二年。

後記

一九九七年，我寫出自己關於沈從文的第一篇文章，《論沈從文：從一九四九年起》。二〇一三年，完成了《沈從文的後半生》書稿，想起這篇文章，才恍然明白，原來十六年以前，就有了這樣一個胚胎；經過這麼漫長的時間，它終於長成了。

我是從一九八五年開始讀沈從文的，讀了好幾年，只是覺得好，並沒有深切的體會。好像是要等待一個機緣，機緣不到，什麼也不會發生。幸運的是，這個機緣等來了。一九九二年，我在《收穫》雜誌上讀到沈從文的家屬整理發表的《湘行書簡》——沈從文一九三四年從北平返回家鄉，在湘西的一條河流上給張兆和寫的一封接一封的長信——我的感受無從言表，心裡卻清清楚楚地意識到，我和這個作家建立起了一種關係。這些塵封的書信帶給我一個特殊的時刻，我似乎一下子明白了什麼，又說不出明白的到底是什麼。沈從文在這條河流上經歷了一次「徹悟」，我一時不能完全領會他的「徹悟」，但他一月十八日下午寫下的那段文字，真正開啟了我理解的空間。或許可以這麼說，如果沒有遇到這段文字，我就可能走不進沈從文的世界。

此後陸續見到沈從文生前未曾公開的文字，促成了我關於沈從文的第一篇論文；但到那時為止的材料，還不足以寫沈從文後半生的傳記。二〇〇二年底，《沈從文全集》出版，三十二卷，一千多萬字，其中四百萬字生前沒有發表過，這四百萬字中的大部分又是一九四九年以來所寫的——讀完這些，我產生出明確而強烈的寫沈從文後半生的衝動，並開始著手準備。

二〇〇四年，復旦大學中文系設置「原典精讀」系列課程，並催促任課教師撰寫講義教材。二〇〇五年寒假我寫完《沈從文精讀》一書之後，想一鼓作氣完成沈從文後半生的傳記，但只寫了萬把字，就不能再繼續下去，因為前面的書稿趕得急，沒日沒夜對著電腦，眼睛出了問題。這樣就不得不拖延下來。一拖就是好多年，簡直快要拖出心病來。二〇一二年秋天，我重新開始，排除了其他事的打擾，一心做這一件事，轉年夏天就完稿了。

我想呈現出來的，不僅僅是一個人半生的經歷，他在生活和精神上持久的磨難史，雖然這已經足以讓人感慨萬千了；我希望能夠思考一個人和他身處的時代、社會可能構成什麼樣的關係。現代以來的中國，也許是時代和社會的力量太強大了，個人與它相比簡直太不相稱，懸殊之別，要構成有意義的關係，確實困難重重。這樣一種長久的困難壓抑了建立關係的自覺意識，進而把這個問題掩蓋了起來——如果還沒有取消的話。不過總會有那麼一些個人，以他們的生活和生命，堅持提醒我們這個問題的存在。我寫過一篇《沈從文與二十世紀中國》，討論這個問題。文章結束時候說：「發生什麼樣的關係，發生什麼樣的關係不僅對個體生命更有價值，而且對社會、時代更有意義，卻也不只是社會、時代單方面所能決定的，雖然在二十世紀中國，這個方面的力量過於強大，個人的力量過於弱小。不過，弱小的力量也是力量，而且隔了一段距離去看，你可能會發現，力量之間的對比關係發生了變化，強大的潮流在力量耗盡之後消退了，而弱小的個人從歷史中站立起來，走到今天和將來。」

二〇一四年三月二十二日

附錄一

死亡的誘惑，求生的掙扎

——沈從文作為「絕筆」的《一點記錄——給幾個熟人》

一

沈從文自一九四九年一月中旬起陷入「精神失常」的狀態，在求生的掙扎和求死的絕望之間，反覆無已，內心活動異常劇烈和痛苦，終至三月二十八日自殺。幸運的是及時獲救，之後開始緩慢的恢復過程。

從「失常」到自殺這段不長的時間裡，沈從文寫下了三篇很長的文稿，分別是《一點記錄——給幾個熟人》、《一個人的自白》和《關於西南漆器及其他——一章自傳——一點幻想的發展》。後面兩篇是他構想的一部長篇自傳的兩章，但來不及全部完成，他留下標記說，在這兩章之間還有八章。這兩篇長稿編入二〇〇二年出版的《沈從文全集》第二十七卷。

《沈從文全集》印行之後，遺稿的搜集、整理工作仍然在持續地進行，並且不斷有新的發現。其中最重要的，就是沈虎雛從一大堆漫無頭緒的舊紙殘稿中，找出來完整的《一點記錄——

給幾個熟人》。為紀念沈從文從事文學創作九十周年，沈虎雛與《新文學史料》商定發表這篇遺稿，並囑我寫篇文章，做一些解析。

《一點記錄》和《一個人的自白》、《關於西南漆器及其他》都是在清華園金嶽霖的屋子裡寫的，前兩篇當時已經完稿，後一篇回家後續寫，也在三月初完成。沈從文一月二十八日到清華園，住了七、八天，到三月六日寫完《關於西南漆器及其他》，這麼短的時間裡，寫出超過三萬字的文稿，可見其精神活動的持續性和紛繁激烈的程度。所以要理解《一點記錄》，需要把它放在這一特殊時期的精神活動脈絡中看，需要和其他兩篇文稿聯繫在一起看。

不可思議的是，在「失常」、紛亂、糾纏不已的精神狀態下，沈從文的文章卻清晰、冷靜、耐心、細緻，雖有情緒的發洩，但更有理性的條分縷析，特別是兩篇自傳，自我分析的深度超出此前同類文字。這是一個「瘋人」性格分裂的「不瘋」的一面嗎？還是只有一個「瘋人」才具有的冷靜和理性？或者，他根本就沒有「失常」，根本就不是「瘋人」？

我看了三篇文章的手稿，心裡異常震驚：文章用鋼筆寫在筆記本的紙上，蠅頭小字，筆劃細而穩，整整齊齊地一行連著一行，一頁接著一頁。我原以為會是亂糟糟的紙面，以相應於亂糟糟的精神狀況，沒有想到竟然是這樣的清晰、穩定、一絲不苟。

二

比較起來，《一點記錄》沒有兩章自傳那麼條理分明，它的感受性更強，文字隨著情緒的變化和意識的流動而彎曲波折前行；但核心顯豁。它記錄下的，是寫作的即時即地，沈從文在一個絕大的問題下，對自我的重新思考。這個問題是時代的巨大轉折壓給他的，具體到他身上，就是一提筆便不得不面對的他前半生全力以赴的文學事業的徹底危機：「我寫什麼？還能夠寫什麼？筆已凍住，生命也凍住。一切待解放，待改造。是不是還有希望由複雜到單純，陰晦到晴明？凡事必重新疏理，才能知道。」

把這樣一個根本問題置於篇首，以下敘說，無不與此牽扯呼應。

《一點記錄》全文一萬餘字，是在金嶽霖處住了六天後寫的，主要寫的是第一天到清華園的情形。這情形從內容上可以分成兩部分，一是對現實生活情境的敘述，作者身在其中，見聞感受；但他與眼前的現實情境既連又隔，隔勝過連，心思常常抽離而去，由此及彼，一再回到對於自我的重新梳理和思考上面，這是另一部分內容，即個人的內心情形。這兩部分內容不是分開來寫的，而是交織著敘述。從敘述的展開過程來看，或許種種具體的現實生活情境，雖然著墨不多，卻一次又一次地成為他內心思考的觸機，引發他的自我思考過程層層推進。

沈從文精神狀況的變化引起老朋友的關注，梁思成、林徽因等邀請他到清華園休養，「我是年夜上午九點出的城，一朋友相送，一個親戚伴隨。」朋友是清華外語系教授羅念生，親戚是張中和，張兆和的堂弟，清華的學生。當時清華園已經解放，北平城處在包圍之中，所以一出城即見到戰事對峙中的一些情景。恰巧有一列地雷爆炸，沈從文的內心隨即回應起死亡誘惑的聲音：「我知道這是沒有死亡的爆炸。世界上也還有『沒有爆炸的死亡』，就派歸了『我』罷。」他回顧自己從少年時代起，每遇困難，即有相似召喚，但四十年來努力掙扎，不肯服輸應答；「現在卻似乎由於一種召喚聲音的回覆，我想輕輕答應一聲。」

沈從文就是這樣帶著死亡誘惑的聲音，走進清華園。一到住處，他的注意力就被這些事物和情形牽住：一、主人窗臺上的瓦盆瓦罐，是養蟋蟀的，可這時節小生命都結束了，這彷彿也是一種啟示：「一切存在都將成為過去，歸於塵土。這真是種離奇的啟示。」二、還有一張徐志摩的照片，「這個人死去即已十八年」，「身與名俱滅」。這彷彿是再一次的暗示：在此前十天，一月十八日，沈從文在家裡無意中翻出了《愛眉小札》，想到當年對自己有極大的幫助的詩人早已成塵成土，他竟然羨慕那樣得到休息，在書邊寫下：「歷史正在用火與血重寫，生者不遑為死者哀，轉為得休息羨。人生可憫。」[1]三、從窗口望出去的田野，一片荒涼，「已不易想像另一時鬱鬱青青景象。」

但是，倘若只是渴求一死，倒也簡單；分明還有另一種力量，另一種渴望。遠處的蓬蓬鼓聲和汽笛聲，「都若象徵一個新的時代新的春天的來臨。」這個將來的春天，自己也有份嗎？不能不掙扎就放棄吧？所以會產生這樣的想法：「個人得掙扎到陽光下，將生命重新交給土地和陽光。凡事從新學習，由一個起碼的人作起！即已無機會可望，個體在內外限制下終得毀滅，也應當用短短餘生，鼓勵下一代好好生存，在新社會裡做一個好公民！」

思索至此，似乎得到一個暫時性的結論，這個結論裡面似乎有一絲光亮。但其實不是結論，它不是對死亡誘惑的否定，也代替不了以死求解脫的衝動。可是它把這種衝動推延了，推延出來的時間，即是掙扎的時間；或者，用一種更可以接受的說法，把死亡「自然化」，等待它的來臨：「我明白生命早在秋天中，成熟，透明，等待離枝。由離枝證明瞭廢名的『道』。」成熟的果實「離枝」，雖然是死亡，但也是自然的蛻變更迭。

不過，這樣「心平氣和」地對待「離枝」，更為短暫，下一輪的思索糾結又要開始了。

接下來寫的是年夜飯，主客九人圍坐：女主人林徽因，性情明朗和體質脆弱結合成「人文主義一個最好標本」；男主人梁思成，受過傷的身體平時需穿一輕金屬背甲，瘦弱之軀卻將擔負為新時代設計建築的重任；「生與道契」的邏輯哲學家金嶽霖，想中國之大，總有地方養鵝；兩個年青助教，兩個小主人，一位老太太，還有一個「我」——此時四十七歲的「我」，恰如十七歲的那個「我」：沉默，羞怯，慌亂，頭木鈍鈍。

1　沈從文：《題〈愛眉小札〉》，《沈從文全集》，太原：北嶽文藝出版社，二〇〇二年，第十四卷，頁四七五。

感情上極其親切的老友，在時代轉折之際的生命狀態並不十分相同。梁思成夫婦，這一對傑出的建築學家，渴望著為新時代的人民進行合理、健康的設計；就在此前不久，有解放軍幹部來到梁家，請教一旦被迫攻城，哪些文物必須保護，要梁思成把重要的文物古蹟一一標在軍用地圖上，使得夫婦倆異常感動。在沈從文眼裡，主人夫婦將在新時代裡發揮重要作用，他們自己當時大概也是這樣覺得。作為對比，沈從文自己卻完全找不到新時代裡的位置。與老友相聚，他的感受是，「一切存在都似乎極熟習又極生疏，完全是雙重的。說什麼我都懂，在微笑中領會，可沒有一個人能從這種微笑中，領會一個人人格分裂以後的荒涼、麻木、機能失靈種種。」

飯後客廳中放貝多芬曲子，音樂流注，沈從文從中再次聽到了死亡引誘的聲音：「……你除了×還等待什麼？」他的回答是順從了：「帶了我走吧……聽你如命運，服從你如神。」但順從中又禁不住抗拒：「我要動！……我不能靜止，還沒有死。」然而還是更傾向於順從：「我需要靜止，太累了。」

一個生命，怎麼會走到這個地步？從鄉村「遊蕩」到都市，或許是一種可怕的錯誤？沿著生命的來路回溯，可能找到本來的「我」？——「我要回去看看。」他的思緒回到了四十年前的老家，回憶起在母親膝邊哭泣的情景，發現了又一個「我」：「一個慈母和蕩子的人格綜合」。

由冥想再回到現實，座中「三個建築師正談到春天的旅行，要看看應天寺大塔，並討論到中國塔的形式。」沈從文即時反應的是，「可絕想不到面前也就有一個圮坍的塔，毀廢的土堆。」

他把自己想像成這樣一座塔。

塔，沈從文對它太敏感，感情太深切厚重了。塔是小說《邊城》的一個核心意象，風雨之夜，塔倒了，老船夫死了，這是一層意思；再一層，塔可以看作沈從文整個的文學事業的象徵，此時這份半生心血建成的事業已遭全面否定；既以文學事業為生命，文學事業之塔的毀廢，也即是個人生命的毀廢；更而擴大來看，「塔字所含獨立或孤立意義，在中國文化史上的象徵意義，除少數專家已再無人能理會到。」

「沒有一個人注意到面前這個舊塔的坍圮，還包含了翠翠永世的悲哀。」《邊城》裡的翠翠出現了，連同悲哀的杜鵑鳴聲。新的建築將要在舊塔的廢墟邊進行，新的時代和自然界的春天就要來了，「我」憂愁和悲憫，真誠而善良，迎接行將到來的春天，可是這個春天「只有杜鵑存在，什麼都完了。」

「什麼都完了」的悲哀刺激情緒賁張，他在心裡失去了克制，喊著翠翠，向翠翠傾訴，就像喊著自己，向自己傾訴：「翠翠，你要哭，你儘管哭！你沉默，就讓杜鵑為你永遠在春天啼喚。你的善良品性和痛苦命運，早在我預料中，一切全在預料中。這就是人生！」

在此之前和之後，《邊城》及翠翠，一再成為沈從文紛亂思緒中最痛切的回憶、想像，一九四八年他在初版本樣書上寫了三百字的《新題記》，滿懷人與事的悲傷，「惟書中人與個人生命成一希奇結合，儼若可以不死」[2]；沈從文自殺獲救後緩慢恢復的日子裡，精神時好時壞，一九四九年五月三十日晚上，孤苦無告之際，他連聲呼喊翠翠：「翠翠，翠翠，你是在一零四小房間中酣睡，還是在杜鵑聲中想起我，在我死去以後還想起我？」[3]

翠翠是活在他文學中的女孩子，是家鄉的山水和人事孕育、滋養的生命，由翠翠而想到家鄉，回溯那個本來的「我」之所自：沙灘，河流，戲臺，魚，網，各種各樣的人。在這巴掌大的一片地方，接續著平凡、簡單而貧乏的一代代生命，「我」從那裡來，歡喜回到那裡去。可是，回去是不可能了，「試作溯流而上努力，即或知道源泉所在，依然不能回到那個源泉邊去。一切都遠了，除卻保留在記憶回想中，什麼都不存在了。」

眼前的客廳裡，「大家正談論到年青人的熱情粘附於新信仰上時種種發展。」在這個「一切由『信』出發」的新時代，孕育形成一種「新宗教氣氛」，青年的生命在這種氣氛裡發酵；更奇異的是，時代在女主人「這個生命枯枝上，茁生了一簇簇新芽和新蕊。希望或理想同樣在發酵。」男主人認真地談到將來的工廠住宅設計，憧憬壯觀景象的出現。面對這兩個老朋友，沈從文欣賞、羨慕，同時也估計、疑慮：「二十世紀上半段人文主義傳遞下來的一切優秀技術，及對傳統的理解，即將在新的時代作第一回新的貢獻。好偉大的一回工程！」說還有疑慮，是他禁不住想，這樣的奇蹟、童話或神話，能不能真的實現？「能不能完成一小部分？」同為過來的人，「我」卻完全不能有所作為，不能不「感到一種深刻的痛苦。」

女主人體貼「生病」的客人，她勸解，這勸解也像是一種辯駁：「為什麼你會要死？……誰不是在極端疲乏中掙扎？……看時代就會忘了個人。……你想的卻是『你』，為什麼不來用筆寫寫『人』，寫寫一個新的人的生長，和人民時代的史詩？……你有權利可以在這個時候死去？」

他回答不了這些問題。

年夜過去幾天，沈從文坐在窗前寫這篇紀錄，外面田野裡有一列斷垣，原來可能是個營盤，現在只剩下一片荒蕪。他的思緒裡又出現了死：過去某時，會不會有一個戰士在那個門樓前自決？緊接著想到「另外一種戰士」——也就是自己，會不會「來到這個廢門樓前收拾了自己，完成一種象徵？」——「似乎有種召喚，自遠而近。我沒有戰慄，只凝視遠處。」

開篇即提出的根本問題無從解答，思索復思索的過程沒有結果，生命的疲累和空無或將戰勝求生的掙扎，「我的甲冑和武器，我的水壺和糧袋，一個戰士應有的全份攜帶，都已失去了意義。一切河流都乾涸了，只剩餘一片荒蕪。」

死亡可以解脫一切。倘若果真聽從了死亡的召喚，那麼，這就是自我解脫前的「絕筆」。

三

沈從文自殺之前的精神活動，除了三篇長文，還可以參照的材料有，他在清華園給張兆和的

2 沈從文：《新題記》，《沈從文全集》，第八卷，頁六十。

3 沈從文：《五月卅下十點北平宿舍》，《沈從文全集》，第十九卷，頁四三。

信，以及梁思成、林徽因給張兆和的信，見《沈從文全集》第十九卷，我在《沈從文的後半生》一書中做了集中引述，這裡就不再重複。

需要特別指出的是，沈從文的三篇長文，不僅僅對「還原」他在這一特殊時期的思想和生命情景具有不可替代的作用，而且對更充分地理解沈從文前半生的文學創作和後半生的文物研究事業，都有深入的啟發。譬如，《一個人的自白》或許能夠觸動我們反省，對沈從文作品的理解是否太表面化，那些被簡單視為「美」、「靜」、「樸素」的文字，其實包藏著生活經驗中的屈辱和痛苦，也蘊含了生命意志的力量，來共同做成「微笑」的文學；由《關於西南漆器及其他》，我們可以明白沈從文對歷史文物的愛好和理解，其實源遠流長，以至於早在後半生以此為業之前，就和個人生命的發展嚴密契合分不開。《一點記錄》或許可以看成是兩章自傳的前奏，他寫此文時的搜尋自我，延續下來，就有了緊接著的兩篇長文。

沈從文本人，對他這幾篇搜尋和梳理自我、當作「絕筆」留下來的文章，看得非常嚴肅、鄭重。鄭重到什麼程度？《一個人的自白》第一段有句話：「將來如和我的全部作品同置，或可見出一個『人』的本來。」[4] 我至今記得十一年前讀到這句話時的震驚，那是什麼樣的時候啊，他還想到有「和他的全部作品同置」的將來。

過了許多年，我再一次感受到心裡的震驚，是看到文章的手稿。一九七五年，整日埋首於雜文物研究裡的沈從文，從殘存未毀的手稿中發現《一個人的自白》第一頁，他鄭重託付給忘年交、後半生最信任的王㐨，說：「這個放在你處。將來收到我全集裡。」王㐨用卡片紙做了保護夾，外面寫「沈要」二字，裡面用鉛筆記了一行：「七五年八月十五下午交余：『這個放在你處……』省略號隱去的，就是那句讓我震驚的話：「將來收到我全集裡。」王矜在衣箱裡做了個夾板層，把這頁手稿藏在裡面。

在《一點記錄》裡，沈從文回想以前的作品，從中看到了對個人現實命運的預言：《邊城》裡的塔倒了，翠翠的哭聲和杜鵑的哀鳴在耳邊迴旋。「我想起新婚二月會寫出那種作品，再沒有自己作的預言正確而真實！」但是，在當時的急迫和混亂中，他無暇也無心注意到自己作品預言的完整性，他被求死解脫吸引住了，一時沒有想起那個作品的最後有個轉折：那個圮坍了的白塔，又重新修好了。

我們站在後來者的位置上，我們看到沈從文從崩潰中艱難地恢復了過來，我們一點一點明白他後半生成就了另一種安身立命的事業，我們想起那彷彿不經意的一筆轉折，恍然，重重地驚歎：那個倒了的塔，又重新矗立起來了——這，才是最終的預言。

二〇一四年九月十二日

4　沈從文：《一個人的自白》，《沈從文全集》，第二十七卷，頁三。

附錄二
沈從文的後半生：這是什麼樣的故事

簡體版《沈從文的後半生》（廣西師範大學出版社，二〇一四年）出版幾個月了，有時候我自己也會翻翻，不期然地產生出一些新的想法，這是非常奇妙的體驗。我在寫的時候，沒有體會到的東西，慢慢地體會到了；寫的時候沒有明白的事情，會慢慢明白。也就是說，這本書，其實是大於寫這本書的人的。我覺得這是非常好的狀態；如果你寫了一本書，它和你一樣大，或者比你還要小一點，恐怕不是很好的事情。

也就是說，如果把沈從文的世界，限制在一個研究者或者傳記作者個人的世界裡面，那就可能非常不妙。所以回過頭來，我會有點感謝自己這樣一個笨的寫法，儘量地呈現沈從文這個人他的後半生是怎麼過來的，至少表面上不那麼急著用我自己的想法、觀念來解釋他、判斷他。那樣做可能寫起來會比較痛快，讀起來也會比較痛快；但是那樣做的話，就存在著把這個人縮小、定型、標籤化的危險；限制住了，就喪失了開放性——向更多更深的理解開放。最重要的還是物件本身，要小心翼翼地保護、保存，進而發現、發掘物件本身的豐富性。

如果我們把沈從文後半生這麼漫長時間的經歷看成一個故事的話，這個故事不是一條單一的線，它是立體的，有很多層次疊加融合在一起，讀這個故事的人，領會到一層，就能明白一些東西；過了一段時間，可能還會領會到另外一層。我的腦子比較慢，我領會這個東西，需要過很長的時間才明白那麼一點點，沒有法子一下全體會到，全明白。雖然這本書是寫完了，但是我明白的過程還沒有完。

這樣的一個故事，有可能包含著哪些含義？就像這本書，是一個開放的文本，它有可能朝哪些方向開放？

一、絕境，和在絕境中創造事業的故事

第一個我想說的是，絕境和在絕境中創造事業，可以把這本書讀成這樣的一個故事。這本書一開頭，這個人就精神崩潰、自殺，一般來說，按照時間順序敘述一個故事，不會一開始就這樣。一開始就這麼一個劇烈的衝突，一個極端的情境，往後怎麼寫呢？但是他人生就是這樣的，一九四九年就經歷了這個，一個人走到絕境，走到走投無路的地方。這個絕境，我用不著多說，是時代本身壓給他的，是時代的轉折壓給他的，因為到了這個關口，他以前的創作方式沒有辦法繼續下去了，他的事業被摧毀了。這個是一個方面。

還有另外一個方面，一個人要走到絕境，其實是有他自主選擇的成分在。因為時代的巨大轉折和壓力，不是沈從文一個人所承受的，很多人都在承受，為什麼只有這一個人要走到精神崩潰

去自殺的程度？我想這當中，就有一個勇氣的問題，有一個人的大勇敢在。我們人這種動物，本能裡面就有自我保護的反應機制，當碰到危險的時候，碰到絕境的時候，我們會有各種各樣的辦法避開它，繞開它。一九四九年也不是說沒有這種辦法，可以稍微妥協一點，可以隨波逐流，大家怎麼做你就怎麼做，順大流。當然隨波逐流是一個不太好聽的詞，那換成好聽的與時俱進就可以了。這樣一來，這個絕境就避開了。可是這個人就是不肯，不能稍微圓通一點。他就是要一條道走到黑。這樣的結果他是知道的，非常清楚。

一個人敢於把自己的人生走到最底部，和不敢走到這樣的境地，是有差別的。差別在於，當我們本能地避開人生最絕望、最可怕的境地之後，在精神心理上，我們的人生永遠會有可怕的東西躲在暗中。可他不是，他死過一次了，當他死過一次再活過來的時候，就沒有什麼可怕的了，最可怕的事情已經經歷過。避開可怕的絕境一直在活著的人，那個活著的狀態，有一種可能是苟活，是在不死不活的狀態，而他死過了一次再活過來，那真的是活了，而且再也沒有什麼力量能夠讓他再死一次，如果他自己想活的話。在後來的歲月裡，比如說在文革當中，沈從文的遭遇要慘多了，但是他再也沒有像一九四九年那樣精神糾結反覆，以致崩潰。

所以這樣從死去一次再開始活過來的後半生，有這麼一個特殊的起點，糟糕到底的起點，卻也是一個了不起的起點。我們一般人不會有這樣一個最低的起點，可就是這樣的一個起點，才奠定了以後的路是往上走的路。

我要講絕境，要講在絕境當中活過來，而且活下去，還有一個怎麼活法的問題。沈從文自殺，是因為他的文學事業不能繼續了，他是一個把生命和事業聯繫在一起的人，所以要活下去，就還得有事業。這個地方就顯出這個人特殊的本事，他能在絕境中創造事業，文學不行了，就另闢新路。我們都知道他轉身投入了文物研究的事業，並且在這個轉過來的領域裡做出了獨特的貢獻。其實往前、往後想想，這也不是他唯一一次面臨絕境，只不過這一次非常慘烈。他年輕的時候從湘西的部隊跑到北京，生活沒有著落，考大學考不上，也不知道要在幹什麼，但硬是從這樣一個低的起點，從無到有，一點一點闖出來，成就了文學上的事業。往後看，比如說文革當中，他下放到湖北咸寧幹校，好不容易改行創造的第二份事業，就是文物研究，又到了絕境。沒有任何的書，任何的資料，怎麼做研究？而且身體的狀況特別差。又一次到了人生底部，能不能幹點可以幹的？所以他再做改行的打算和實驗，認真嘗試舊體詩的寫作。他有一個從絕境當中創造事業的特別性格。

後來我慢慢體會到，這個性格的背後，其實是生命的創造能量在支撐，是創造的能量要求釋放，要求落實到具體的事業上去。

沈從文一九四九年的絕境是比較戲劇化的、衝突極端激烈的時刻，但絕境絕不只是那樣的時刻；其實可以把他漫長的整個後半生，就看成一個漫長的絕境。整個漫長的後半生就在對抗這樣的一個絕境，以創造事業的方式，以日復一日的方式。

毋庸諱言，我們的注意力通常會更為戲劇化的絕境時刻所吸引，但我想說，比起絕境來，在絕境中以日復一日的努力創造事業，是更有意義的。

二、個人和時代關係的故事：超越受害者的身分

第二點我要講的，這個後半生，還是一個自我或者個人和時代關係的故事。寫這本書，我想寫的不是沈從文他們這一代的知識分子普遍的遭遇，我寫的不是一代人或者是幾代人的一個典型，我寫的不是一個模式的故事，我寫的就是這一個人。這一個人和他同代的很多人不一樣，和他後代的很多人不一樣，我就是要寫出這個不一樣。他是一個不能被放在一個共同的模式裡敘述的人。不一樣是因為他有一個自我，這個自我和時代的巨大潮流、壓力之間形成一個關係。偏離在社會大潮之外，自己找一個角落做自己事情，沈從文是這樣的一個人。我反覆講過這本書的簡體版封面設計，用了沈從文一九五七年五一節畫的上海外白渡橋上的遊行隊伍和黃浦江裡一隻游離的小船的即景圖，這幅圖的位置關係很有意思，我把它解讀成一個隱喻，隱喻他在轟轟烈烈的時代潮流之外，找到很小很小的、特別不起眼的、你會忽略的這樣的一個角落，來做自己的事情。

一般來說知識分子是不願意待在角落裡的，知識分子要做時代潮流的引領者，要做弄潮兒，如果不能，至少要跟上，不能落伍不能掉隊。可是若干年之後你回過頭去看，偏偏是這樣和時代潮流隔著距離，在這樣一個誰都不會去理睬的角落裡的人，才做成了事業。為什麼會這樣？個人要處在什麼樣的位置才能和時代之間形成一種有意義的關係，這個意義不僅僅是對於個人的，而

且也是對於時代的？

個人和時代之間還有一個問題，我特別想講這個問題。毫無疑問沈從文以及沈從文的那一代人甚至後面的幾代人，他們是劇烈變動時代的受害者，遭受了很大的摧殘和屈辱。受害者這樣一個身分，是時代強加的，沒有人願意做受害者。所以這是一個完全被動的身分。但是，你有沒有發現這樣的情況，當那個時代過去以後，比如說文革過去以後，很多人會願意強調自己受害者的身分，突出自己受害者的身分。這是人之常情，容易理解；但事情的另一面是，這樣一來，不管是在意識裡面還是在無意識裡面，等於承認了時代強加給個人的被動的身分，也等於變相地承認了時代的力量。在一個變化非常大的時期，一個人除了是一個受害者，還有沒有可能通過自己的努力，去超越受害者這樣一個被動的身分，自己來完成另外一個身分？避免只有一個被動接受的身分，我覺得是非常重要的。

到二十世紀八十年代，沈從文的境況已經有了很大的好轉，他可以出國講學了。他在美國做演講，做了二十幾場，演講的內容一是講文學，二是講文物。講文學只講一個題目，不是講他自己的作品，也不講三十年代他盛名時期的事情，而是講二十年代他剛剛到北平時候的文壇情況。講文物的題目就很多了，今天在這個學校裡講扇子，明天到那個學校裡講絲綢。他準備了大量的幻燈片，一講起來就很興奮。可是他也知道，來聽他演講的人更希望聽到的是他在一九四九年以後的遭遇，他們更希望從這個人的口中親自證明這樣的一個時代強加給知識分子的各種各樣的殘害力量，希望聽到受害者的證詞。在此前前後後很長的時期裡，到海外的中國作家演講，只要講這個題目，下面的反應一定是非常熱烈的。可是沈從文就不講。

很多人會猜測，他是不是過於謹慎？是不是很膽小，很害怕？我已經說過，他死都死過了，還會害怕什麼？他有他自己主動創造的身分，這個身分要比受害者的身分更有意義，對他也更重要。他講了這麼一段話，特別樸素特別誠懇。他說：「在中國近三十年的劇烈變動情況中，我許多很好很有成就的舊同行，老同事，都因為來不及適應這個環境中的新變化成了古人。我現在居然能在這裡快樂的和各位談談這些事情，證明我在適應環境上，至少作了一個健康的選擇，並不是消極的退隱。特別是國家變動大，社會變動過程太激烈了，許多人在運動當中都犧牲後，就更需要有人更頑強堅持工作，才能保留下一些東西。」——他說的是「一個健康的選擇」和頑強堅持的工作，這個選擇和工作讓他超越了單純受害者的身分。

沈從文後半生的故事是一個人自我拯救的故事，也可以說是一個人對一個時代救贖的故事。這樣說會不會有點誇大？一個人的力量可以補救一個時代的荒蕪嗎？從數量上，是不可能的；可是換一個角度來看，如果一個時代連一個做事情的人都沒有，和有這麼許多的個人——沈從文當然不是唯一的這樣的個人——來做事情，是不一樣的。有這樣的個人，證明這個時代還不可能把所有的人都摧垮，也證明人這個物種不可能被全部摧跨，證明人這個物種還可以存在下去，還有存在的價值。超越受害者的位置，超越時代強加給你的身分，自己創造另外一種身分，這是一個了不起的事情。

三、創造力的故事

第三我想講的，這還是一個關於創造力的故事。沈從文這一個人，表面上看起來非常軟弱、非常普通，可就是這麼一個人，充滿著創造的能量。這個人一輩子為什麼要做那麼多事情？特別是後半生在歷史博物館，人家其實是不想讓你做什麼事情的，不做倒還會安穩一些，做了，而且常常是硬要去做，麻煩就出來了。開始的時候我歸結為一個人的性格，這個人的性格就是閒不住，忙不完，要做這要做那。後來我多少明白了一點，他這個人的生命裡面有豐沛的創造的能量，要把創造的能量發揮出來，不發揮出來，憋在裡面，一定很難受。

這個創造力的表現，很重要的一條是，他做的事情是沒人做的。他做文物研究，文物研究在他半路改行過來之前早就有很長的歷史了，可是為什麼他做的事情是別人沒有做的呢？《中國古代服飾研究》為什麼會是奠基性的著作呢？不僅僅是服飾，他文物研究的「雜貨鋪」裡面，有那麼多的東西，都是別人不研究的。他的研究活動不是循規蹈矩的，有他自己的創造性在裡面。

我舉一個例子，這個例子可以有多重的解釋，但是最後我把它歸結為創造力。一九五三年，歷史博物館開了一個反對浪費的展覽，展品就是沈從文給歷史博物館買的各種各樣的「廢品」，比如說，明代白綿紙手抄兩大函有關兵事學的著作，內中有圖像，這是敦煌唐代望雲氣卷子的明代抄本；再比如，一整匹暗花綾子，機頭上織有「河間府製造」宋體字，大串枝的花紋，和傳世宋代范淳仁誥敕相近。歷史博物館還有意安排沈從文陪同講解。這個故事，我想至少可以讀出三重意思來。第一，可以讀出來的是沈從文的現實處境、政治處境很糟糕，他們竟然會用這樣的一個方式裡來侮辱他；第二，除了現實的政治壓力之外，還有一個很大的壓力，就是學術同行的壓力。這個壓力是很要命的，因為這個壓力就在你身邊，是來自「專家」的，他們覺得你是外行，不懂，讓你買文物，結果你買來的是「廢品」。但我更想說的是，我們把前面的意思反轉過來，從正面看，看出第三重意思，就是沈從文的眼光和別人不一樣。他要的東西是別人眼裡的破爛兒，他能見別人之未見，看出破爛兒的價值。他的後半生的事業，是在這樣一個獨特的、他自己對於歷史和文物的理解的基礎上來進行的。

他自己會說，例如綢緞研究，例如工藝美術裝飾圖案研究，例如從文物制度衣冠服飾上來研究人物繪畫的時代，那麼多年沒有人好好注意，「軍中無大將，廖化作先鋒」，「我於是又成了『打前站』的什長一類角色，照舊戲說則是『開路先鋒』。」他還說，「一個人能夠在許多新的工作中，擔當披荊斬棘開荒闢土的任務，也極有意義，能這麼作，精力旺盛是條件之一，至少也可證明是生命力還充沛的一種象徵！有時不是真正的精力強健，倒是一種學習勇氣！」

先鋒，打前站，開荒闢土，他的文物研究不是沿著舊有的路子跟在後面走，而有強烈的自主意識和開創性。這也正是創造力的表現。所以我覺得，沈從文的後半生，又是一個生命的創造能量不斷釋放、不停地探索著往前走的故事。當然，走得艱難，創造力要得以實現，需要克服各種各樣的阻礙，遭遇意想不到的挫折，忍受難以忍受的屈辱。

四、愛的故事

第四，我很喜歡講，這是一個愛的故事。

沈從文後半生做的那些事情，長年累月在灰撲撲的庫房裡轉悠，和「沒有生命」的東西打交道，有什麼意思呢？說得簡單一點，是對於文物的興趣，但這個興趣再追究下去，是對創造文物的人的體貼和認識。他很早的時候曾經說到，看到一個小銀匠打銀鎖銀魚，一邊流眼淚一邊敲擊花紋，製作者的情緒和生命會不知不覺地帶到他手裡做的這個活裡面。看到一隻豆彩碗，那麼美秀、溫雅，他會想到制器彩繪的人，在做的時候會是一種什麼樣的心情，在生活當中會有怎麼樣的掙扎，有怎樣的喜怒哀樂，他會從物質的形式上體會一種被壓抑的無比柔情的轉化。

沈從文關心的文物有一個特點，大多不是我們一說到文物就會想到的東西，而是在普通的日常生活當中應用的、和普通人的日常生活聯繫在一起的雜七雜八的東西，是普通人在漫長的歷史裡面，用勞動和智慧創造出來的東西。長期以來正統的文物界看不上眼，他卻很有感情。這個感情其實溝通了他前半生的文學創作和後半生的文物研究。他前半生的文學創作關心的是什麼？士兵、農民，甚至妓女，這樣一些普通人的生活，他對他們有感情，他愛他們，他從他們身上可以看到人類生活的莊嚴和人類的歷史。人類的歷史其實是由這些人一代一代延續下去的。到了他的後半生，他真的在做歷史研究了，就自然而然地把這種對歷史的感受融進研究裡面。

中國是一個歷史悠久的國家，如何看待歷史，從普通百姓到專家學者，在觀念上和興趣上，都存在著有意識和無意識的選擇。現代史學的第一次重大反省發生在十九世紀二十世紀之交，以梁啟超一九〇二年寫的《新史學》為代表，重新釐定什麼歷史。梁啟超責備中國傳統的史學只寫帝王將相，大多未將國民的整體活動寫進歷史；只注意一家一姓的興亡，而不注意人民、物產、財力等等。

沈從文憑藉自己生命的經驗、體悟和真切的感情，追問什麼是「真的歷史」，「一本歷史書除了告我們些另一時代最笨的人相斫相殺以外有些什麼？」這個強烈的感受，恰恰呼應了梁啟超對舊史學的批判，連文字意象都不約而同：「昔人謂《左傳》為相斫書。豈惟《左傳》，若二十四史，真可謂地球上空前絕後之一大相斫書也。」而沈從文心之所繫，是在這樣的歷史書寫傳統之外、被疏忽了若干年代的更廣大的平凡人群。在文學寫作中，沈從文把滿腔的文學熱情投射到了綿延如長河的普通人的生死哀樂上；一九四九年正式開始的雜文物研究，已經是非常自覺地把產生物質文化的勞動者群體的大量創造物，置於他研究核心的位置。

沈從文的一生當中有兩條河，一條就是汪曾祺所說的，他家鄉的那條河，流過他全部的作品；還有一條河，這條河比他家鄉的那條河還要長，還要寬，這就是他傾心的歷史文化的長河，流過他整個後半生。他愛這條長河。

五、時間勝利的故事

這樣講下去，可以講很多層次的故事，留待以後吧。最後我想講，這還是一個時間的故事。在沈從文漫長的後半生裡面，時間是非常得難熬，各種各樣的煩惱、屈辱、挫折，要一分鐘一分鐘去捱，一天一天去捱，要一點一點用自己的努力來對付想得到和想不到的事情，一點一點來做自己的事業。所以那個時間過得非常得慢，非常得煎熬。我在寫這本書的時候，都會覺得是透不過氣來、壓抑到令人窒息的過程。可是，沈從文是研究歷史的人，研究歷史的人心裡有另外一個時間，這個時間的跨度和度量的單位非常大，面對古人和文物的時候，他自然而然有千載之下百世之後的感嘆；對自己的工作，沈從文常用的時間衡量單位是代，不是一天天計算時間，也不是一年年，而是一代代的。一九四九年，他跟丁玲寫信說，我也不要寫作了，反正寫作有很多年輕人，我要做的是工藝美術史的研究，給下一代留個禮物吧。他對自己要做的事情有這樣強烈的自信，要留給下一代。

在此之前，沈從文用差不多的方式表達過這樣的對自己文學的強烈信心。一九四八年，他十幾歲的兒子讀《湘行散記》，他跟兒子說，你看這些文章很年青，等到你長大的時候，這些文章還很年青。他的計算單位是一個人長大了，這些文章還有生命力。這個今天已經驗證，不但他的兒子長大了，後來好幾代人長大了，二十一世紀我們還會讀《湘行散記》。

在後半生，他不僅僅對他做的文物研究有這樣強烈的自信，對他已經遭受了否定的文學也有這樣強烈的自信。這樣的自信是建立對長時段的時間的信心上。在這個時間的故事裡面，有兩件事，我願意講給大家聽，這特別地讓我震驚。

一九四九年他自殺以前他留絕筆，寫了兩章自傳，要把自己是一個什麼人交代清楚。這兩張自傳裡面有一章叫《一個人的自白》，第一段有這麼句話：「將來如和我的全部作品同置，或可見出一個『人』的本來。」那是什麼樣的時候啊，他還想到將來會有那麼一天，「和他的全部作品同置」。

過了許多年，我再一次感受到心裡的震驚，是看到文章的手稿。一九七五年，整日埋首於雜文物研究裡的沈從文，從殘存未毀的手稿中發現《一個人的自白》第一頁，他鄭重託付給忘年交、後半生最信任的王孖，說：「這個放在你處。將來收到我全集裡。」王孖用卡片紙做了保護夾，外面寫「沈要」二字，裡面用鉛筆記了一行：「七五年八月十五下午交與：『這個放在你處……』」省略號隱去的，就是那句讓我震驚的話：「將來收到我全集裡。」王孖在衣箱裡做了個夾板層，把這頁手稿藏在裡面。

站在今天的位置，我們會發現，時間的故事，大跨度地計量時間，一代一代地計量時間的這個故事，最終是一個時間勝利的故事。

（本文為二〇一四年九月十三日在上海思南讀書會・文學之家的演講）

國家圖書館出版品預行編目資料

沈從文的後半生 / 張新穎著.-- 初版. -- 台北市 : 麥田出版 : 家庭傳媒城邦分公司發行, 2015.02
面； 公分. -- (麥田叢書 ; 77)
ISBN 978-986-344-209-7(平裝)

1. 沈從文 2.傳記

782.886 104001120

麥田叢書 77

沈從文的後半生

作　　者　張新穎
責任編輯　林毓瑜　林怡君

國際版權　吳玲緯
行　　銷　陳麗雯　蘇莞婷
業　　務　李再星　陳玫潾　陳美燕　杻幸君
副總編輯　林秀梅
副總經理　陳瀅如
編輯總監　劉麗真
總 經 理　陳逸瑛
發 行 人　涂玉雲

出　　版　麥田出版
城邦文化事業股份有限公司
104台北市中山區民生東路二段141號5樓
電話：（886）2-2500-7696 傳真：（886）2-2500-1966、2500-1967
E-mail：bwps.service@cite.com.tw
發　　行　英屬蓋曼群島商家庭傳媒股份有限公司城邦分公司
104台北市中山區民生東路二段141號2樓
書虫客服服務專線：(886)2-2500-7718；2500-7719
24小時傳真服務：(886)2-2500-1990；2500-1991
服務時間：週一至週五09:30-12:00；13:30-17:00
郵撥帳號：19863813 戶名：書虫股份有限公司
讀者服務信箱E-mail：service@readingclub.com.tw
歡迎光臨城邦讀書花園　網址：www.cite.com.tw
麥田部落格：http://blog.pixnet.net/ryefield

香港發行所　城邦（香港）出版集團有限公司
香港灣仔駱克道193號東超商業中心1樓
電話：(852)2508-6231 傳真：(852)2578-9337
E-mail：hkcite@biznetvigator.com

馬新發行所　城邦(馬新)出版集團【Cite(M)Sdn. Bhd】
41, Jalan Radin Anum, Bandar Baru Sri Petaling,
57000 Kuala Lumpur, Malaysia.
電話：(603)9057-8822 傳真：(603)9057-6622
E-mail:cite@cite.com.my

設　　計　井十二設計研究室
電腦排版　宸遠彩藝有限公司
印　　刷　前進彩藝有限公司

初版一刷　2015年2月1月

定價／460元

ISBN：978-986-344-209-7